职业教育专业教学标准贯标教材
新时代新理念职业教育教材·铁道交通系列
产教融合、校企"双元"合作开发教材

高速铁路客运公共关系与沟通技巧

主　编　袁绍东　曲　琴　曹颜红
副主编　李文凯　韩　磊　覃林海

北京交通大学出版社
·北京·

内 容 简 介

本书根据《职业教育专业教学标准》[2025年修（制）订]的相关要求编写，将高速铁路客运公共关系与沟通技巧两大知识技能模块进行整合，夯实了学生可持续发展的基础。本书分上下两篇，共十三个项目，上篇为公共关系部分，由七个项目组成；下篇为沟通技巧部分，由六个项目组成。

本书既可作为职业院校高速铁路客运服务、铁道交通运营管理、高速铁路客运乘务等相关专业的教材，也可作为铁路相关岗位职工的培训教材。

版权所有，侵权必究。

图书在版编目（CIP）数据

高速铁路客运公共关系与沟通技巧 / 袁绍东，曲琴，曹颜红主编. -- 北京 ：北京交通大学出版社，2025. 7. -- ISBN 978-7-5121-5610-4

Ⅰ. U293.3

中国国家版本馆 CIP 数据核字第 2025T9L320 号

高速铁路客运公共关系与沟通技巧
GAOSU TIELU KEYUN GONGGONG GUANXI YU GOUTONG JIQIAO

策划编辑：刘 辉　　　责任编辑：刘 辉	
出版发行：北京交通大学出版社	电话：010-51686414　　http://www.bjtup.com.cn
地　　址：北京市海淀区高梁桥斜街 44 号	邮编：100044
印 刷 者：北京鑫海金澳胶印有限公司	
经　　销：全国新华书店	
开　　本：185 mm×260 mm　　印张：14.25　　字数：363 千字	
版 印 次：2025 年 7 月第 1 版　　2025 年 7 月第 1 次印刷	
定　　价：49.80 元	

本书如有质量问题，请向北京交通大学出版社质监组反映。对您的意见和批评，我们表示欢迎和感谢。
投诉电话：010-51686043，51686008；传真：010-62225406；E-mail：press@bjtu.edu.cn。

前 言

公共关系与沟通技巧是做好高速铁路客运服务工作的必备技能。

本书依据《职业教育专业教学标准》［2025 年修（制）订］进行编写。最新高速铁路客运服务专业教学标准将公共关系与沟通技巧两大知识技能模块进行整合，设置了公共关系与沟通技巧这门专业拓展课程，本书为该课程的配套教材。

本书具有以下特点。

（1）本书为专业教学标准贯标教材，将公共关系、沟通技巧与客运服务职业技能有机融合，适合作为"职业学校高速铁路客运乘务专业教学标准"中规定的专业拓展课程——公共关系与沟通技巧的课堂教学用书。

（2）本书是校企"双元"合作教材，由职业院校一线教师与铁路企业一线专家联合编写。

（3）本书将日常公共关系、沟通技巧和高速铁路客运公共关系、沟通技巧融合起来，便于职业院校学生理论联系实际，更好地掌握相关技能。

（4）本书案例丰富、精练实用，通过"小分享""小测试"等多种形式将相关理论与技能呈现给读者。

本书由袁绍东、曲琴、曹颜红担任主编，李文凯、韩磊、覃林海担任副主编。

由于编者水平有限，本书不足之处在所难免，恳请广大读者批评、指正。索取本书相关教学资源，可与出版社编辑刘辉联系（邮箱：hliu3@bjtu.edu.cn；QQ：39116920）。

编　者

2025 年 7 月

目 录

上篇 公共关系

项目一 公共关系与高速铁路客运公共关系概述 ······ 2
  任务一 公共关系认知 ······ 3
  任务二 高速铁路客运公共关系认知 ······ 12

项目二 高速铁路客运公共关系调查 ······ 17
  任务一 高速铁路客运公共关系调查认知 ······ 18
  任务二 高速铁路客运公共关系调查的程序 ······ 23

项目三 高速铁路客运公共关系策划 ······ 26
  任务一 高速铁路客运公共关系策划认知 ······ 27
  任务二 高速铁路客运公共关系策划的程序 ······ 29
  任务三 高速铁路客运公共关系策划的方法 ······ 31

项目四 高速铁路客运公共关系实施与评估 ······ 34
  任务一 高速铁路客运公共关系实施 ······ 35
  任务二 高速铁路客运公共关系评估 ······ 39

项目五 高速铁路客运公共关系广告 ······ 43
  任务一 高速铁路客运公共关系广告的概述 ······ 45
  任务二 高速铁路客运公共关系广告的创意与策划 ······ 51
  任务三 高速铁路客运公共关系广告媒介的选择与组合 ······ 58

项目六 高速铁路客运公共关系专题活动 ······ 66
  任务一 高速铁路客运公共关系专题活动概述 ······ 67
  任务二 庆典活动 ······ 70
  任务三 展览会 ······ 73
  任务四 开放参观活动 ······ 77
  任务五 新闻发布会 ······ 81
  任务六 赞助活动 ······ 87

项目七 高速铁路客运公共关系危机管理 ······ 92
  任务一 高速铁路客运公共关系危机概述 ······ 93
  任务二 高速铁路客运公共关系危机预防 ······ 100
  任务三 高速铁路客运公共关系危机处理 ······ 102

下篇　沟通技巧

项目八　沟通基础认知 … 112
- 任务一　认识沟通的概念 … 112
- 任务二　沟通的作用 … 118

项目九　自我沟通 … 122
- 任务一　学会自我沟通 … 123
- 任务二　建立正确的自我认知 … 127
- 任务三　做情绪的"主人" … 134
- 任务四　通过自我修炼走向成熟 … 139

项目十　人际沟通 … 148
- 任务一　领会人际沟通的实质 … 149
- 任务二　高速铁路客运服务人员与工作对象的沟通 … 153
- 任务三　擅长倾听与分享 … 158
- 任务四　熟练使用口头沟通技巧 … 161
- 任务五　高速铁路客运服务人员与投诉人员的沟通 … 166
- 任务六　具备书面沟通能力 … 172
- 任务七　巧妙地使用非语言沟通手段 … 175

项目十一　内部沟通 … 178
- 任务一　组织内部沟通的概述 … 179
- 任务二　高速铁路客运服务组织团队沟通 … 184
- 任务三　高速铁路客运服务人员垂直沟通 … 187
- 任务四　高速铁路客运服务人员横向沟通 … 189
- 任务五　高速铁路客运服务人员会议沟通 … 191

项目十二　外部沟通 … 195
- 任务一　高速铁路客运服务组织外部沟通概述 … 196
- 任务二　高速铁路客运服务人员与同行的沟通 … 198
- 任务三　高速铁路客运服务人员应急沟通与危机公关 … 200
- 任务四　新闻发布会 … 204

项目十三　沟通技巧 … 206
- 任务一　客运服务工作中语言与沟通技巧的运用原则 … 206
- 任务二　客运服务语言与沟通规范 … 210

参考文献 … 222

上篇

公共关系

项目一

公共关系与高速铁路客运公共关系概述

 知识点

- 公共关系的定义
- 公共关系的特征
- 社会公众及其传播沟通
- 社会组织的含义及其类型

 技能目标

- 能够掌握公共关系的基本原则
- 能够掌握高速铁路客运公共关系的基本特点
- 能够掌握高速铁路客运公共关系的基本原则

▶ 本项目知识结构导图

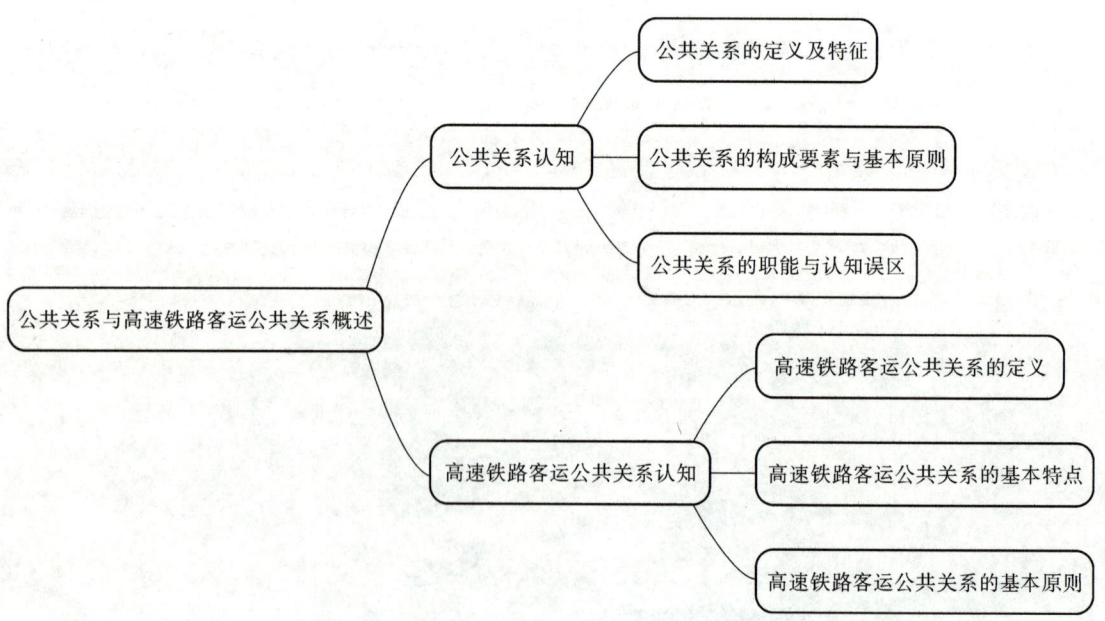

任务一　公共关系认知

一、公共关系的定义及特征

1. 公共关系的定义

"公共关系"（public relationships，PR），简称"公关"，也可称为"公众关系"。掌握公共关系的定义，是开展公共关系理论与实务学习的基础，下面将有代表性的公共关系学说归纳如下。

1）管理职能学说

管理职能学说把公共关系看作是一种管理职能，其中美国雷克斯·哈罗博士的定义最具有典型性。他认为：公共关系是一种特殊的管理职能，它帮助一个组织建立并保持与公众之间的交流、理解、认可与合作；它参与处理各种问题与事件；它帮助政府各职能部门了解民意，并对其做出反应；它确定并强调组织为公众利益服务的责任；它作为社会趋势的监视者，帮助组织保持与社会同步；它使用有效的传播技能和研究方法。这个定义强调了公共关系的管理职能，全面、详细地说明了公共关系的主要工作内容和组织开展公共关系的目的。

2）传播沟通学说

传播沟通学说强调公共关系是组织的一种特定的传播管理行为和职能，认为公共关系离不开传播沟通。当代公共关系界的权威——美国马里兰大学的詹姆斯·格鲁尼格教授认为："公共关系是一个组织与其相关的公众之间的传播管理。"

3）特定关系学说

特定关系学说强调公共关系是一种公众性、社会性的关系活动，正确认识公众关系、处理公众关系是开展公共关系活动的出发点和归宿。美国普林斯顿大学的资深教授希尔兹认为："公共关系是我们所从事的各种活动、所发生的各种关系的统称，这些活动与关系都是公众性的，并且都有其社会意义。"

4）现象描述学说

现象描述学说通过对公共关系在实践中的应用，总结出一些公共关系通俗化的解释，这些解释虽不如前面三种学说严谨，但在公共关系实际运作中却是较通俗易懂的。现象描述学说是这样总结公共关系实践活动的：公共关系是先努力干好，再让人知晓；公共关系是创造同意的学问，公共关系是争取对你有用的朋友；公共关系是90%靠自己做得好，10%靠宣传；公共关系是一门说服和左右社会大众的学问；广告是让人买产品，公共关系是让人爱品牌；公共关系是通过良好的人际关系来辅助事业成功；事业若想成功，公共关系必须先行；公共关系是内求团结、外求发展、树立形象、推销自己的艺术；组织只有坚持与公众互惠互利、共同发展，才能成为参天大树；媒体是水，组织是舟，水能载舟，亦能覆舟。

通过以上对公共关系定义的梳理，我们总结出如下与公共关系相关的解释。

（1）公共关系是一个组织与公众之间的关系。这种关系是一个组织在与公众的相互作用和相互影响中形成的。

（2）公共关系是一种特殊的思想和活动。它不仅渗透在一个组织的全部活动之中，而且具有区别于组织的其他活动的特殊性和应遵循的原则。

（3）公共关系是现代组织管理的独立职能。公共关系的主要任务就是协调组织与公众的相互关系，使组织适应环境的要求，使环境有利于组织的发展。

（4）信息沟通与传播是公共关系的特殊手段。公共关系是通过信息沟通与传播来协调组织与公众的关系、树立组织形象的。

综上所述，公共关系就是一个社会组织贯穿在日常经营管理实践中的一种基本的管理立场和价值观，它运用传播手段来达到该组织与公众之间相互了解、相互合作的目的。

2. 公共关系的特征

1）从关系的结构看

（1）内部公共关系。内部公共关系即社会组织内部的公共关系。现代组织是一个相互联系、相互依存的开放系统，内部关系是否融洽、团结、目标一致，决定着组织能否充满生机，能否具有竞争优势和发展潜力。建立良好的内部公共关系，是组织开展各类对外公共关系活动的基础和前提。建立内部公共关系的目的是：加强组织内部团结，增加凝聚力，提高员工素质，使组织在对外竞争中处于有利地位。

（2）外部公共关系。外部公共关系即社会组织外部的公共关系，是指在社会组织运行过程中发生一定联系的所有外部关系的总和。外部公共关系随组织性质不同而不同，其中经济类组织的外部公共关系包括：消费者关系、社区关系、政府关系、媒介关系、主管组织关系、竞争组织关系、经销商关系、供应商关系等；而教育类组织的外部公共关系包括：社区关系、政府关系、媒介关系、主管组织关系、同行组织关系、生源组织关系、就业组织关系、各类供应商（图书、设备、公共基础设施等）关系等。建立外部公共关系的目的是：争取外部公众对组织的了解与信任，建立组织信誉，提升组织形象。

2）从活动的结果看

公共关系活动的目的是"广结良缘"，创造良好的组织形象和社会声誉。公共关系要以树立适合本组织的生存和发展的最优形象为基本目标，使公众全面地了解和支持自己，从而扩大组织的知名度和提高组织的美誉度。

3）从活动的原则看

公共关系的活动原则是：真诚合作，平等互惠。公共关系是以一定的利益关系为基础的，不仅强调平等相待、互惠互利，更强调公众利益第一。组织获利的基本前提是考虑公众获利，真诚是公共关系工作的出发点，唯有良好的形象，才能得到公众的理解、信任和支持。

4）从活动的方针看

公共关系的活动方针是指公共关系要着眼于长远打算，着眼于平时努力，追求长期稳定的战略性关系，有计划地、连贯地、坚持不懈地去开展工作。组织的公共关系部门要把对公共关系信息的收集、整理、分析和研究作为日常考核指标，从而为公共关系各项活动的策划提供依据；组织更要把时刻关注公共关系环境、持续进行正面宣传、随时与各类公众保持良好的公共关系状态等作为组织不间断的工作来落实。公共关系的实践告诉我们，不能把公共关系人员当作"救火队员"，因为在组织出现问题或被公众误解产生纠纷时，政府公众和媒介公众持中立、观望态度为主，此刻表示理解的有，但站出来支持的少，此时组织开展公共关系活动有较大难度。只有将公共关系工作做在前面，保持与重要公众的经常往来和沟通，才能有效预防危机的发生。即使发生危机，组织也会因拥有优化的公共关系环境而快速度过危机、重塑组织形象。建立良好的组织形象和信誉非一日之功，它是一种长期性的工作，必须进行缜密的计划后再实施。公共关系的目标是战略性的，必须从长远的利益出发，甚至不惜放弃暂时的局部利益。

5）从活动的方式看

公共关系是运用传播的手段，在组织与公众之间实现双向沟通，使组织了解社会公众的利益，同时使社会公众了解组织的各项工作，这就是公共关系的活动方式。组织要想在其发展的各个阶段取得公众的理解和支持，必须不断地向社会公众传递信息；组织为更好地适应社会环境，还必须加强与社会各界的联系和交往，增进了解和友谊。组织必须运用现代传播的理论和方法，进行信息双向沟通，通过调整和完善组织形象，逐渐使公众认识、了解组织，使组织即使在逆境中也能够得到公众的理解、能够快速摆脱危机，从而使危机造成的形象损失降到最小。

知识扩展

几种公共关系的模式

网络公共关系

随着网络的普及，社会公众对网络的使用越来越频繁，网络对社会舆论的导向，对公共事件的评价都有巨大的影响力。网络已经成为消费者了解某一品牌或商品的重要途径之一，而且网络信息传播迅速，短时间内就能产生巨大的影响力，网络日益成为企业日常公共关系活动的主阵地。网络宣传成本相对较低，且针对性强、效率高，网络宣传功能日益重要，对于企业口碑的形成也有重要推动作用。

网络公共关系公司作为互联网发展的产物，在最近几年纷纷涌现，但是由于市场扩展过快，网络公共关系行业显得参差不齐，鱼龙混杂。

新闻公共关系

新闻公共关系也称新闻行销，是以新闻报道的形式行销产品或达到企业宣传之目的，这属于形而上层次的高明行销手段。同样是将产品信息传达给消费者，广告的张扬与自夸，可能让人厌烦，而新闻公共关系的表现方式则显得客观、公正，不动声色，娓娓道来，让人自动接受。可以说，新闻公共关系是公共关系与营销策略之间的一种巧妙组合。

新闻公共关系的核心在于传播。传播的目的在于张扬企业良性信息、提高企业知名度，最后达到促进产品销售或塑造企业品牌的目的。出色的新闻公共关系有三个层面的应用：思维创新、品牌传播与事件营销。不同层面的新闻公共关系会有不同的效果。

搜索引擎优化公共关系

公共关系搜索引擎优化（简称 PRSEO，其中 PR 为公共关系的英文简称，SEO 为搜索引擎优化的英文简称），主要指以互联网为平台，根据企业现状、产品特点和行业特征，综合利用各种网络媒体资源平台对企业新闻稿进行合理优化，使"软文"获得搜索引擎稳定的较前排位，从而实现有效宣传推广且带来意向客户的行为。优化"软文"新闻稿主要从标题关键词设置、内容关键词密度、发布渠道、超链接设置等方面入手。

二、公共关系的构成要素与基本原则

1. 公共关系的构成要素

公共关系是由社会组织、社会公众及传播沟通三个要素构成的，这三个要素构成了公共关系的基本范畴，公共关系的理论研究、实际操作都是围绕这三者的关系层层展开的。社会组织是公共关系的主体，社会公众是公共关系的客体即公共关系对象，传播沟通则是连接社会组织与社会公众的桥梁。

1）社会组织

社会组织的生存和发展状态与很多因素有关，组织自身的实力、良好的管理、适宜的环境是组织成功的基础,公共关系作为一种管理职能,则是从如何建立和维护组织与公众之间的互利互惠关系、树立组织良好形象的角度来保证和促进组织的生存与发展的。在人类社会生活中,人与人之间会发生各种各样的联系和交往,在这些交往中,人们发现单个人的活动往往会受到种种限制,因而逐渐产生了各种社会组织。我们这个社会之所以会丰富多彩、不断发展,就是因为各种组织之间在不停地相互影响和作用,新的组织不断地产生并壮大,现有的组织竭力维护自己的利益与形象以实现更强的竞争力。公共关系是一种组织活动,而不是个人行为,因此,组织是公共关系活动的主体,是公共关系的实施者、承担者。

(1) 社会组织的含义。社会组织是指执行一定的社会职能,完成特定的社会目标,构成一个独立单位的社会群体。社会组织作为公共关系的主体,决定着公共关系活动的内容、形式与目的。社会组织有一定的目标,而公共关系的目标便是社会组织目标中的分目标,因此公共关系活动必须围绕着社会组织的总体目标来制订。在组织运行的过程中,社会组织必须树立明确的公共关系意识,妥善处理同各个方面的关系,从而获得重要公众的支持。在各种公共关系活动过程中,社会组织总是居于主体地位,其策划各种公共关系活动,营造组织生存和发展的良好环境。

(2) 社会组织的特征。社会组织具有以下几个显著特征。

① 目标性。社会组织的生存和发展都是为了达到某个特定的目标。社会组织是人们有意识地为实现特定的目标而建立起来的,它的行为具有很明显的目标导向,这个目标是社会组织存在的前提、基础,以及发展的动力。

② 整体性。每一个社会组织都是一个结构严密的系统,社会组织内部的各个部门、各个环节、各个成员之间都是按一定的规章制度建立起来的相互依存和相互制约的关系。组织要实现其社会目标,需要各部门之间的良好配合和协调。

③ 环境适应性。环境因素是组织内部和组织外部各种因素之和,其中每一种因素又蕴含着无穷的变量,环境的变动是绝对的。一个组织要有适应环境的能力,而一个注重品牌形象的组织应该具有影响环境的能力。这一特征要求公共关系机构和公共关系人员通过信息的沟通、情感的交流来影响公众的观念和想法,进而影响整个环境,使之朝着有利于组织生存的方向发展。

④ 组织独立性。每一个组织都是相对独立的群体,它可以单独对内或对外开展各种政治的、经济的或文化的活动。这一特性决定了公共关系活动的丰富多样性。各个组织不仅要充分考虑自身组织特点,而且要考虑组织发展不同时期的需要来开展公共关系活动。

(3) 社会组织的类型。社会组织是多种多样的,根据不同的标准可以将其划分为不同的种类,下面介绍两种常见的分类方法。

① 根据社会职能进行分类。根据社会职能进行分类,社会组织可以分为经济类组织、文教卫体组织、政治组织及综合组织。

经济类组织是从事生产、流通与服务等经济活动的营利性组织,此类社会组织为保证经济循环系统的正常运行,通过权责分配和相应层次结构构成了一个完整的有机整体。根据生产经营领域不同,经济类组织可分为工业企业、商业企业、生产型企业、流通型企业、服务型企业和金融型企业等。经济类组织通过各种生产经营活动创造物质财富,提供满足社会公众物质和文化生活需要的产品、服务,在市场经济中占有非常重要的地位。

文教卫体组织以文化、教育、卫生、体育为基本业务,为社会提供各种文体教育服务与医疗救治等服务,如高等院校、科研机构、研究所、文化馆、体育馆、文化团体、图书馆、医院、体训队等。

政治组织是具有各种政治职能的社会组织，为社会提供一定的政治管理服务，如政府部门、法院、检察院等。公务员是负责统筹管理经济社会秩序和国家公共资源、贯彻执行国家法律规定的公职人员。在中国，公务员是指依法履行公职、纳入国家行政编制、由国家财政负担工资福利的工作人员。公务员职位按职位的性质、特点和管理需要，划分为综合管理类、专业技术类和行政执法类等类别。

综合组织是全面统筹管理其管辖范围内的政治、经济、文化等领域发展与建设的大型组织，如国家、省、区、市、乡镇、街道、社区等。

② 根据组织目标进行分类。根据组织的目标进行分类，社会组织可以分为营利性组织和非营利性组织。

营利性组织是指经工商行政管理机构核准登记注册的以营利为目的，自主经营、独立核算、自负盈亏的具有独立法人资格的单位，如企业、公司及其他各种经营性事业单位。营利性组织是以组织的利益为目标的社会组织。这类组织讲究资本的投入与产出，讲究利润的回报。营利性组织为了获得自身的发展必须同组织内外部的公众建立良好的关系，为组织的生存与发展创造和谐的社会环境。

非营利性组织是指不是以营利为目的的组织，它的目标通常是支持或处理个人关心或者公众关注的议题或事件。非营利性组织所涉及的领域非常广，包括艺术、慈善、教育、政治、宗教、学术、环保等。非营利性组织的运作并不是为了产生利益，这一点通常被视为这类组织的主要特性。非营利性组织多种多样，大致可分为：政府组织，如政府部门、法院、检察院等行政机关，政府工作的内容是为各类公众、团体进行服务，必须在大众心目中树立一个公正、廉洁、高效、开明的社会形象；公益性团体组织，如基金会、社会志愿者协会、慈善机构等；宗教类团体组织，如宗教协会、寺庙、教堂、民间宗教机构等；文教类团体单位，如学校、研究所、教育部门、文艺团体等；环保类团体组织，如绿色组织、动物保护者协会等；消费者权益保护类团体组织，如消费者权益保护协会、法律援助中心、社区业主管委会等。非营利性组织要运用传播的手段将组织的宗旨、目标，以及其他相关信息告知社会公众，不断提升组织的影响力，使组织的知名度和美誉度得到越来越多的公众的认可与赞誉。

2）社会公众

社会公众是公共关系的对象，是指对一个社会组织的目标和发展具有实际的或潜在的利害关系或影响的个人、群体和组织。任何社会组织都有其特定公众，公众可以是独立的法人机构，也可以是公众群体或个人，而公共关系便是社会组织主动地与公众建立和维护良好关系的过程，但这并不意味着作为客体和对象的公众是完全被动的、逆来顺受的，公众随时都可以表达自己的意志和要求，主动地对公共关系主体的政策和行为做出各类反应，从而对公共关系主体形成舆论压力和外部动力。任何组织都会遇到公众"用脚投票"的问题。当公众因为对某组织不满意而使用这一"权力"时，会对组织的经营与品牌形象造成极大的负面影响。社会组织在计划和实施公共关系工作时，必须脚踏实地地将产品与组织形象不断提升，尽量避免出现负面报道，同时根据公众对象的特点及变化趋势去制订和调整公共关系政策，使得公众了解、支持组织的品牌与产品。

3）传播沟通

在社会组织明确了公共关系目标，确定了目标公众，并有了公共关系活动的设想之后，便要考虑如何运用传播媒介把目标和设想传播出去，让公众知晓组织的实力与发展进程。传播是连接社会组织和公众的桥梁，是实现组织公共关系目标的唯一手段。公共关系必须借助各种现代的传播技术、信息载体和沟通方法来实现组织和公众之间的有效传播。

2. 公共关系的基本原则

公共关系的基本原则包括实事求是、双向沟通、互惠互利、开拓创新、全员公共关系及尊重人格六大原则，是社会组织在开展公共关系活动中必须遵循的准则。

1）实事求是原则

实事求是就是从客观事物中找出其固有的而不是臆造的规律，作为我们行动的向导。公共关系必须遵循这一原则。

（1）公共关系学科和职业本身就是一定社会实践的产物。

（2）公共关系工作的展开也是以事实为依据的。虽然公共关系活动离不开传播艺术与宣传技巧，但仅凭传播艺术与宣传技巧不可能争取到公众的信任，不可能树立组织的美好形象。任何一个社会组织或公共关系人员，在着手进行某项公共关系活动之前，首先就应以实事求是的态度，尽可能全面、客观地掌握事实材料，了解事实真相，并在此基础上制订活动方案。因此，"事实胜于雄辩"应成为公共关系工作的格言。

2）双向沟通原则

公共关系的重要手段是传播沟通，而这种沟通不是组织单方面向外发布信息，而是公共关系主客体双方相互沟通、相互合作，实现双赢。这就是现代公共关系所强调的双向沟通原则。一方面，组织通过各种渠道把有关信息告知公众，使公众了解、理解、支持组织；另一方面，组织通过各种途径广泛收集有关公众的信息，及时把握公众的动态。

3）互惠互利原则

公共关系是以社会效益为依据的，所谓社会效益，既包括了社会组织的自身利益，也包括了社会公众的利益，所以公共关系是以组织与公众互惠互利、平等合作为基础的。组织与公众联系的过程，实际上就是双方彼此谋求满足的过程，这就要求组织必须奉行在让公众获益基础上实现组织自身目标的互惠互利、共同发展的原则。

4）开拓创新原则

开拓创新是使一个组织永远保持生命活力的重要因素，是公共关系工作的又一基本原则。任何一个社会组织，只有在激烈的市场竞争中不断开拓创新，才能使自己立于不败之地。从许多公共关系工作的案例中我们可以看到，一个崭新的创意或举措，往往能使公共关系活动出奇制胜，获得意想不到的效果。

5）全员公共关系原则

全员公共关系原则是指任何一个社会组织，上至最高领导，下至普通员工，都应把自己看作是公共关系人员，都有把塑造自身和组织形象放在首要位置的义务，公共关系工作绝不仅是公共关系专业人员的事情。一个组织要想在公众中树立美好形象，仅凭公共关系机构策划几次专题公共关系活动是远远不够的，它要求组织的全体成员时刻具有公共关系意识，通过自己的一举一动、一言一行，很自然地进入公共关系角色，全员共同努力，塑造组织的美好形象。

6）尊重人格原则

尊重人格原则被视为全世界公共关系从业人员的职业道德准则。公共关系是现代社会、现代文明的产物，它从产生之日起就强调了对人的尊严的重视。世界上许多国家的公共关系文件都对此作了原则性的阐述。比如，当今世界上影响最大的《国际公共关系道德准则》（又称《雅典准则》）的第一条就明确指出：公共关系从业人员应努力"为建设应有的道德、文化条件，保证人类可以享受《联合国人权宣言》所规定的诸种不可剥夺的权利做贡献"；《英国公共关系协会行为准则》的第一条也明确指出："各会员在其职业活动中应尊重公众利益和个人尊严。"

三、公共关系的职能与认知误区

1. 公共关系的职能

公共关系职能是指把公共关系日常工作划归几个相对独立的职能部门，使得在理论研究与实际运作上能更清楚地描述公共关系活动的内容与过程。作为组织管理者，一方面，可以运用职能的观点去建立或改革组织机构，根据公共关系职能规定公共关系组织内部的职责、义务、权力以及结构，从而确定公共关系管理人员的人数、素质、学历、专业、技能、知识结构等；另一方面，社会组织的公共关系活动组织者，通常会对照公共关系职能所明示的目标开展公共关系活动调查、策划、实施及评估工作。

公共关系的主要职能如下。

1）收集信息

公共关系的收集信息职能是指组织的公共关系部门或专业的公共关系公司，运用各种调查分析的方法，监测环境、反馈信息、预测趋势、评估效果，为组织制定政策提供必要的信息资源。收集信息是公共关系部门的一项重要的职能，下面以经济类组织为例介绍需收集的信息的内容。

（1）产品形象信息。产品形象信息是组织的产品或服务在公众心目中的印象及公众对组织政策、行为的评价。其具体内容包括产品的质量、价格、性能、包装、造型、售后服务等。经济类组织品牌形象的基础就是产品，产品出了问题，组织品牌形象就一落千丈，在公众心里造成的伤害更是无法逆转的。

（2）组织形象信息。组织形象信息是组织机构及人员的整体形象及公众对组织的评价。经济类组织的公共关系部门要搜集的组织形象信息包括公众对组织的机构设置、管理水平、服务水平、人员素质、企业领导能力、企业文化形象等方面的评价。

（3）政府信息。政府信息是指党和国家的各项方针政策、有关经济活动的法律、国务院及地方政府的各项法令和条规。组织中的公共关系人员应当及时了解这些方针政策，确保组织发展战略的大方向正确，有效避免组织发生危机，抓住有利于组织竞争的机遇。

（4）媒介信息。媒介信息是指各类媒体上发布的与组织经营或发展有关的信息及重要媒体本身的信息等。

（5）行业信息。行业信息是指行业发展及重大事件等信息或同行业其他组织的相关信息。经济类组织包括竞争企业的历史和现状，经营方针和发展战略，技术能力和设备状况，产品开发与销售状况，市场价格与占有情况，品牌形象传播的内容、形式及其产生的影响，企业管理者的文化水平、能力、个人兴趣和爱好等。

（6）市场信息。市场信息是指经济类组织的市场占有率，顾客及潜在顾客的分布，顾客的人数、性别、年龄、类型、收入、购买动机、消费特点、购买方式、对产品的期望、对组织品牌的评价等。

（7）内部公众信息。内部公众信息是指组织内部公众对组织管理、劳资关系、福利待遇、职工教育、参与决策等方面的意见与建议，组织内各部门的相互关系及运行情况，组织的股东支持度信息，组织的财务状况和发展愿景等。

2）塑造形象

（1）组织形象的概念与评估。组织形象是指社会组织在运行过程中显示的行为特征，它是一个系统概念，是由内在精神品质、外观风貌和行为风格三个方面构成的有机系统。组织形象的形成需要很长的时间，其中 90%靠自己做得好，10%靠传播来提升。如果某知名组织经常在媒体上有负面报道，多次发生缺乏诚信、危害公众的事件，尤其是该组织又没有认识到这些问题的严重性，没有通过行动改过自新、赢得公众的谅解，那么该组织越投入资金去宣传就越会使自己"臭名远扬"。社会组织需要经常就自身的组织形象进行评估。通过对"组织的自我期望形象"和"组织的实际社会形象"两个方面的评估，不仅能够不断总结经验，寻求突破，而且能够在总结教训的同时，修补组织形象。

（2）塑造组织形象的原则。社会组织塑造组织形象要遵循以下三个重要原则。

①塑造组织形象的整体性原则。塑造组织形象的整体性原则是指社会组织在整个运行过程中，制定统一的公共关系政策，不失时机地向社会公众宣传和灌输组织的美好形象。

②塑造组织形象的创新性原则。塑造组织形象的创新性原则是指社会组织在公共关系工作中，要不断塑造易于被公众接受和传播的组织形象。

③塑造组织形象的长期性原则。塑造组织形象的长期性原则是指社会组织必须不断调整公共关系策略，使组织在激烈的竞争中取得优势，使组织长期保持良好的公共关系状态。

3）协调关系

公共关系的协调关系职能是指，使公共关系主体与客体相和谐，即社会组织与公众之间互惠互利、共同发展。公共关系的这一职能，包括内部关系协调与外部关系协调两方面。

（1）内部关系协调。从组织内部关系协调来看，作为一名公共关系人员，应该努力协调好组织领导与员工，以及部门间的关系。首先，公共关系人员要经常向领导者反映基层员工的情绪、意见和要求，向上级领导提出合理化建议。其次，公共关系人员要积极做好上情下达的工作，要及时向员工介绍、宣讲组织的目标和管理方针政策，传达领导层的意见和决定等，消除可能产生的误会，从而使员工能自觉地与上级领导保持协同。再次，对于平级部门来说，公共关系人员要加强各部门之间的信息联系，为各部门提供有利于协调发展的信息，增进部门间的互相了解，形成一种互相配合、精诚合作的工作环境。最后，社会组织要重视与股东关系的协调，股东是组织重要的内部公众。股东关系，即组织与投资者的关系，其主要特征是投资者拥有组织的一部分股票、债券等资本。

（2）外部关系协调。社会组织要协调好与组织外部各类公众的关系。作为一名公共关系人员，对外开展公共关系工作中要接触许多的人，这些公众来自不同的组织与群体。例如，作为经济类组织，需要协调与沟通的对象包括：顾客公众、合作单位公众、上级主管部门公众、社区公众、名人公众、同行组织公众、政府公众和媒体公众等。组织的公共关系人员在协调与外部公众的关系时，主要是依赖传播信息来沟通双方的关系，最终建立起相互信任、相互合作的融洽关系。通常在组织运行中，由于各种关系状态不同，公共关系采用的沟通协调方式、选择发布信息的媒体也会不一样。

4）传播沟通

公共关系活动是社会组织与公众之间的一种双向的传播活动，它既包括将公众的信息搜集起来，用于社会组织进行公共关系活动策划的依据与传播信息的内容，更包括将组织的信息传播出去，在社会上形成有利于组织的舆论环境，从而达到树立组织形象的目的。信息沟通是双向的交流，社会组织不仅要搜集各种信息，更应向公众传播组织的信息。一种经过详细解释的行为与不加解释的行为效果会截然不同。在现代社会中，由于竞争激烈，信息量增多，组织环境变化快，社会组织若要始终获得社会公众的认同与支持，就必须主动、积极地向社会公众传播自己的形象与经营管理理念，扩大组织在公众心目中的影响，增进组织与公众之间的良好关系。社会组织应该认识到，拥有良好的公共关系状态是优良的品牌、极少的负面影响与诚实正确的报道相结合的结果。由于社会组织的发展是长期的，组织和环境、公众的联系也是持续不断的。当然，在社会组织发展的各个阶段和不同环境下，要结合社会组织的实际情况，在分析公众心理的前提下，不断调整沟通的具体内容和重点。

5）咨询决策

由于社会组织面临的公众类别多且复杂，不仅包括政府公众、投资者公众、顾客公众、民间团体公众、媒体公众，还包括内部公众、投资分析公司公众、网络分析公司公众、行业组织公众和猎头公司公众等，因此，社会组织的公共关系部门不仅要在组织内部调动全体员工为组织发展提出好的建议，而且要经常走出去，向组织外的各类公众咨询以获取信息。公共关系部门需要定期向组织决策层提供从各类公众那里获得的有价值的信息。当面临重大决策时，社会组织则应邀请公共关系部门负责人参加，从公众的角度对社会组织的决策进行评估，以免所做决策对公众的利益造成伤害，破坏社会组织形象。这就是公共关系部门的咨询决策职责，所以将公共关系部门称为社会组织的"决策参谋部"一点也不为过。

6）处理危机

社会组织与公众之间，难免会发生纠纷，如果这些纠纷没有得到及时的协调与解决，就会影响组织形象，损坏组织声誉，出现公共关系危机。公共关系危机如果不及时处理，对社会组织的危害很大，严重时会导致社会组织发展受阻并威胁社会组织生存。在社会组织发展的各个阶段，都必须具有危机意识以预防社会组织与公众之间发生纠纷，做到防患于未然。一旦纠纷产生，社会组织要及时与异议公众交流意见，尽快达成彼此间的谅解，将危机消除在萌芽状态，让社会组织的品牌美誉度和产品形象损失降到最小。

7）教育引导

公共关系的另外一个重要职能是教育引导，该职能包括引导外部公众理解并接受组织，以及教育员工自觉维护组织形象。

（1）引导外部公众理解并接受组织。在社会组织运营过程中，不仅要推出某些新的政策、方针，采取新的措施、行动，而且注重品牌形象的组织还会经常开展公益活动，这些公益活动多数情况对组织的品牌形象起到加分作用，但也有一些公益活动可能会被公众误解是打着公益旗号在做产品推广，那么这些无疑会对社会组织的美誉度产生直接影响。因此，当有些活动让公众一时难以理解、接受时，组织需要进行解释以消除误会、避免事态扩大出现危机，此时传播的内容应该侧重于对公众进行必要的教育引导。另外，对于为打造产品或组织品牌形象而进行倡导或传播的新事物、新理念，组织也可引导公众去认识、去接受。

（2）教育员工自觉维护组织形象。公共关系要注重全员参与，一方面，要使全体员工懂得良好的公共关系环境不是靠少数公共关系人员和组织管理者就能建立起来的，必须通过全体人员的共同努力；另一方面，组织的形象和声誉同大家的切身利益紧密相关，组织形象的好坏足以使组织要么极具品牌竞争力，要么无法与同行抗衡而处于竞争劣势。应教育引导全体员工自觉维护本组织的形象和信誉，在对外交往中自觉把自己作为组织的一名代表，积极宣传介绍本组织的情况，以自己的良好言行提升组织形象，并及时向领导或公共关系部门提供信息和建议。

2. 公共关系的认知误区

在现实生活与工作中，公共关系和其他许多社会现象是相互联系、不易区别的。为了加深对公共关系的全面认识，应该对公共关系理论与实践进行不断提炼，形成公共关系活动与其他活动的明确界定。针对组织开展的各类公共关系活动，公共关系领域的专家提醒公共关系工作者注意公共关系的六个"不是"。

（1）公共关系不是事实与公众之间的障碍，而是让事实"说话"以产生更佳的效果。

（2）公共关系不是置事实、伦理道德和公众利益于不顾而把某一观点强加于公众的宣传。

（3）公共关系的主要目的不是市场营销或确保销售。

（4）公共关系不是由"点子"或"妙计"构成的，在进行策划时"点子"或"妙计"可能有用，但用得太多或单独使用时会事倍功半。

（5）公共关系不是付费就能发布的广告，在传播内容上不能看出有明显的目的性。

（6）公共关系不只是媒介关系，尽管媒介关系可能是公共关系活动中的一个重要部分。

对于公共关系的辨析，本书从公共关系与庸俗关系、公共关系与宣传两个方面进行分析。

1）公共关系与庸俗关系

庸俗关系是指日常生活或经济交往中，利用金钱或职权，"拉关系""走后门""套私情""权钱交易""权权交易"等不正当的人际交往活动。由于从表面上看，庸俗关系与公共关系的协调沟通是一致的，目的都是为了解决问题或获取利益，因此就会出现对公共关系与庸俗关系的混淆，认为公共关系就是教人花言巧语，搞不正之风，其实这是一种极大的误解。

2）公共关系与宣传

宣传是争取使某种主张、信念或信仰得到人们理解和支持的一系列活动。公共关系与宣传活动在工作方法和内容上有不同，也有相似或交叉处。它们都是信息传播活动，从活动的形式、使用的工具看，它们都需要运用新闻媒介开展新闻报道，印发一些带有宣传性的简报、杂志或小册子，或通过讲演等来影响公众，因此不少人简单地把公共关系等同于宣传，其实宣传工作只是公共关系工作的一部分内容。公共关系要求组织要做得好、得到公众的认同，同时也需要实施宣传以扩大影响。

任务二　高速铁路客运公共关系认知

一、高速铁路客运公共关系的定义

所谓高速铁路客运公共关系，就是高速铁路客运企业为了塑造良好的企业形象开展的各类与公众双向沟通的活动，通过传播和双向沟通手段影响公众的认知。这里的高速铁路客运企业指的是从事高速铁路客运服务的企业，如京津城际铁路有限责任公司、京沪高速铁路股份有限公司等。构成高速铁路客运公共关系必须有三个基本要素：高速铁路客运企业、公众和传播沟通。在这三个要素中，主体是高速铁路客运企业，客体是公众，而传播沟通是中介。三要素之间的联系就是高速铁路客运企业与公众之间通过传播、沟通、协调所形成的信息双向交流，所以，双向性是高速铁路客运公共关系活动的本质特征。

具体来说，高速铁路客运公共关系包含下列三个方面的含义。

（1）高速铁路客运企业通过传播、沟通手段影响公众。高速铁路客运企业运用大众传播媒介去了解和影响公众的意见、态度和行为，这是高速铁路客运公共关系活动的主要目标。高速铁路客运企业开展公共关系所运用的手段与方式是：双向沟通与传播，既将企业信息有效输出，又将社会信息及时地输入，不断调整经营方针，不断完善企业形象。通过双向的信息沟通，高速铁路客运企业与公众尽可能地相互理解、达成共识，以促成双方关系的顺利发展。

（2）公共关系既是一门科学又是一门艺术。从理论上讲，公共关系是一门科学；从运作上讲，公共关系是一门艺术。公共关系有"定规"但无"定法"，提倡积极创新、大胆想象，它可以是"张氏风格"，也可以是"李氏韵味"，是科学与艺术的统一体。从公共关系在高速铁路客运企业的实践来看，它具有很强的创造性和艺术性。

（3）公共关系活动的根本目的就是塑造高速铁路客运企业形象。企业形象是公众对企业的总体评价，是企业的表现在公众心目中的反映。高速铁路客运企业的形象由外在形象和内在精神两部分组成，其中内在精神凝聚在企业的经营理念与企业文化之中，是高速铁路客运企业的核心与灵魂；在此基础上显现的外在形象包括高速铁路客运车站的建筑风格，高速铁路客运设施设备，高速铁路动车组车厢内的图像与标识语言，高速铁路员工服饰、仪表仪容、服务语言与服务方式等。高速铁路客运企业是服务性企业，是以出售服务劳动、提供服务设施而营利的机构，其服务质量的好坏、企业形象的优劣直接影响公众的感性体验，并由此形成对高速铁路客运企业的评价。塑造企业形象是高速铁路客运公共关系的首要工作。高速铁路客运企业的形象和声誉是一种无形财富和无形资产，塑造良好的组织形象和声誉必须借助公共关系特有的传播、沟通方式。

二、高速铁路客运公共关系的基本特点

高速铁路是现代化和大众化的交通工具，具有安全可靠、技术创新、节能环保、快捷舒适、服务优质等优势，受到了大众的普遍欢迎。高速铁路不仅为铁路的发展带来了新的机遇，也为国民经济的发展带来了巨大的动力，它代表着铁路旅客运输的未来。高速铁路客运公共关系既具备一般公共关系的特征，又具有自己的特点，具体表现在以下几个方面。

1. 服务性

高速铁路客运企业提供的产品是客运服务，服务具有无形性，其是以劳务活动的形式存在的。为了发生空间转移，旅客要直接利用高速铁路运输工具，与司乘人员及其他路面服务人员发生接触。旅客在接受服务的时候，对服务质量（安全、准确、迅速、经济、便捷等）、服务态度等具有敏锐的感知性，因此，创造旅客满意的客运服务是高速铁路客运公共关系工作的重要内容。

2. 持久性

高速铁路客运公共关系的目的在于使高速铁路企业拥有良好的声誉，以利于企业的生存和发展。在高速铁路客运公共关系活动中，良好的企业形象的塑造始终是高速铁路客运公共关系所要追求的目标。然而，塑造高速铁路客运企业的良好形象并不是一蹴而就的事，是需要通过长期努力、不断积累才能实现的过程。从这一意义上说，高速铁路客运公共关系具有持久性的特点。

3. 复杂性

高速铁路客运公共关系的复杂性主要表现在公众的复杂性、关系的情感性、协作的复杂性三个方面。

（1）公众的复杂性。高速铁路客运企业面对的公众多且复杂。

从内部公众来说，不仅有股东，还有众多的内部员工及其家属，高速铁路客运企业生产涉及车、机、工、电、辆等不同的技术部门，这些铁路技术部门分散在全国各地，与各地区、各部门有着各种各样的联系。

从外部公众来说，还有许多国别不同、民族不同、年龄不同、性别不同、职业身份不同、需求不同的旅客和服务对象，以及高度关联的政府、社区、新闻媒介、经营伙伴等。

（2）关系的情感性。现代企业经营已进入了"情感化"的经营时代，这个时代的主要特

征是：“情感”作为一种重要的激励机制被纳入管理的过程。高速铁路客运公共关系作为管理的职能，在大量的公共关系工作和活动中比较突出地把"情感"这一重要因素导入其中。正如一些公共关系专家所说，"公共关系就是讨公众喜欢""广告是要大家买我，公共关系是要大家爱我""公共关系的竞争是一种情感的争夺战""公共关系实务活动的重点是同公众沟通感情"，等等。"情感"这一因素在高速铁路客运公共关系中无处不在。

（3）协作的复杂性。公众的复杂性必然导致协作的复杂性。高速铁路客运企业与各公众之间有利益上的一致性，形成彼此需要、相互依存的协作关系，然而，各内部公众和外部公众为了各自利益目标的实现，相互之间的竞争也是不可避免的，因此，协调各方面的关系，始终是高速铁路客运公共关系工作的重要任务。

三、高速铁路客运公共关系的基本原则

公共关系的基本原则，是公共关系工作人员最基本的工作指南和行为准则。高速铁路客运企业所面临的公众是极其复杂的，在不同时期、不同情况下会面对不同类型的公众，而且对同一类公众也有可能面临不同的具体情况。处理高速铁路客运企业与公众之间的关系，并无统一模式，只有普遍适用且须遵照执行的基本原则。下面着重介绍开展公共关系活动的六项主要原则。

1. 开拓创新原则

公共关系是适应竞争的需要，市场经济发展到一定阶段的产物。随着企业间形象竞争的日趋激烈，越来越多的企业已认识到公共关系的巨大作用。人们运用公共关系从事企业活动的自觉性日益增强，公共关系活动逐渐普及，但如果公共关系活动内容相似、程序相近，那么这样的公共关系活动就没有新意，也就无法吸引公众、提高本企业的知名度。开拓创新原则要求公共关系人员能解放思想，大胆探索，对公共关系活动或观念不断进行改进和充实，争取做到有所创新，有所创造，使企业达到"日新日进"的境界，以"防害杜弊"。

公共关系工作是一项富有挑战性的工作，对公共关系专业人员来说，一个不可避免的问题就是："下一步我们该怎么办？"同样的活动，同样的招式，若再来一次，就会使公众感到索然无味。高质量的公共关系总是和公共关系人员的创造性思维联系在一起的。从事公共关系活动最忌人云亦云，盲目随大流。公共关系的轰动效应，往往来自创新。

2. 立足长远原则

通过公共关系活动，建立良好的高速铁路客运企业形象和声誉，是一项长期工作，因为这是涉及公众对高速铁路客运企业的信息分享、感情沟通、态度转变、发生行为的一个循序渐进的过程。做好公共关系工作，不是一朝一夕、一时一事就能奏效的，需要立足长远，经过长期努力、日积月累才能完成，这便是公共关系的立足长远原则。由于高速铁路客运企业形象具有相对稳定性，公众不会因为高速铁路客运企业行为的某些变化而马上改变对该高速铁路客运企业的看法。如果高速铁路客运企业在公众心目中的形象不好，想短时间内摆脱这种不良影响，是很困难的，需要高速铁路客运企业通过较长时间的不懈努力才能挽回局面，重塑企业形象。即使对于有着良好形象和声誉的企业，也要不断努力，对企业形象进行维护、巩固。实际上公众是非常健忘的，在一定时期内听不到企业的消息，对企业原有的印象就会逐渐消失，但假如我们在企业良好形象的基础上，也时常注意企业与公众的信息沟通，那么即使发生对企业不利的事情，只要企业采取针对性很强的公共关系措施，就很容易赢得公众的同情和支持，改善自己的处境。

3. 全员公共关系原则

所谓全员公共关系原则，是指在高速铁路客运企业内部要增强全体员工的公共关系意识，促使全体员工共同关注公共关系工作，调动全体员工参与公共关系工作的自觉性和积极性，围绕高速铁路客运整体的公共关系目标，使之相互协调、相互配合。高速铁路客运企业公共关系的责任是通过踏实细致的工作，影响公众舆论，编织关系网络，提高高速铁路客运企业的知名度和美誉度。这不是光靠公共关系人员就能够完成的，对于高速铁路客运企业来说，全员公共关系尤为重要。高速铁路客运企业属于服务性行业，运输系统非常复杂，涉及车、机、工、电、辆等不同的技术部门，这些技术部门是为客运服务提供技术性支持的。技术部门虽然不直接接触旅客公众，但他们却是高速铁路客运工作安全、快速、舒适运行的重要保证。高速铁路客运企业的客运部门直接接触旅客，从旅客购票、候车、乘车到出站提供全程服务，旅客会通过客运部门的客运员或乘务员来对高速铁路客运的管理水平和运输生产效率做出评价。从保证客运服务质量来说，每一名高速铁路客运员工都处在生产、服务工作的第一线，每一个人都代表高速铁路客运企业形象，都是高速铁路客运企业的公共关系人员。每位员工都应意识到自己肩负的重任，并在各自的工作岗位上，以公共关系意识为指导，时刻注意进行内外沟通，调整自己的行为，为高速铁路客运企业树立良好的形象。

4. 双向沟通原则

公共关系工作过程是一个传播过程和信息交流过程。双向沟通原则的基本含义是指高速铁路客运企业在开展公共关系活动时，既要有信息输出又要有信息输入和反馈，从协调高速铁路客运企业与公众的关系角度来看，信息输入和反馈较之信息输出来说，具有更重要的意义和价值。只有高速铁路客运企业对公众的态度和意见是敏感的，才能真正了解自己、不断改进。

信息交流有单向和双向之分。如果只是高速铁路客运企业单方面地对公众传播自己的产品、服务信息，就是单向交流。公共关系的信息交流强调双向的传递过程：一方面吸取舆情民意，以调整改善自身；另一方面有效地对外传播，使公众了解和喜欢自己。贯彻双向沟通原则，既是保证高速铁路客运企业与公众关系取得成功的条件，也是实事求是原则得以实现的条件。这是因为，要切实遵循实事求是原则，就必须通过双向的信息交流，了解和把握事实真相，以此为依据调整自己的策略和行为。坚持双向沟通原则，就要在发布信息之后，随时搜集外界的信息，监测外界环境的变化，并对此做出反应。

5. 互惠互利原则

所谓互惠互利原则，是指一个企业既考虑自身利益，又考虑公众利益。高速铁路客运公共关系的互惠互利原则主要指高速铁路客运企业开展公共关系活动时，既要考虑以旅客为代表的公众利益，让他们安全、快速地到达目的地，同时也要让他们在旅途中感受到尊重、享受舒适，获得精神上的愉快。

公共关系的目标不是"我赢你输"，也不是"我输你赢"，而是高速铁路客运企业和公众的互惠"双赢"。高速铁路客运企业的生存和发展需要得到公众的支持，而要得到公众的支持就要让公众得到利益。所以，高速铁路客运企业必须为公众服务，千方百计地为公众谋取更大利益。必要时，要牺牲自身的、局部的、暂时的既得利益，去赢得长远的、整体的、更大的利益。高速铁路客运企业是国有企业，具有自然垄断的性质，有些人认为高速铁路客运企业没有必要照顾公众利益，因为即使高速铁路客运企业声誉欠佳也同样可以盈利。其实，这样的想法是非常不明智的。在市场经济不断发展、公众自主意识不断强化、信息传播技术发达的今天，一旦产生违背公众利益的行为，高速铁路客运企业就很容易陷入舆论的压力之中。

只有同时处理好高速铁路客运企业自身、公众、社会三方面的利益，高速铁路客运企业才能长期地保持与外界的协调与平衡，并得以顺利发展。

6. 实事求是原则

实事求是原则，是现代公共关系工作的基本原则。这一原则的基本含义是：企业开展公共关系工作，必须以科学为指导，要建立在对事实把握的基础上，向社会公众如实地传递有关企业的信息，并根据事实的变化来不断调整企业公共关系活动的策略与行为。

1) 先有事实，后有公共关系

坚持实事求是原则，首先要从高速铁路客运企业内部做起，注重发展自己，先做后说。也有人认为公共关系不过是搞搞宣传、做做广告而已，这纯粹是一种误解。确实，开展公共关系工作离不开媒介的传播，但如果以为仅凭传播技术与宣传技巧就能争取公众、树立形象，那就很荒谬了。对于任何一个具体事物来说，形式是事物存在和表现的方式，内容则是事物存在的基础。公共关系的宣传绝不能脱离社会事实和信息。美国企业家万纳曾给公共关系工作下了一个定义："Do good, tell them."。显然，他认为公共关系的重点首先是"做"，然后才是宣传。没有客观存在的事实，也就没有与之俱生的信息。事实与信息全无，那么以传播为手段的公共关系工作就成了无源之水、无本之木。公众不仅听企业的宣传，更重视企业的行动，做与说必须互为表里、相辅相成，方能建立起良好的公共关系。

2) 实事求是地传播信息

坚持实事求是原则，就是要在全面客观地掌握事实的基础上，讲实话，公布事实真相。高速铁路客运公共关系的宗旨是与公众建立良好的关系，而良好的公共关系是建立在相互信任、相互尊重、诚实守信的基础之上的。美国公共关系先驱艾维·李认为，进行公共关系工作必须"说真话"，他鲜明地提出了"公众必须被告知"的著名原则。他的公共关系思想的核心就是说真话。如果没有对事实的准确把握，企业开展的公共关系活动也就失去了生存的基础。靠花言巧语，胡乱吹嘘，一旦真相败露，会使公众产生逆反心理，使企业形象受到严重损坏。我们做公共关系工作，就是要客观全面地向公众提供信息，是好说好，是坏说坏，有一说一，既不夸大，也不缩小，而且要把来自外界的批评和意见当成重要的信息反馈，从中找到自身的不足，据以改进工作。只有这样，公众才能体会到诚意，企业公共关系工作才能实现提升企业形象的目标。

项目二
高速铁路客运公共关系调查

 知识点

- 高速铁路客运公共关系调查的含义、内容、程序
- 高速铁路客运公共关系调查的类型
- 高速铁路客运公共关系调查方案的内容
- 高速铁路客运公共关系调查报告的内容与撰写方法

 技能目标

- 能够制定高速铁路客运公共关系调查方案
- 能够设计高速铁路客运公共关系调查问卷
- 能够撰写高速铁路客运公共关系调查报告

▶ **本项目知识结构导图**

```
                                        ┌─ 高速铁路客运公共关系调查的含义和目的
                                        │
                     ┌─ 高速铁路客运公共 ─┼─ 高速铁路客运公共关系调查方案的内容
                     │   关系调查认知     │
                     │                   ├─ 撰写高速铁路客运公共关系调查工作方案
                     │                   │
                     │                   ├─ 高速铁路客运公共关系调查工作方案的编写要求
                     │                   │
高速铁路客运公共关系调查─┤                   └─ 高速铁路客运公共关系调查的内容
                     │
                     │                   ┌─ 高速铁路客运公共关系调查的一般程序
                     │                   │
                     └─ 高速铁路客运公共 ─┼─ 高速铁路客运公共关系调查实施阶段的主要工作内容
                         关系调查的程序   │
                                        └─ 高速铁路客运公共关系调查报告的撰写
```

任务一　高速铁路客运公共关系调查认知

一、高速铁路客运公共关系调查的含义和目的

1. 高速铁路客运公共关系调查的含义

高速铁路客运公共关系调查是运用科学的方法，有计划、有步骤地去考察高速铁路客运企业的公共关系状况，收集必要的资料，综合分析相关的因素及其相互关系，以达到掌握企业的情况，解决企业面临的公共关系方面的实际问题为目的的实践活动，其往往是公共关系工作流程的第一步。

2. 高速铁路客运公共关系调查的目的

1）评价高速铁路客运企业形象

通过调查，了解高速铁路客运企业在公众心目中的形象地位、知晓程度及评价，从而提高塑造企业形象工作的针对性。

2）为高速铁路客运企业决策提供科学依据

高速铁路面临高速公路、民航运输的激烈竞争，必须采取有效的措施，做出正确的决策。而要做出正确的决策，就必须有客观依据，即必须根据高速铁路客运企业所处的外部环境、公众需求和企业自身的情况来决策。充分的信息是科学决策的基础，信息最直接、最有效的来源便是调查。从某种程度上说，没有调查，就没有决策权。

3）监测公众舆论

公众舆论又称民意，是指公众对共同关注的事物所持的意见，发出的评论。舆论有正舆论和负舆论之分，即有积极舆论和消极舆论之分。舆论具有强大的能量，应及时、全面地了解社会舆论，才能采取适当的行动，增加积极舆论，减少消极舆论。

4）提高公共关系活动的成功率

公共关系活动要取得成功，必须了解开展公共关系活动所依据的主客观条件，从中找出需求与可能，从而制订符合实际的公共关系活动计划，而要把握客观条件，必须通过调查。

二、高速铁路客运公共关系调查方案的内容

高速铁路客运公共关系调查方案包括以下内容。

1. 确定调查目的

调查目的，指调查所要解决的问题是什么。目的不同，则调查的内容和方式也不尽相同。调查目的的设定，一般应根据高速铁路客运企业的实际情况和需要，并结合环境的变化而进行综合考虑。

在确定调查目的时，应注意以下两点。

（1）调查目的应集中于高速铁路客运企业最需要解决的主要问题上。

（2）力求避免把调查目的定得过高、过宽，甚至把一些已经解决的问题也包括进去，以免造成精力的分散或浪费。

2. 确定调查对象

调查对象的确定，应根据调查目的加以考虑，并不是调查对象所涉及的面越宽越好。同时，有些无法进行接触的个人或单位，也不宜随意列入调查对象的范畴。

3. 确定调查项目

确定调查项目，就是要明确向被调查者了解一些什么问题。例如旅客服务质量情况调查中，旅客的性别、文化程度、年龄、收入、态度等，就是调查者必须了解的问题。

调查项目的确定，还需注意以下几点。

（1）调查项目应是调查任务所需的，又能取得答案的。

（2）调查项目的表达方式必须明确，以使答案具有确定的表达结果。

（3）调查项目之间应尽量相互联系、相互对照，有某种内在的逻辑关系。

4. 制定调查提纲和调查表

通过对调查项目进行科学的分类和排列，即可构成调查提纲和调查表。一份正式的调查问卷一般包括以下三个组成部分：前言，主要说明调查的主题、调查的目的、调查的意义；正文，是调查问卷的主体部分，一般设计若干问题，要求被调查者回答相关问题；结语，表达对被调查者的感谢。

5. 确定调查方式和方法

在制定调查总体方案中，应事先对取得调查资料的方式和方法有所确定。搜集资料的方式有普查、重点调查、典型调查、抽样调查等。具体调查方法有访谈法、观察法、问卷调查法和实验法等。调查采取的方式和方法不是固定不变的。具体的调查方式和方法取决于调查对象和调查任务。大中型调查要注意多种方式和方法的立体综合运用。在对调查方法进行取舍时，要遵循针对性、可行性、节约性和综合性的原则。

6. 确定调查的时间和地点

调查的时间是指调查进行和调查资料取得时的时间。确定调查时间的目的是明确规定资料所反映的是调查对象哪一时间段的情况，并对调查工作的开始和结束时间有一个界定。

调查地点是指调查者到何处去实施调查。它通常与调查对象相关联，但仍有其特定要求。如对某一对象的调查，既可前往其所在单位或部门，亦可安排在另一地点进行。

7. 确定研究分析方法

确定研究分析方法即确定对调查所取得的资料将如何进行研究分析。调查工作对资料的分类、编号、分析、整理、汇总等一系列程序的开展有明确规定。

8. 确定调查组织计划

调查组织计划，是指实施整个调查活动的具体工作计划。其主要内容包括调查的组织领导、调查机构设置、人员的选择和培训、调查工作步骤及其善后事务处理等。

调查方案初步确定后，应对这一方案进行必要的评估，首先是考察方案的可行性，其次是对调查方案进行优劣评价。

9. 调查项目的经费预算

一个调查项目，所需经费绝不仅是问卷设计、问卷发放、报告撰写所耗费的费用，还有许多细节费用，稍一疏忽，就会超出预算。在做预算时，要将可能需要的费用尽可能全面地考虑进去，以免将来出现一些不必要的麻烦而影响调查项目的实际操作。通常一个调查项目中，实施阶段的费用仅占总预算的 40%，调查前期的策划和准备阶段所需费用占总预算的 20%，后期分析报告阶段的费用占总预算的 40%。

在进行调查经费预算时，一般需要考虑以下几个方面。

（1）调查方案设计费与策划费。

（2）抽样调查设计费、实施费。

（3）问卷设计费（包括测试费）。

（4）问卷印刷、装订费。

（5）调查实施费用（包括试调查费用、调查员劳务费、采访对象礼品费、督导员劳务费、异地实施调查差旅费、交通费、午餐费及其他杂费）。

（6）数据录入费（包括问卷编码、数据录入、整理花费等）。

（7）数据统计分析费（包括统计、制表、制图等费用）。

（8）调查报告撰写费。

（9）资料费、复印费等办公费用。

（10）管理费、税金等。

三、撰写高速铁路客运公共关系调查工作方案

公共关系调查工作方案的撰写，具有一定的格式和规范要求。公共关系调查工作方案的基本格式包括三个部分，即标题、正文和署名。

1. 标题

标题一般采用公文式写作法，即采用"事由+文体"的格式，如"客运消费意见调查工作计划方案"。在这个标题中，"客运消费意见调查"是事由，"工作计划方案"是文体。在绝大多数情况下，公共关系调查工作方案的标题都采用"×××（调查内容）调查工作计划方案"的形式。

2. 正文

正文是公共关系调查工作方案的主体，一般包括以下几个方面的内容。

（1）前言：主要介绍本次公共关系调查活动的目的和意义，阐述调查活动的应用价值和理论价值，以便于执行人员充分理解公共关系调查活动的重要性。

（2）研究课题：主要介绍本次公共关系调查活动的研究内容、课题类型及需要回答的问题等。

（3）研究范围和分析单位：主要介绍公共关系调查的范围和研究对象。

（4）研究类型：本次公共关系调查活动是综合研究还是专题研究，是现状描述性研究还是趋势判断性研究，是史料追溯性研究还是用户跟踪性研究，诸如此类的问题，在公共关系调查工作计划方案中应给予明确的说明和介绍。

（5）调查和分析的方式、方法：主要介绍本次公共关系调查活动所采用的主体性调查方法、辅助性调查方法及其组合方式；整理分析资料所运用的主要分析方法、次要分析方法及其组合方式；运用调查、分析方法的注意事项。

（6）抽样方案：如何选择样本，这是公共关系调查工作方案中的重要内容之一。一般而言，公共关系调查多采用抽样调查技术（普查除外），因此，公共关系调查工作方案中就少不了抽样方案的内容。在抽样方案部分，主要介绍本次调查活动的研究总体、调查总体、总体编码方法，抽样具体方法、样本规模、样本代表性的评估方法等，以此确保抽样工作的科学性和准确性。

（7）调查项目和调查表：这是公共关系调查工作方案中的关键部分。这个部分主要介绍本次公共关系调查活动的理论假设、项目指标设想及据此拟定的调查问卷表或调查提纲。

（8）时间进度安排：主要阐明本次公共关系调查活动的起始、终结时间，收集资料的规定时间，可容许的时间误差幅度等。

通常一项较大规模的调查活动，仅从问卷的印制到整个活动的完成，最少也要有45~60个工作日，一些大规模的调查会持续半年到一年。不过对于有时间性要求的调查，或规模小

的调查等，所需时间可以做弹性调整。

（9）经费预算：主要介绍本次公共关系调查活动所需支出的费用。

（10）调查人员的选择与培训：调查人员素质的高低，直接影响着公共关系调查工作的质量。因此，在公共关系调查工作方案中，应列出调查人员的聘用标准，以及培训方式和培训要求。在实际工作中，如果课题比较规范、严谨，还可编写《调查人员工作手册》，在《调查人员工作手册》中应详尽介绍公共关系调查方法的运用技巧、工作注意事项等，以指导公共关系调查人员的调查工作。

3. 署名

署名包括两项基本内容，即编制方案的组织或个人的名称及工作方案的写作时间。署名有时置于标题之下，有时置于全文的最后。

四、高速铁路客运公共关系调查工作方案的编写要求

公共关系调查工作方案作为一种特殊的应用文，其写作要求如下。

1. 文字的简洁性

公共关系调查工作方案的文字叙述应力求简洁、明确、朴实无华，忌华而不实。

2. 内容表述的真实性

要使用简洁的文字，表述复杂的计划内容。

3. 结构的条理性

公共关系调查工作方案实际上是一种工作指南，既要便于调查人员理解工作要点、明确工作任务，又要便于调查人员按照方案的规划开展资料收集工作，因此，在结构安排上尤其强调其条理性。

4. 计划安排的周密性

公共关系调查工作方案涉及抽样方案、资料收集方案、时间安排方案、培训方案等操作性的内容，所以，一定要注意计划的周密性、严谨性。

五、高速铁路客运公共关系调查的内容

高速铁路客运公共关系调查的内容十分广泛，涉及高速铁路客运公共关系工作的多种影响因素。如果高速铁路客运企业对自身状况不明确，不了解公众需求，是无法进行公共关系工作的。

1. 高速铁路客运企业情况的调查

企业的基本情况是公众对高速铁路客运企业评价的主要依据，公共关系人员必须对高速铁路客运企业的各方面情况了如指掌。在高速铁路客运企业中，基本情况包括以下方面。

（1）高速铁路客运企业经营管理状况：如高速铁路客运企业的总目标，总的发展战略和方向，企业对社会产生的影响，目前经营服务的范围、质量，财务状况，经营管理特点，市场竞争对手及其主要情况，等等。

（2）高速铁路客运企业内部员工的素质状况：如领导者的水平、作风、思想观念、家庭情况等，以及员工的思想素质、技术文化素质、价值观等。

（3）高速铁路客运企业自身公共关系活动的历史和现状。

2. 公众舆论的调查

公众舆论的调查是公共关系调查中最重要的内容。

（1）公众构成情况：如公众的性别、年龄、文化程度、职业等。

（2）公众评价情况：如公众对高速铁路客运企业的名称、标识、标记及其社会作用了解的程度如何，公众对高速铁路客运企业提供服务的知晓程度、喜欢程度，公众是否愿意参加高速铁路客运企业举办的各种公共关系活动，等等。

3. 高速铁路客运企业形象的调查

企业形象是社会公众对高速铁路客运企业的整体印象和综合评价，也是高速铁路客运企业的表现和特征在公众心目中形象的反映，它通过知名度和美誉度两项指标反映出来。

1）知名度

知名度是高速铁路客运企业被公众知道、了解的程度，具体表现为公众对高速铁路客运企业的名称、标志和服务的了解程度。这是评价高速铁路客运企业"名气"大小的客观尺度。其计算公式为：

$$知名度 = （知晓人数/调查人数）\times 100\%$$

2）美誉度

美誉度是高速铁路客运企业获得公众接受、赞许的程度和所提供的产品、服务及相关推销方式受信任的程度。其计算公式为：

$$美誉度 = （赞美人数/知晓人数）\times 100\%$$

知名度与美誉度的高低决定了高速铁路客运企业形象的好坏。企业的知名度高，其美誉度不一定高；知名度低，其美誉度不一定低。因此，高速铁路客运企业为了塑造良好的企业形象，必须把追求高知名度和高美誉度统一起来。通过知名度和美誉度的调查，掌握高速铁路客运企业与公众关系的状态，为公共关系活动的开展提供依据。

4. 社会环境的调查

社会环境是指对高速铁路客运企业生产经营活动产生影响的各种自然条件、社会条件及其相关因素的总称。公共关系调查，要广泛收集一切同高速铁路客运企业相关的社会环境信息。只有这样，才能实现公共关系的目的。

1）政治环境调查

政治环境调查是指在一定时期内，对现在和未来国内外的政治形势、政治制度，以及方针、政策、法律、法规等的调查。例如，针对与高速铁路客运企业相关的《中华人民共和国铁路法》《中华人民共和国劳动合同法》《铁路安全管理条例》等有关内容都可以进行追踪研究。对政治环境的调查可以借助各种大众传播媒介所发布的信息、内部参考资料、公开文件等进行分析来开展。

2）经济环境调查

经济环境调查是指对一个国家或地区的经济发展战略、社会购买力的特点和发展趋势等的调查。经济环境变化，影响和制约着高速铁路客运企业公共关系的开展。高速铁路客运企业要想在激烈竞争中获得优势，就必须对国内外经济环境有充分的了解，这样才可能开拓创新。

3）人文环境调查

人文环境调查是指对一个国家或地区的家庭状况、生活习俗、文化观念等因素的调查。研究人文环境对高速铁路客运企业的影响，是公共关系调查不可忽视的重要内容。

4）竞争环境调查

竞争环境包括：高速铁路客运企业所属行业的国内外发展状况；高速铁路客运企业在行业竞争中所处的地位；竞争对手的政策、措施及实施情况。就高速铁路客运企业来说，主要是对竞争对手如公路、航空等运输方式的调查。调查内容包括市场份额情况，客运服务水平和价格情况，市场营销手段和旅客满意程度等。

5）市场需求量调查

市场需求量调查主要指对高速铁路客运企业已有的和潜在的需求量的调查。从数量信息方面讲，市场需求量主要包括客流量、客运周转量、客流密度分布变化等。

6）营销需求调查

高速铁路客运营销需求调查主要包括对高速铁路客运产品的调查和对旅客需求的调查。对高速铁路客运产品的调查包括高速铁路客运企业所提供的客运服务水平、客运产品的价格、销售渠道、形象和促销手段（如广告）等方面；对旅客需求的调查包括旅客的基本情况和构成，旅客对高速铁路客运产品的满意程度（如安全性、舒适性、便利性等），旅客对交通方式的选择意愿、考虑的因素，以及旅客对高速铁路客运产品的潜在需求等方面。

任务二　高速铁路客运公共关系调查的程序

一、高速铁路客运公共关系调查的一般程序

高速铁路客运公共关系调查是一个程序性、技巧性很强的工作，了解公共关系调查的操作程序及其运作策略，是我们提高公共关系调查工作水平的保障。

所谓高速铁路客运公共关系调查的程序，指的是对高速铁路客运企业客观存在的公共关系现象进行科学调查的基本过程。具体地说，它是调查工作的实施阶段。公共关系调查的一般程序可以分为以下五个基本阶段。

1. 调查准备阶段

调查准备阶段的工作内容主要是确立调查任务，开展调查设计，配备调查人员。

2. 资料搜集阶段

资料搜集阶段也称为具体调查阶段，是整个公共关系调查过程中最为重要的阶段。

3. 整理分析阶段

整理分析阶段也称为研究阶段。它是运用科学的方法，对资料搜集阶段搜集来的各种调查资料进行提炼、整理，并加以分析、研究的信息处理过程。整理分析阶段是公共关系调查从感性认识到理性认识的飞跃阶段。它不仅能为解答社会组织的公共关系问题提供理论认识和客观依据，而且能为公共关系学理论的发展作出贡献。

4. 报告写作阶段

在公共关系调查中，当完成了调查资料的整理分析后，一般还要写调查报告。调查报告是反映公共关系调查所获得的主要信息成果或初步认识成果的一种书面报告。它是公共关系调查成果的集中体现，也是展现公共关系调查成果的重要形式。通过调查报告，调查者可以将调查过程中获得的信息成果和认识成果集中地表现出来，有利于将公共关系调查成果尽快地应用于公共关系科学运作过程之中，求得公共关系科学运作的良好效果。

5. 总结评估阶段

总结评估阶段可以说是公共关系调查过程中不可缺少的重要步骤。通过总结评估，公共关系调查至少可以取得三方面的新收获。

（1）可以了解本项公共关系调查的完成情况。

（2）可以了解本项公共关系调查所取得的成果。

（3）可以了解本项公共关系调查的经验教训。

二、高速铁路客运公共关系调查实施阶段的主要工作内容

公共关系调查的实施阶段，就是根据公共关系调查工作方案制定的规划，按质按量地为企业收集有关的信息资料。公共关系调查实施过程中的主要工作一般有以下几项。

（1）确定公共关系调查对象群体。

（2）发放问卷，引导调查对象认真、如实地填写问卷。

公众在填写问卷过程中，有时可能比较随意草率，有时则可能填写与其真实想法相反的答案，这两种情况都会影响信息资料的可信度和效果。因此，在公众填写问卷前，公共关系调查人员应做好动员、宣传工作，使调查对象理解本次公共关系调查活动的价值及他们填写问卷的注意事项，提高他们填写问卷的主动性和规范性，从而增强信息资料的真实性与客观性。

中国铁路 95306 网调查问卷如图 2-1 所示。

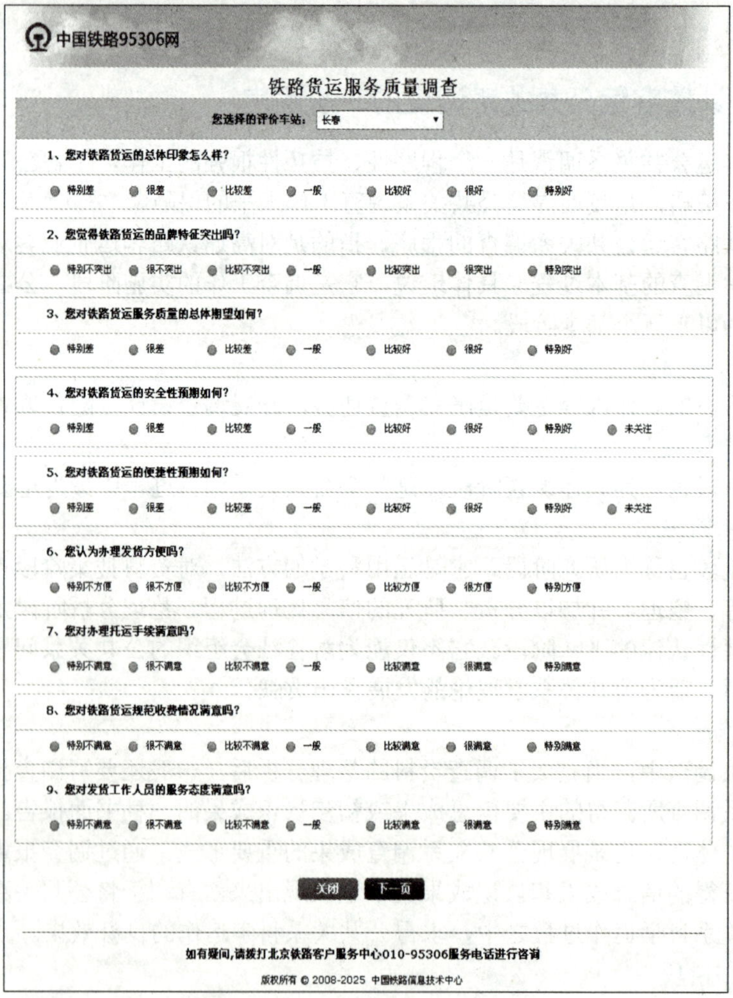

图 2-1　中国铁路 95306 网调查问卷

（3）回收、清理问卷。

调查对象认真、如实地填写完问卷后，公共关系调查人员应及时回收问卷，并进行初步

的问卷整理，把不符合要求的问卷作为无效问卷清理出来。

（4）认真观察公众的言行，并及时做好记录。

利用自己的眼睛和手中的笔、纸，收集公众在言谈举止中流露出的真实信息资料。

三、高速铁路客运公共关系调查报告的撰写

在对调查资料进行整理分析后，要根据这些资料撰写公共关系调查报告，这是公共关系调查成果的集中体现。调查报告要根据所收集到的信息资料，紧密围绕调查的目的与要求，客观、准确、有针对性地分析问题，做出判断性结论，提出建设性意见。

1. 拟订调查报告的步骤

（1）综合分析经过"提纯"和整理的信息资料，确定调查报告的题目。

（2）对调查工作进行简要总结，对关键环节加以说明。

（3）根据整理过的信息资料，对企业公共关系状态的变化情况加以说明。

（4）针对企业实际情况和调查结果，结合企业公共关系目标，找出差距和问题。

（5）针对差距和问题，提出切实可行的建议或意见。

2. 调查报告的格式与要求

调查报告一般包括封面、目录、概要、正文、结论和附件等部分。

（1）封面应写明调查题目、承办部门和人员、日期。

（2）概要是对正文、结论和建议部分的简要总结，要做到点明主题、高度概括、精练简短。

（3）正文中应包括调查目的、方法、步骤、样本分布、调查内容、统计方法、调查数据、误差估计等内容，也可包括结论和建议，写作时要做到中心突出、材料典型、逻辑性强、条理清晰、语言简洁、有说服力。

（4）结论是全文的小结，要形成结论，并提出合理的建议。

（5）附件中应列入有关论证和说明正文的资料，如调查表、访谈记录、参考资料等。

3. 拟订调查报告的注意事项

拟订调查报告时要注意以下几点。

（1）要考虑到读者的阅历和观点，尽量使报告适合读者阅读。

（2）调查报告要用标准格式撰写，打印工整。

（3）调查报告的文字应简明扼要，内容要通俗易懂。

（4）要仔细核对数据和统计资料，保证资料准确无误。

项目三
高速铁路客运公共关系策划

 知识点

- 了解高速铁路客运公共关系活动策划的地位、作用及基本原则
- 理解高速铁路客运公共关系活动策划的基本程序和步骤
- 掌握高速铁路客运公共关系活动策划的方法和技巧
- 掌握高速铁路客运公共关系活动策划方案编制的内容

 技能目标

- 能够根据高速铁路客运公共关系目标做好策划前期准备工作
- 能够运用高速铁路客运公共关系活动策划的基本技巧
- 能够制订高速铁路客运公共关系活动策划方案

本项目知识结构导图

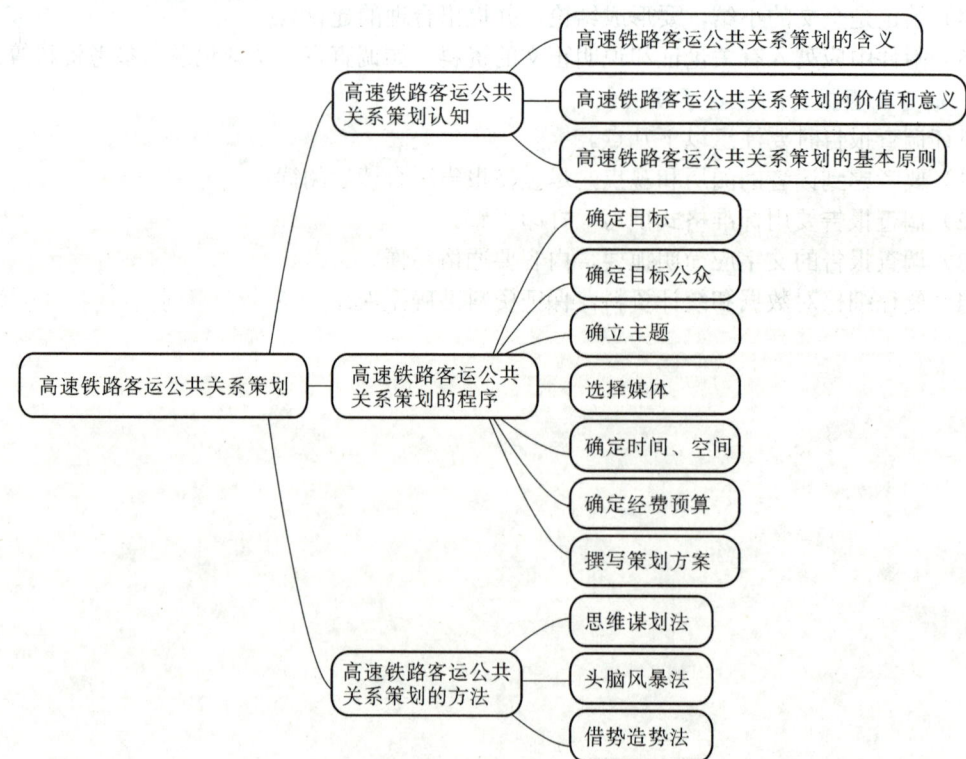

任务一　高速铁路客运公共关系策划认知

一、高速铁路客运公共关系策划的含义

"策划"也可作"策画",含有计谋、谋划、筹划、打算之意,也就是人们通常讲的"出谋划策"。策划是人们为了达成某种特定目标,借助一定的科学方法和艺术手段进行构思、设计、制作以形成方案的过程。

所谓高速铁路客运公共关系策划,就是高速铁路客运公共关系人员为了实现塑造高速铁路客运企业形象、改善高速铁路客运企业经营环境的根本目标,根据高速铁路客运企业形象的现状,分析现有条件,谋划、设计公共关系战略和具体公共关系活动最佳行动方案的过程。它包括以下几层含义。

1. 高速铁路客运公共关系策划分为三个层次

这三个层次分别是总体公共关系战略的策划、专项公共关系工作的策划和具体公共关系操作的策划。

（1）总体公共关系战略的策划是对高速铁路客运企业的总体、宏观、战略性的谋划、设计。

（2）专项公共关系工作的策划则是对某一公共关系活动进行谋划、设计。

（3）具体公共关系操作的策划是为了完成某一公共关系活动、推行某一公共关系方案而进行的具体策划。

2. 高速铁路客运公共关系策划是建立在调查基础上的

通过周密的高速铁路客运公共关系调查,在掌握大量有用的信息资料的基础上,有的放矢地进行公共关系策划。

3. 高速铁路客运公共关系策划是为高速铁路客运企业战略目标服务的

无论是总体公共关系战略、专项公共关系工作,还是具体公共关系操作,都必须服从企业战略目标,努力促使企业战略目标实现。

二、高速铁路客运公共关系策划的价值和意义

美国策划大师科维曾形象地说:"如果把公共关系活动比作演戏,策划就是创作剧本。一个出色的剧本很容易使演出获得成功、吸引公众;相反,一个平庸的剧本,无论导演和演员如何尽力,也很难化腐朽为神奇。"一般来说,依托科学的、周密的公共关系策划活动,企业的美誉度会得到提升。

1. 公共关系策划是高速铁路客运公共关系活动中的最高层次

公共关系策划在整个高速铁路客运公共关系活动中处于最高层次,它指导、规划着高速铁路客运公共关系活动,并居于公共关系工作的核心地位。企业的公共关系活动可分为三个层次。

（1）初级的公共关系活动表现为接待、交际、召集会议、日常联络等。

（2）中级的公共关系活动表现为公共关系促销和公共关系广告等。这两个层次的活动,只需要公共关系人员具备一定的公共关系理论知识和熟练的公共关系操作技巧就可以了。

（3）高级的公共关系活动——公共关系策划,必须在大量信息的基础上分析、研究,发

挥创造性的想象，它要求公共关系人员具备良好的专业素质、广博的知识水平、创造性的思维方式才能胜任。

2. 高速铁路客运公共关系策划促成公共关系工作的飞跃

高速铁路客运公共关系策划人员通过对以前公共关系工作的总结和评估，设计新颖独特、内容丰富、主题突出的高速铁路客运公共关系策划方案，从而保证公共关系工作从内容到形式都能起到塑造和宣传企业形象，协调与公众的关系的良好作用。现代公共关系运作是一项系统工程，无论是日常公共关系活动，还是专项公共关系活动，都需要进行很好的公共关系策划。通过策划提升公共关系活动的质量，使公共关系运作更上一个新的台阶。

3. 公共关系策划可以提高高速铁路客运企业的市场竞争力

高水平的公共关系策划可以帮助高速铁路客运企业抓住机遇，渡过难关，其是高速铁路客运企业参与竞争的法宝。现代企业的竞争，已经从产品竞争转入企业信誉的竞争、企业形象的竞争。实践证明，公共关系策划的水平代表着公共关系工作的水平，好的公共关系策划能提升企业形象，进而提升企业市场竞争力。

三、高速铁路客运公共关系策划的基本原则

高速铁路客运公共关系策划遵循以下基本原则。

1. 公众利益优先的原则

高速铁路客运公共关系策划都是为谋求高速铁路客运企业发展而展开的，其不但要考虑高速铁路客运企业的利益，而且要充分考虑公众利益。在高速铁路客运企业利益和公众利益之间，公众利益优先。所谓公众利益优先并不是要高速铁路客运企业完全牺牲自身的利益，而是要求高速铁路客运企业在考虑自身利益与公众利益的关系时，始终坚持把公众利益放在首位。因为高速铁路客运企业的存在和发展取决于社会对它的需要程度。如果不考虑公众的利益，其结果只能是高速铁路客运企业一厢情愿地谋求自我利益，却难以得到真正的发展。公共关系学之父艾维·李曾经说过："从长远的角度看，凡是对公众有益的，也必将对组织有益。"

2. 真诚求实的原则

高速铁路客运企业在策划公共关系活动时，必须以实事求是的态度，尽可能全面客观地掌握事实材料，注意信息的真实准确，反对不切实际，不讲效益的花架子。公共关系策划虽然讲究创意，但不能离开企业的真实需要和现实情况，片面追求轰动效应的做法不可取。

3. 灵活创新的原则

一次成功的公共关系策划必须是一次创造性劳动，是对公共关系理论创造性地加以应用，以其新颖、独特的内容吸引公众。"敢于创新，才能做到人无我有，善于创新，才能达到人有我新。"一个新颖的举措，往往能使公共关系工作收到意想不到的效果。

4. 目标导向的原则

高速铁路客运公共关系策划是在高速铁路客运企业总体发展目标约束下进行的。在进行高速铁路客运公共关系策划时，一方面，策划者必须清楚此策划究竟为了解决什么问题；另一方面，公共关系策划的每一步骤和环节都必须紧扣高速铁路客运企业的公共关系总目标进行。

任务二　高速铁路客运公共关系策划的程序

一、确定目标

确定目标，即确定本次公共关系活动要达到的目的或要实现的具体指标。确定公共关系目标可以参考以下因素。

（1）新的高速铁路客运专线开始运营或新的客运服务项目推出之前，在公众中传播高速铁路客运企业情况，提高高速铁路客运企业的知名度、美誉度。

（2）参加某项社会公益活动，传播企业信息，增强公众对高速铁路客运企业的理解和好感。

（3）高速铁路客运企业公共关系处于危机状况时，争取公众的理解和支持。

（4）在高速铁路客运企业内部开展各种协调沟通活动，增强高速铁路客运企业的凝聚力。

确定公共关系目标时应注意以下几点原则。

（1）公共关系目标应具体明确，并按重要程度排列。

（2）公共关系目标应具有可行性和可控性，要有一定的弹性。

（3）公共关系目标要兼顾公共关系主体和公共关系对象双方的利益。

二、确定目标公众

根据高速铁路客运公共关系活动的内容、目标及公众状况来确定目标公众。目标公众是指高速铁路客运企业决定将其作为公共关系活动主要对象的那部分公众。只有准确地确定目标公众，公共关系活动才能有的放矢，才能保证公共关系活动的效率和效益。确定目标公众的方法有以下几种。

1. 根据活动范围确定目标公众

比如新的高速铁路客运线路开通，就应当把高速铁路沿线吸引区范围内的公众当作目标公众。

2. 根据高速铁路客运企业需要确定目标公众

比如当高速铁路客运企业出现形象危机时，逆意公众和无倾向公众就应当被视为目标公众，以防止危机的扩散和加剧。

3. 根据高速铁路客运企业实力确定目标公众

比如在公共关系实践活动中，有时高速铁路客运企业需要面对的公众很多，企业的人力、物力、财力不足以应对。这时，高速铁路客运企业就应根据公众对本企业的亲近程度、影响程度，根据相关事项的急缓程度，选择当下最为重要的"部分"作为目标公众。

三、确立主题

公共关系活动主题是连接所有公共关系活动项目的核心，是统领整个活动，连接各项目、各步骤的纽带，是该项公共关系活动内容的高度概括。在主题确立了以后，所有的公共关系活动都要围绕这一主题展开。

公共关系活动主题的表现形式是多种多样的，可以是一个口号，也可以是一句陈述或一个表白。但无论哪种形式，一个好的主题都应该符合下列要求。

（1）主题必须与公共关系目标相一致，并能充分体现目标。

（2）主题要鲜明、独特、新颖，突出活动的特点并符合高速铁路企业的性质。

(3) 主题设计要适应公众心理的需要，体现一种美感，使人觉得可信、可亲。
(4) 主题的设计要注意保持公共关系活动的连续性，恰当分配各项目的活动时间。
(5) 主题的设计要考虑企业的需要和可能，争取以最小的投入获得最大的效益。

四、选择媒体

选择公共关系活动的媒体就是确定传播渠道。传播媒体种类繁多，各种媒体都有自己的特定功能和优势，也有各自的受众。选择媒体的主要方法如下。

1. 根据传播对象选择媒体

根据传播对象选择媒体的关键在于：传播对象习惯接受何种媒体；传播对象对什么形式和内容的信息感兴趣；传播对象对信息的理解能力怎样、接受信息的条件如何，等等。

2. 根据传播内容和形式选择媒体

公共关系传播的内容千差万别，形式多种多样，因此，对媒体的选择也要求与传播内容和形式相吻合。

3. 根据企业实力选择媒体

公共关系传播需要一定的人力、物力、财力资源的投入，因此，高速铁路客运企业在选择媒体时，不能不考虑企业的实力。只要能达到公共关系策划预期的目标，媒体选择就应以节俭为原则。

4. 根据环境条件选择媒体

目前，我国各地区经济和科技发展水平并不平衡，媒体的分布和发展程度在不同的区域相差较大，所以，选择媒体时，不能不考虑当地现有条件，任何不切实际的策划，都是断然不能付诸实施的。

五、确定时间、空间

在开展公共关系活动时，要利用现有的事件、条件和形式来确定时间和空间。在时间选择上，不宜在同一天或同样的时间里，同时开展两项重大的公共关系活动，以避免效果相互抵消；同时要注意避开或利用重大节日、国内外重大事件。凡是同重大节日、事件没有任何联系的活动都应该避开在重大节日、国内外重大事件发生时举办，以免冲淡公共关系活动的主题。

六、确定经费预算

编制预算是对公共关系活动进行经费开支控制的举措。编制预算应根据高速铁路客运企业的类型和规模及公共关系活动的目标和要求来确定。

高速铁路客运企业公共关系活动的经费开支应包括以下几项。

1. 人员开支

人员开支包括公共关系人员的工资、奖金、补贴等。

2. 项目开支

项目开支包括已经进行的项目、计划的开支，主要有专业器材费用、广告费、宣传费、项目活动费等。

3. 材料支出

材料支出包括样品实物、印刷品、场地设施、纪念品等各种材料、物品的费用支出。

4. 管理费用

管理费用包括水电费、保险费、交通费、电话费、维修费、接待费等各项费用开支。

七、撰写策划方案

1. 策划书的写作

高速铁路客运公共关系策划的最终构思内容，应该"凝结"成公共关系策划书。公共关系策划书既是公共关系策划工作的表现和总结，又是公共关系活动实施的依据和规范。

1）公共关系策划书的写作过程

（1）撰写策划方案写作大纲，列出各章的标题，要点。

（2）对大纲进行补充、调整，使之内容全面，结构合理。

（3）对要点进行说明或阐述，形成策划方案初稿。

（4）对初稿进行修改补充，使之主题鲜明，重点突出，条理清晰。

2）公共关系策划书的结构与内容

公共关系策划书没有一成不变的格式，它依据公共关系活动的不同要求，在策划的结构与内容上也有变化。一般情况下，策划书的某些要素是共同的，主要有以下几个部分。

（1）封面。封面设计要典雅、大方、美观，应该标明策划项目的名称、策划主体的名称（姓名、单位和职务等）、完成策划的日期（实际完成方案日期）、策划书的分类和编号等。

（2）目录。目录是为方便对策划书进行查阅而设的，如果策划书的内容篇幅比较少的话，目录也可以和前言同列。

（3）前言。前言一方面是对策划书内容的高度概括性表述，另一方面在于引起阅读者的注意和兴趣，是对策划的必要性、可行性等问题的具体说明。前言内容主要包括：简单交代接受策划委托情况、策划原因、策划目的、策划实施后要达到的理想状态。

（4）正文。正文主要包括策划背景、主要目标、实施方案等。

（5）预算和进度表。列表详细说明方案所需资金投入、人力投入、组织构建和进度安排等。

（6）有关人员职责分配表。列出有关人员职责分配情况，明确责任。

（7）策划所需的物品及场地。在何时、何地需要何种物品及需要的场地要详细说明。

（8）附录或说明。附录或说明是方案的重要附件或需要说明的问题、事项等。

（9）署名。署名是指在文案最后注明策划机构名称或策划人员姓名以及策划完成的日期。

2. 优化、审定方案

为了使公共关系活动策划方案更具有科学性、合理性，需要对方案进行优化。方案优化的过程，就是增加方案合理性的过程。审定方案就是公共关系策划方案形成之后，由有关领导、专家、具体工作人员参加方案审定会，对方案进行讨论、评估、选择、优化、论证。

任务三　高速铁路客运公共关系策划的方法

公共关系策划是一种创造性的思维过程。日本千叶大学教授多湖辉指出："策划内容里的97.9%是任何人都知道的、非常常见的普通东西，当它们被一种新的关联体系重新组合起来，具有相对有效性时，就能发展成策划。"多湖辉所说的"关联体系"就是在创意策划中的一系列创造性思维方法。我们仅从公共关系策划的角度探讨以下方法。

一、思维谋划法

思维是人们对客观世界的理性认识，是在表象、概念基础上进行分析、综合、判断、推理的认知过程。它是人类智慧最集中的表现活动。在公共关系策划中，因策划人的思维方式不同，其表现形态也不同。

1. 直接思维法

直接思维法是指策划者在公共关系实践中，对公共关系事物进行观察、分析、想象和记忆而产生的一种感觉，并由此生成联想。

2. 联想思维法

联想思维法是通过某事物联想到其他事物而产生的对某一具体事物的认识、理解并拓展思路的心理活动过程。运用联想思维方法，除了要有丰富的表象、知识和信息的储备及实践经验外，还要善于找出它们与欲联想事物的相同、相似、相异、相反的内在和外在的关联性。

二、头脑风暴法

头脑风暴法又称自由思考法，是由奥斯本于 1939 年首先提出的，并于 1953 年对该法进行了丰富和理论化。头脑风暴法利用群体共同探讨和研究，通过某些激励形式，以提供能够相互启发、引起联想的机会和条件，使大脑处于高度兴奋状态，不断地提出创意的方法。

头脑风暴法的具体步骤如下。邀请 5~10 人参加讨论会，设一名主持人、1~2 名记录员。主持人不指出会议目的，只就某一方面的总议题征询意见。征询意见的具体要求如下。

（1）对别人的意见不允许进行反驳，不要打断思路，也不要下结论。

（2）鼓励每个人独立思考，开拓思路，不许重复别人的意见，但可以补充意见。

（3）不允许私下交谈，以免影响别人发言。

（4）意见或建议提得越多越受欢迎，不要怕它们之间相互矛盾。

（5）集中研究一个问题，一个会议不要试图同时研究几个问题。

（6）会议时间 1 小时左右，每人发言 5 分钟左右，允许多次发言。

三、借势造势法

借势造势是公共关系策划中的一个重要方法。简单地说，借势造势就是寻找和创造时机，采取相应的行动，扩大战果，巩固和发展有利形势。借势造势的方法与技巧如下。

1. 借势

公共关系策划的借势就是借助具有相当影响力的事件、人物、产品、故事、传说、影视作品、社会潮流等，策划出对自己有利的经典新闻事件的策划方式。

1）借势的原则

（1）关联性：所借之势，必须与新闻策划的目标和整个策划活动有着紧密的内在联系。

（2）有效性：所借之势必须有较大的影响力和辐射力。

（3）经济性：借势之基本为少花钱多办事，花小钱办大事，"以小博大"。如要付出高成本，则应排除在借势之外。

（4）趋向性：所借之势的发展趋势、发展定向要仔细考察，如果随着趋势的演进，所借之势可能会朝着反方向发展，朝着不利于企业的方向发展，那么借势是很危险的。

2）借势的主要方法

（1）借"事件"之势，就是借助某一事件的影响进行公共关系策划，以达到企业的目的。

（2）借"政策"之势，要注意对政策的理解、把握和运用，政策不是一成不变的，所以要敏锐地观察政策在不同时期的变化。

（3）借"时间"之势，就是借助某一特殊的、有重大纪念意义的时间进行高速铁路客运公共关系策划。

（4）借"人物"之势，就是借助某一名人的影响进行高速铁路客运公共关系策划，以达到目的。人物可以分为"古人"和"今人"，只要他们有影响力，都可以借势。

（5）借"特产"之势，就是利用某地特产进行公共关系策划，以达到高速铁路客运企业公共关系活动的目标。

（6）借"舆论"导向之势。舆论导向是指在一定时期内，大众和新闻舆论有它特定的强调重点，特定的关注焦点、热点、倾向和走向。舆论导向有着能够引起人们心理共鸣的特征。

除了以上几种借势方法外，还有借文化之势、借民俗之势，等等。

2. 造势

造势是公共关系策划的方法之一，指在公共关系中，举办活动，或制造事件，再通过大众传播媒介的报道，引起社会大众或特定对象的注意，造成对自己有利的声势，达到品牌推广、营销策划的目的。造势的目的是提高组织的知名度，在公众中建立良好的组织形象。造势的方法多种多样，利用新闻报道、短视频、演说、记者招待会、组织参观、有奖征答等形式；赞助文化、体育、教育、慈善等事业的活动等，都属于公关造势的具体手段。近年来，各种新的社交媒体崛起，通过直播等自媒体传播方式，进行造势，也能给组织带来巨大收益。

项目四

高速铁路客运公共关系实施与评估

 知识点

- 了解高速铁路客运公共关系实施的意义、特点和原则
- 掌握高速铁路客运公共关系实施方案的内容
- 理解高速铁路客运公共关系实施效果评估的程序、标准和方法

 技能目标

- 能够制订高速铁路客运公共关系活动实施方案
- 能够组织高速铁路客运公共关系活动并进行现场管理
- 能够撰写高速铁路客运公共关系活动评估报告

▶ 本项目知识结构导图

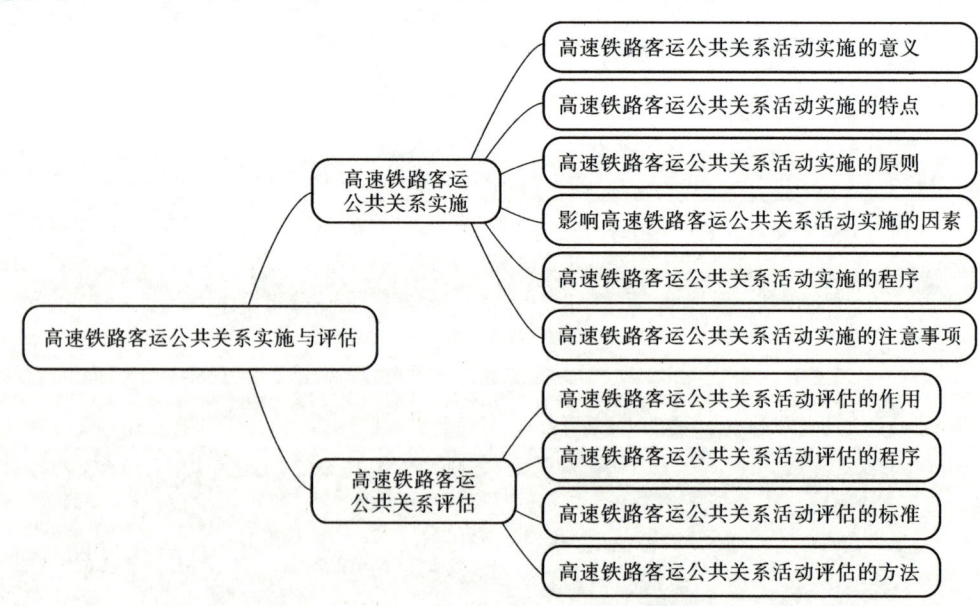

任务一　高速铁路客运公共关系实施

一、高速铁路客运公共关系活动实施的意义

高速铁路客运公共关系活动的实施，就是在公共关系策划方案被采纳以后，将策划方案所确定的内容变为公共关系实践的过程。一项公共关系策划方案从制订到实现策划方案目标之间，还存在着一段相当长的"距离"，要经历一个复杂的过程。这个过程是最为复杂、最为多变的过程。一项公共关系策划方案的实施，从某种意义上讲，比策划方案的制订更为重要。对于这一点，我们可以从以下几个方面来理解。

1. 公共关系活动的实施是实现高速铁路客运公共关系目标的保障

公共关系的终极目的不是研究问题而是解决问题。公共关系调查研究、制订策划方案是发现问题、研究问题的过程，而策划方案的实施才是具体解决问题的过程。一个完美无缺的公共关系策划方案，如果不付诸实施，而是束之高阁，那么，它无论是对企业还是对公众而言都是毫无意义的。

2. 公共关系活动的实施决定了策划方案能否实现及实现的效果

成功的公共关系活动，可以圆满地完成策划方案中确定的任务，实现公共关系目标，甚至还可以通过实施人员创造性的努力来弥补策划方案的不足。公共关系活动实施的失败，不仅不能实现公共关系目标，有时还可能使策划方案中想要解决的问题更加恶化，甚至完全与公共关系的目标背道而驰。从这个意义上说，实施这一环节不仅决定了策划方案能否实现，而且也决定了策划方案实现的效果。

3. 公共关系活动实施的结果是制订后续方案的重要依据

一项公共关系策划方案的实施不论成功与否，都会在社会上造成一定的影响和结果。因此可以说，高速铁路客运企业面临的社会现状，就是过去开展公共关系工作所形成的结果。制订公共关系策划方案必须以高速铁路客运企业所面临的现状为依据，特别是要注意将前项公共关系策划方案实施后由各种渠道反馈回来的信息作为依据。以之前公共关系策划方案实施的结果为基础，针对新出现的问题制订新的策划方案，可以说是公共关系策划方案制订过程中必须遵循的一个原则，因此，前一项公共关系策划方案实施的情况，对后续方案的制订具有重要的意义。

总之，公共关系活动的实施是整个公共关系工作中的一个极其重要的环节。同时，它的作用和影响又贯穿于整个公共关系工作过程的始终。重视对公共关系活动实施过程的研究对提高公共关系工作的效率和效益有着重大的现实意义。

高速铁路客运公共关系活动实施过程包括以下环节。

（1）实施的准备阶段，它包括设计实施方案，确定实施的措施和程序，建立或组成实施机构，训练实施人员。

（2）实施的执行阶段，实施机构按照已经设计好的实施计划，落实各项程序。

（3）实施的结束阶段，为下一阶段的效果评估做好相应的准备。

二、高速铁路客运公共关系活动实施的特点

公共关系活动实施的最大特点就是动态性。

公共关系活动的实施是由一系列连续活动构成的过程，是一个思想和行为需要不断变化、不断调整的过程。一方面，一项公共关系策划方案无论制订得多么周密、具体和细致，与实际情况总会存在或多或少的差异；另一方面，随着时间的推移、环境的变化，实施过程中仍会遇到一些新情况和新问题，因此，不断地修正或调整原定的实施方案、程序、方法、策略等是公共关系活动中不可避免的正常现象。如果不考虑社会环境的发展引起的条件变化，只按一个固定的模式去机械地执行策划方案，那就不仅不能实现公共关系目标，反而会给高速铁路客运企业招致新的麻烦。值得注意的是，实施过程的动态性，并不意味着实施人员可以随意地以一些无关大局的变化为借口而不按原策划方案去实施。公共关系策划方案实施的动态性与实施人员的主观随意性不可混为一谈。

三、高速铁路客运公共关系活动实施的原则

1. 目标导向原则

在公共关系活动实施过程中，要利用目标对整个实施活动进行引导、制约、促进，不断将实施结果与目标要求相对照，保证实施活动不偏离目标。

2. 整体协调原则

在公共关系活动实施过程中，要使各项工作之间达到和谐、合理、协调统一的状态。公共关系活动的实施是一项系统工程，各项工作只有相互配合才会达到整体最佳状态。

3. 控制进度原则

在公共关系活动实施过程中，要按照实施方案的要求检查各项工作的进度，及时发现滞后或超前的情况，搞好协调和调度，使各项工作按计划协调、平稳地推进，以确保按时完成。

4. 反馈调整原则

在公共关系活动实施过程中，应通过监督，及时对实施中的偏差进行调整与纠正，保证公共关系活动策划方案得以正确执行。

四、影响高速铁路客运公共关系活动实施的因素

1. 沟通障碍

1）地域差异

不同的地域有不同的文化习俗，在实施公共关系策划方案时，一定要入乡随俗，考虑地域特点，否则将很可能导致失败。

2）企业自身沟通问题

高速铁路客运企业的机构庞大、复杂，会使信息传递与沟通出现误差等问题。

2. 目标不恰当

公共关系活动策划方案中所确定的目标不切合实际，或不具体，都会给公共关系实施造成困难。

3. 突发事件影响

不论自然灾害还是人为纠纷，都会给活动策划方案的实施造成影响，进而影响实施的进程。

五、高速铁路客运公共关系活动实施的程序

公共关系策划方案确定以后，公共关系活动就进入实施阶段。策划程序和实施程序同样要遵循规范化的工作流程，但二者的区别在于：策划程序是一个主动的工作过程，策划人主

要以脑力劳动进行创造性劳动；而实施过程是一个执行的过程，是一个被动的服从过程，实施工作要忠实执行策划方案。实施的程序可分为三个阶段：制订实施方案、筹备工作、活动实际开展。

1. 制订实施方案

制订实施方案，又称实施操作设计，是一个复杂的过程，其具有特殊性：一是时间高度集中，事件纵横交错；二是公共关系活动实施的机会只有一次，不同于产品生产管理，有质量问题的产品可以回收。公共关系活动只有一个策划方案是不够的，还必须有一个实施方案，即对整个实施操作过程的先后顺序、人力安排、物品使用等做出周密的部署。

实施方案必须在活动正式实施前就完成，而且正式付诸实施前要经过再三核实论证，以防挂一漏万。

实施方案要把握的注意事项如下。

（1）各项工作要全面纳入计划管理，保证每件事都有责任人负责。

（2）各项工作要进行分类管理。

（3）要全面协调好时间进程与事项进程。

（4）要明确分工，同时要注意不要安排一个人在同一时间同时负责两个工作项目，或一个人同时负责两个不同空间的工作。

（5）时间要安排到最小的单位为止。

2. 筹备工作

公共关系活动的筹备阶段是最忙碌的工作阶段之一。这一阶段主要开展以下四个方面的工作。

1）工作人员到岗

公共关系活动的实施，需要一批积极能干的工作人员，尤其需要一个统领全局的项目负责人，由他指挥整个工作的开展。这个负责人必须在筹备工作一开始就上岗到位。

2）全面展开各项筹备工作

公共关系活动的筹备工作纷繁复杂，项目负责人首先要善于将工作分类整理成具体的工作，然后分工落实到每一个工作人员，以保证各项工作的真正执行。同时，项目负责人还要随时监督各项筹备工作的进展，力争提高各项工作的质量。

3）拟订应急预案

筹备公共关系活动必须考虑可能出现的危机，并制订化解危机的预案，如户外的活动，应该考虑各种恶劣天气等突发事件的应急方案。假如应急预案早有准备，那么现场即使出现突发情况也能够迅速解决。

4）拟订具体传播计划

公共关系活动主要是执行一项传播计划。在公共关系活动筹备工作阶段必须要突出传播计划的落实，以保证活动取得良好的传播效果。传播计划要做得很具体，包括传播内容、传播媒介、传播方式等。

3. 活动实际开展

活动进行过程是最紧张的工作阶段。前一阶段所有的准备工作成果在这一阶段全部都表现出来了，往往活动准备工作时间很长，活动进行时间却相对较短，所以这时候是工作最紧张的环节，也是耗费工作人员精力最多的环节。此阶段的关键是做好现场指挥和协调，要做到有条不紊，需要项目负责人具备优秀的综合管理能力。

六、高速铁路客运公共关系活动实施的注意事项

在公共关系活动的实施中，工作千头万绪，各项工作都要抓好，但是要特别注意以下几项工作。

1. 人员培训

进行人员培训，就是要求全体工作人员理解策划方案精神，熟悉策划方案要求，掌握工作的步骤、方法和技巧。

2. 策划方案的执行

执行策划方案是公共关系活动实施过程中最重要的中心工作。

1）深刻领会策划方案的内容

一个完整的策划方案会将公共关系活动的目的、意义、时间、地点、参与人、内容和形式、程序、准备工作的要求、经费开支计划及有关重点都予以明确。

2）制订一份具体的执行工作时间表

时间表要有完成任务的时间界限。例如：一个新闻发布会，在时间表上必须清楚列出何时落实会议场地，何时发邀请，何时准备好新闻发布稿和模拟回答记者的问题，何时进行新闻发言人的演练，何时落实记者出席的情况，等等。这样一分解，一个看似简单的新闻发布会就会划分出许多项具体的工作。

3）设立一个检查策划方案执行情况的制度

定期检查各项工作的执行情况，及时根据检查结果，调整进度计划。

3. 拟订预算开支计划

策划方案中已有一个公共关系活动的经费预算，但那毕竟是"预算"。在上报实施方案时，要认真了解现实的市场状况，列出一个更为准确的预算开支计划，以控制资金的使用。一旦发现实际开销与预算不相符，应尽快采取补救措施，或增加经费投入，或减少开支。

4. 活动场地的布置

活动场地是公共关系活动必不可少的基本要素之一，其对活动的成功举办和传播起着重要作用。

1）场地布置原则

公共关系活动场地的布置，应该与戏剧舞台布置的原则一样，没有用的物品在现场一件都不出现，凡是在现场出现的物品一定是有用的。现场布置应该把握以下原则。

（1）要与活动主题一致。这是场地布置最重要的原则。判断有用、无用的标准就是是否与主题相一致，与主题相一致的是有用的，反之则是无用的。

（2）要与活动所在地的人文习俗相一致。不同的地区有不同的人文习惯和风俗，例如：我国喜事习惯用红色，所以喜事又称为红事；而丧事习惯用白色，所以丧事又称为白事。

（3）要充分利用地形地物。在布置场地时，要注意发挥场地特点的作用，利用地形地物，使之更能体现主题。

（4）坚持安全性原则。安全性原则也是场地布置重要的原则之一。场地所有布置物是否符合安全规范、设施是否可靠、安装过程是否安全，都是必须考虑的。

2）场地布置的工作程序

场地布置应该遵循以下工作程序。

（1）领会策划方案意图。这是场地布置的前提性工作，一般来说，策划方案基本都有场地布置的要求，关键是要能够深入领会。

（2）场地考察。场地布置不能想当然，必须深入现场，认真考察，充分观察地形地物的特点。

（3）绘制布置图。场地布置图是场地布置的实施工作图。常用的场地布置图有两种：一种是平面布置图，主要是从空中俯视场地布置的平面效果；另一种是立体效果图，立体效果图是主视图，主要展示场地布置的实际效果。

（4）制作和准备现场布置物。当布置方案确定以后，就可进入场地进行布置物的准备工作。

（5）现场布置。一定要按场地布置图要求落实布置方案。

（6）安全检查。安全检查包括物品放置的牢固性、防火安全性、用电安全性及治安情况等的检查。

任务二　高速铁路客运公共关系评估

所谓高速铁路客运公共关系活动评估，就是根据特定的标准，对高速铁路客运公共关系策划、实施及效果进行检查、评价，以判断其优劣。公共关系活动评估是公共关系工作程序的最后一个环节。对公共关系活动进行评估，可使组织明确公共关系活动的现状、差距和进一步努力的方向。

一、高速铁路客运公共关系活动评估的作用

1. 评估是改善公共关系工作的重要手段

一般来说，评估是公共关系工作中最易被忽视的环节。公共关系活动结束后，人们往往有一种松了一口气的感觉，但有意识地加以认真回顾和总结，将会得到很多经验，为下一次公共关系活动提供重要借鉴。

2. 评估为开展后续公共关系工作创造了必要条件

任何事情都不是孤立的，而是相互联系的，公共关系工作也是如此。新的一项公共关系活动策划方案制订与实施都是与之前的公共关系工作紧密联系的。如果说前一项公共关系活动的目标是建立高速铁路客运企业良好形象，那么后续公共关系活动的目标就是巩固高速铁路客运企业的良好形象。很显然，后续的公共关系工作是以前一项公共关系工作为前提和条件的，是前一项公共关系工作的延续和发展。通过对前一项公共关系工作的全面评估，初步掌握公众对高速铁路客运企业形象的基本评价和基本态度，找出自我期望形象与实际形象的差距，从而有针对性地制订后续公共关系活动方案，以便最大限度地实现高速铁路客运企业的目标。

3. 评估有利于增强高速铁路客运企业内部员工的凝聚力

通过公共关系效果评估，让高速铁路客运企业内部员工了解高速铁路客运企业开展公共关系活动的目标及有关措施，以及传播信息的内容等，可使员工了解高速铁路客运企业的社会责任；了解公众对高速铁路客运企业的知名度及美誉度的评价，可使员工了解高速铁路客运企业发展的前途，增强他们的自信心和荣誉感，并转化为向企业的总目标努力的实际行动。

二、高速铁路客运公共关系活动评估的程序

要对公共关系活动进行评估，必须遵照一定的程序，以保证公共关系活动的评估不偏离

方向。

1. 建立合理的评估目标

开展评估，首先要建立合理的评估目标。这一评估目标就是高速铁路客运企业的公共关系目标，其说明了高速铁路客运企业的期望，要以这一目标来衡量公共关系活动实施的效果。评估目标确定了，就可以保证评估工作顺利进行，提高评估效率，还可以保证在公共关系调查中掌握有用的资料，避免无效劳动。

2. 选择适当的评估标准

公共关系的评估标准因公共关系策划实施的前、中、后各个阶段的工作内容不同而不同。

3. 搜集资料

调查、搜集资料并不一定是了解公共关系活动影响的最佳途径，有时企业的活动记录也能提供这方面的资料。在有些情况下，小范围的试验也是十分有效的。在搜集有关评估资料方面，没有绝对唯一的最佳途径，可以根据评估的目的、提问的方式，以及前面已经确定的评估标准选择恰当的途径来搜集资料。

4. 进行评估分析

评估所需要的信息搜集齐全后，就要进行整理分析、比较评估，这是整个评估的重要一环。面对大量的数据、实例，评估者要进行综合分析，并对资料做出取舍。进行综合分析要注意两个问题：一是必须遵循信息处理的基本原则，即"去粗取精，去伪存真，由此及彼，由表及里"；二是在综合分析中，要特别注意纵观全局，高速铁路客运公共关系活动涉及方方面面，是高速铁路客运企业整体行为的综合反映，因此，评估分析时要把经济发展过程中各个环节的内在联系结合起来观察，以求比较全面地揭示事物的本质。

5. 报告评估结果

报告评估结果应该成为一项固定的制度。它的作用有两个方面：一方面可以确保高速铁路客运企业管理者及时掌握情况，有利于管理者进行全面、综合的协调；另一方面也可以确保公共关系活动与高速铁路客运企业目标相一致。把评估的结果运用到公共关系工作的调整上，会使问题的分析更加详细、精确，确保下个周期的公共关系活动更为有效。

三、高速铁路客运公共关系活动评估的标准

公共关系活动评估工作贯穿于公共关系活动的三个阶段：准备阶段、实施阶段及分析阶段，评估工作要想有效发挥作用，必须要明确其评估标准。

1. 策划实施前准备阶段的评估标准

1）材料准备是否充分

评估的主要任务是检验前几个程序中是否有充分的背景材料，以及对背景材料的分析和判断是否准确，其目的是及时发现在分析中被遗漏的对公共关系活动有影响的因素。

2）信息的组织与活动策划是否合理

整个评估过程要紧紧围绕公共关系活动是否适应形势要求而展开，评估内容包括公共关系活动中准备的信息资料是否符合媒介要求；公共关系活动是否在时间、地点、方式上符合目标公众的要求，公众有没有对公共关系活动的对抗性行为；有没有策划其他行动配合这次公共关系活动；人员与预算资金是否充分，等等。

3）信息质量和活动策划是否有效

这是对公共关系活动组织者专业技能的检验，重点评估相关信息传递的资料及宣传品设计是否新颖，是否引人注目。

2. 实施过程中的评估标准

1）信息发送是否充分

这一评估的目的主要是要了解所有信息资料的制作情况及信息传播的程度与层次。检查发送信息资料的数量，可以了解公共关系宣传工作的努力程度，而检查传播媒介所采用的信息数量，则可了解到这种宣传工作所达到的层次与所取得的成果。也就是说，只有发送出的信息资料被大众传媒采用，才能保证这些信息被公众接触到，也才有可能对公众产生较大的影响。

2）信息传递是否有效

对于评估来说，了解收到信息的公众结构比了解公众的绝对数量更重要，即注重考察在收到信息的公众中目标公众所占的比例的大小，这也是决定公共关系活动成功与否的一项重要指标。

3. 实施效果的评估标准

公共关系活动实施效果的评估是一种总结性的评估，是对公共关系活动效果的一次结论式的全面评估。它的评估标准主要有以下几点。

1）评估了解信息内容的公众数量

公共关系活动的基本目的就是对公众施以广泛的影响，增加公众对高速铁路客运企业整体的了解或深入了解的程度，运用各种手段和方法来调查公共关系活动，知晓所传播信息内容的公众数量的变化，可简单地测出公共关系活动影响的广泛程度和公共关系活动的基本效果。

2）评估改变态度的公众数量

这里的"态度"是指人们对特定对象的认识、情感、意向等比较持久的内在结构。所谓改变态度，就是将公众对高速铁路客运企业的负面趋向——敌视、偏见、漠然、无知，转变为正面趋向——了解、感兴趣、接受、好感。有多少数量的公众改变了态度，又有多少公众由于态度的转变而采取了合作行动，这些是衡量公共关系活动效果和目标实现程度的一项重要评价指标。

3）目标的实现程度和问题解决的范围

公共关系活动的最终目的就是协助实现高速铁路客运企业总目标，创造一个和谐的企业内外环境。因此，公共关系活动结束后，应重点评估本次活动的效果、目标实现程度及问题解决的范围。

四、高速铁路客运公共关系活动评估的方法

1. 公众意见法

公众意见法包括公众意见征询法和公众问卷调查法。所谓公众意见征询法是在公共关系活动过程中和结束后，通过对公众的访问或举办公众代表座谈会，以电话或口头交谈的方式来征求公众的意见。而问卷调查则是在公共关系活动的准备阶段、结束阶段向目标公众发放问卷，通过对问卷的整理、统计及分析来评估本次公共关系活动的效果。

2. 专家意见法

专家意见法，即聘请公共关系知识丰富并有公共关系实践经验的专家，就公共关系策划方案、策划实施时采取的措施及实施的范围等发表意见和建议；然后由公共关系人员将第一轮的全体专家意见汇集整理，反馈给每一位专家，请他们再次发表意见，经过整理分析，得出代表大多数专家意见的评估意见。

3. 实验法

实验法的实质，是利用事物、现象间客观存在的相互关系，通过调节某个变量（如公共关系活动前后高速铁路客运企业的声誉），测定另一些变量（如旅客流量）的增减。实验法可以在经历和未经历公共关系活动的两组公众之间展开，其关键在于在确保实验对象代表性的同时，尽可能缩小实验范围。

4. 自我评判法

采用这种方法的前提是公共关系人员在公共关系活动的全过程中，或者在企业的日常活动中坚持记录有关指标和数据的变化。例如，通过公共关系活动前后高速铁路客运企业美誉度的量化指标的记录、对比，就可比较准确地评估本次公共关系活动的成果。不仅如此，全面、准确的活动记录还可以帮助公共关系人员以时间为周期（如按年度）评估公共关系活动的整体效果。值得一提的是，公共关系活动总是处于一定的社会、自然环境中，高速铁路客运企业形象的变化可能是公共关系活动本身引起的，也可能是同时期其他社会因素或自然因素变化引起的。

项目五
高速铁路客运公共关系广告

 知识点

- 了解高速铁路客运公共关系广告的内涵
- 理解高速铁路客运公共关系广告与商业广告的区别
- 熟悉高速铁路客运公共关系广告策划流程及创意技巧
- 掌握高速铁路客运公共关系广告媒介的选择技巧

 技能目标

- 能够初步学会运用高速铁路客运公共关系广告相关知识分析问题、解决问题

本项目知识结构导图

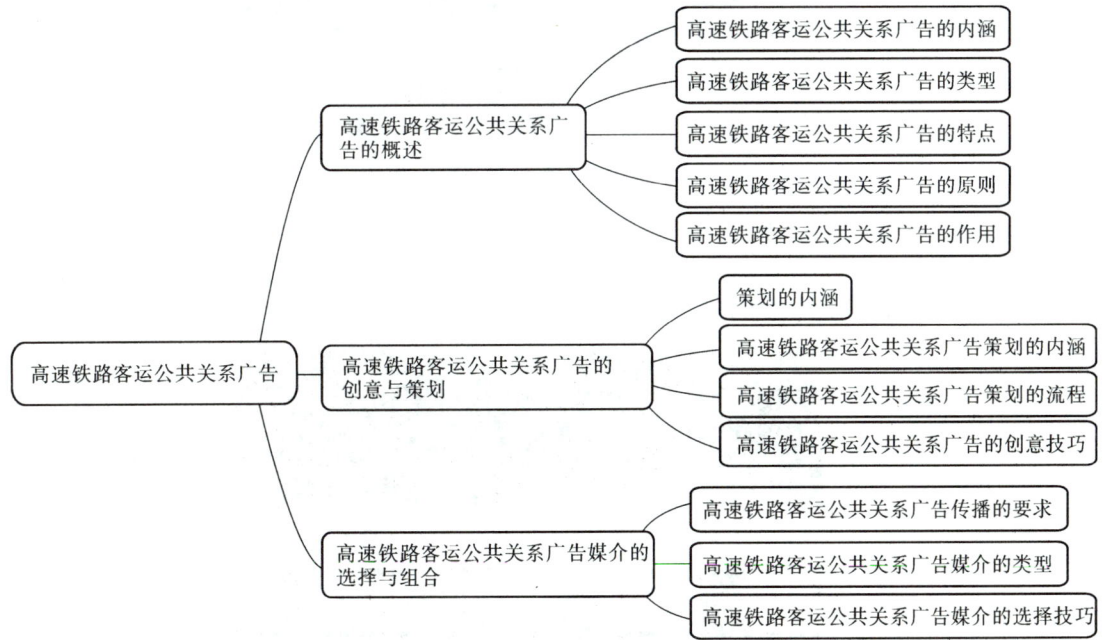

资料卡片

高速铁路广告

高速铁路的便捷性,决定其作为交通工具的价值是无可替代的,而高速铁路的媒体属性,则彰显着它无可比拟的营销价值。高速铁路媒体具有场聚效应,破解了规模化精准营销难题。随着互联网的发展,我们无可奈何地迎来了"分屏""分众"时代。受众在哪儿?当几乎所有媒体都进入"碎片化进程",广告主开始头疼无从选择时,高速铁路媒体却彰显出了强大的聚客效应,给广告市场吃下一颗定心丸。媒介环境,可以通过媒介的组合,在人的空间移动线路上,形成视觉接触点、接触链、接触圈,强化环境媒体的传播影响。随着高速铁路的不断建成和投入运营,有关高速铁路广告经营的问题也越来越被人们重视。高速铁路是全封闭、集中管理、控制出入、多种安全服务配套齐全的高标准运输方式。高速铁路的这种特性也决定了它在资源上的垄断性,利用高速铁路现有设施,在高速铁路沿线合法地发布广告对提升高速铁路的经济效益具有积极意义。如果能合理利用、有效管理,那么高速铁路这种跨越不同地区的线状空间将成为广告发布和传播宣传的有效载体,广告经营也将成为高速铁路经营管理部门除客运收入以外的重要收入来源。高速铁路车体广告如图5-1所示。

图 5-1 高速铁路车体广告

在高速铁路车体上发布广告,公众往往是在行动中无意看到,时间短促、距离较远,无法准确地测定其效果,所以广告内容要简洁、明快,色彩要鲜艳、富有感染力,以突出表达商品的特点来吸引人们的注意。简洁的高速铁路车体广告如图5-2所示。动感的高速铁路车体广告如图5-3所示。

图 5-2 简洁的高速铁路车体广告

图 5-3 动感的高速铁路车体广告

任务一 高速铁路客运公共关系广告的概述

发布新闻是高速铁路客运企业扩大知名度，提高美誉度，塑造高速铁路客运企业良好形象的有效方法。然而对高速铁路客运企业来说，这样的机会并不是很多，新闻媒体也不会把关注的目光长期锁定在一个或少数几个高速铁路客运企业上。但高速铁路客运企业形象的宣传却必须持续不断地进行，因此，付费的公共关系广告就成了高速铁路客运企业的必然选择。

一、高速铁路客运公共关系广告的内涵

1. 公共关系广告的由来

1）由"强攻"转向"智取"

美国现代销售专家韦勒有句名言："不要卖牛排，要卖烧牛排的滋滋声。"而这"滋滋声"正是一种形象的"乐趣"写照，它表明：人们买到的不仅是商品本身，还含有其中的"乐趣"。公共关系广告的独特魅力也就在于："人情味"的注入，强调情感诉求。

公共关系广告产生于"买方市场"的出现，市场营销观念已取代了推销观念的时代。它从传统的"强攻"转向"智取"，采取"攻心为上"的策略，将广告活动从"推销式"转为"说服式"。广告本质上是一种说服艺术，它要借助一定的媒体。早期广告以叫卖商品为主要模式，利用听觉和视觉扩大商品宣传，招徕顾客；近代广告则多以印刷、报刊为主要载体；而现代广告则以数字化媒体为主要媒介。

2）进入电子信息时代

随着广播、电视、电影、计算机网络等高科技媒介的发展，世界广告业已经进入了现代化的电子信息时代，而广告的信息流量也迅速增加，随之而来的是层出不穷的新兴广告媒体。除传统的四大广告媒体（报纸、杂志、广播、电视）仍在传播中起着重要作用外，网络广告、激光广告、飞船广告、卫星广告等已在当代社会"亮相"。

如美国乔奇欧公司为拯救处于低谷的香水销售，别出心裁地推出"气味广告"，在畅销杂

志上,"埋伏"下由照片制成的"香水弹",使读者在翻阅杂志时,领略到宜人的香水味而加深对品牌的印象。

加拿大太空旅游公司则用火箭把广告发向太空,使广告与卫星"并肩"围绕地球运转,目的是"让更多人看到广告",实属高尖端技术与现代广告的经典结合。

作为"提供信息、诱发需求、刺激购买"的广告,现已成为企业塑造品牌形象的利器。媒体虽不断变化发展,但运用媒体的实质却是亘古不变的,即塑造企业形象,提高品牌声誉。

2. 公共关系广告的定义

公共关系广告是一种特殊形式的广告,它不是直接宣传企业生产的某种商品,而是在塑造高速铁路客运企业的形象。公共关系广告就是一种设法增进公众对高速铁路客运企业的全面了解,提高高速铁路客运企业的知名度和美誉度,从而赢得公众信任和合作的广告。公共关系广告可以起到塑造高速铁路客运企业形象、强化品牌形象、宣传高速铁路客运企业宗旨、引导公众观念等作用。

3. 公共关系广告与商业广告的区别

简单来说,商业广告是以营利为目的的,而公共关系广告则不以直接营利为目的。商业广告的目的主要就是为了推销某种产品或者服务以达到自身获利的结果,而公共关系广告推销的不是某个产品或服务,它推销的是自己的组织形象,是为了给大众留下良好的印象而进行的一种宣传。公共关系广告多以新闻事件为背景,借媒体、舆论对新闻事件的关注度来进行宣传活动,达到提高知名度等效果,故而成本较商业广告低廉,但需要有合乎时机的新闻事件作为载体。

4. 高速铁路客运公共关系广告

高速铁路客运公共关系广告是高速铁路客运企业推销自身形象的一种特殊手段。它不同于一般的商品广告,因为它不以推销产品为目的。它也不同于常见的其他公共关系活动形式,它主要是通过活动、事件等向公众广而告之,主动推销高速铁路客运企业的形象。高速铁路客运公共关系广告是一种特殊形态的广告,也是一种特别的公共关系活动方式。

二、高速铁路客运公共关系广告的类型

高速铁路客运公共关系广告是一种比较新颖的公共关系活动方式,而且还在不断发展,其形式是多种多样的,大致有以下几种形式。

1. 形象广告

形象广告是以正面宣传高速铁路客运企业自身的情况为主,具体包括以下几种情况。

(1)高速铁路客运企业经营管理的各种情况,如历史、规模、产品、商标、服务、市场占有情况、财务状况等。

(2)高速铁路客运企业的管理理念,如高速铁路客运企业的宗旨、方针、政策、价值观念、社会目标等。

(3)高速铁路客运企业的社会贡献,如完成国家税收,提供社会服务,对社会公益事业的承诺,以及社会知名度、美誉度等。

(4)高速铁路客运企业的内部状况,如领导人状况、员工素质、经济收入、企业福利、文体活动等。

(5)高速铁路客运企业的特殊事件,如周年纪念、重大事件、特殊荣誉等。

形象广告是高速铁路客运企业提高公众对其优质产品、优质服务的信任而发布的广告,

有时也对企业在国内外评优获奖情况进行宣传。权威机构的认定、消费者的认可和客观评价，对公众来说有着较高的可信度。高速铁路客运企业形象广告如图 5-4 所示。

图 5-4　高速铁路客运企业形象广告

2. 公益广告

公益广告是高速铁路客运企业以自身的名义发布广告，在社会上率先发起某种活动或提倡某种有进步意义的新思想、新观念。具体来说，就是以高速铁路客运企业名义率先发起一项对社会有重要意义和影响的活动，或倡议一种新观念，显示其社会责任感、伦理道德观、创新精神，显示其良好的社会风范，以及率先开拓、领导潮流、敢为天下先的胆识，引起社会公众的共鸣，为公众所瞩目和称道。高速铁路公益广告如图 5-5 所示。

图 5-5　高速铁路公益广告

3. 观念广告

观念广告是通过提倡或灌输某种观念和意见，试图引导或转变公众的看法，影响公众的态度和行为的一种广告。观念广告可以是宣传高速铁路客运企业的宗旨、信念、文化或者是某项政策，也可以是传播社会潮流的某个倾向或热点。如美国西屋电气公司曾在《时代》周刊上刊登岁末广告，把当年有关公司的各种新闻和报道汇集在一起，并冠以总标题"一年来本公司的一切好消息"。高速铁路观念广告如图5-6所示。

图5-6　高速铁路观念广告

4. 谢意广告

谢意广告是在节日、纪念日之际，或高速铁路客运企业举办某种活动圆满结束时，高速铁路客运企业向公众表示衷心感谢而发布的广告。高速铁路客运企业的表达谢意之举，能够增进其与公众的情感交流，维系了与公众的关系，烘托了和谐的氛围。高速铁路谢意广告如图5-7所示。

图5-7　高速铁路谢意广告

5. 祝贺广告

祝贺广告是在节日、纪念日之际，高速铁路客运企业向公众贺喜，或在兄弟单位开业庆典时，高速铁路客运企业以同行的身份表示祝贺所刊登的广告，以此表示合作的诚意和公平竞争的意愿，祝贺广告可以向公众表达企业与公众携手合作、共同发展的心意。高速铁路祝贺广告如图5-8所示。

图 5-8　高速铁路祝贺广告

6. 解释广告

解释广告是在高速铁路客运企业形象被歪曲、被公众误解时，及时向公众解释事实真相、阐明态度、宣传其政策、方针，澄清混淆视听的传言，以矫正被损害的形象，维护声誉所做的广告。

高速铁路客运企业还可以就自身工作不足之处或自身过错向公众致歉，表示诚意，或以致歉的方式表达已获得的进展，"以退为进"，"出奇制胜"。

三、高速铁路客运公共关系广告的特点

高速铁路客运公共关系广告除具有一般商品广告有偿性、自主性、真实性和艺术性特征外，还具有区别于一般商品广告的特点："商品广告是要人们买我，公共关系广告是要人们爱我"；"一般广告是推销商品，公共关系广告是推销形象"。具体而言，高速铁路客运公共关系广告有以下特点。

1. 广泛性

在人类政治、经济活动已进入全球化传播的时代，公共关系广告的内容十分广泛，任何高速铁路客运企业都可以运用公共关系广告做宣传，以引起社会公众对组织的注意，激发起社会公众的兴趣，达到展示组织的形象、显示组织的实力、扩大组织的知名度和美誉度的目的。

2. 长期性

一个组织，无论生产何种产品或提供何种服务，其自身都需要长期稳定地发展下去，这就决定了公共关系广告的目标要着重于长期的、长远的利益。

例如，在高速铁路客运企业的公益性赞助活动中，长期性的捐助活动比短期性的行为更有利于组织的公共关系广告传播，这是因为长期性的捐助活动更能体现企业的社会责任，也更利于企业根据特定时期和社会热点，对自身形象进行传播。

3. 间接性

公共关系广告并非直接劝告人们去购买商品或享受服务，而是通过间接的手段让公众了解组织并产生好感。从对信息的控制方面看，公共关系广告是间接性的。公共关系主体是高速铁路客运企业，它通过运作公共关系广告实现目标。然而广告本身影响范围（地理范围）有限，所以公共关系传播更多地依赖新闻媒介的关注。可见，公共关系传播的信息是新闻媒介进行编码的结果，公共关系活动对信息的控制是间接的，可控性弱。

四、高速铁路客运公共关系广告的原则

1. 实事求是的原则

高速铁路客运公共关系广告应避免弄虚作假，要真实地、客观地进行公共关系广告设计、编辑与制作，以争取得到更多社会公众的信赖。

2. 富于创新的原则

高速铁路客运公共关系广告在具体内容、分析角度、运用手法等方面，要新颖别致、富有创新意识。

3. 注重效果的原则

高速铁路客运公共关系广告必须注重效果。这里的效果是指商誉目标的实现、企业或组织自身的发展和社会整体效益的扩大。

4. 寻求佳时的原则

高速铁路客运公共关系广告必须选择恰当时机，否则将导致事倍功半的后果。

5. 长期性的原则

商业广告的效果主要体现在经济效益上，而高速铁路客运公共关系广告的效果主要体现在社会效益上，难以在短期内做出直接和定量的评价。

五、高速铁路客运公共关系广告的作用

通过运用公共关系广告，可以起到塑造组织形象、强化品牌形象、宣传组织文化、引导公众观念的作用。企业形象是指人们通过企业的各种标志、文字、画面、代言人、故事等一切符号而建立起来的对企业的总体印象与感官评价。企业形象是高速铁路客运企业内在精神文化的一种外在表现，高速铁路客运企业形象能否真实地反映高速铁路客运企业的精神文化和品牌文化，以及能否被社会和公众所接受，在很大程度上取决于高速铁路客运企业自身的努力。良好的高速铁路客运企业形象是高速铁路客运企业的宝贵财富和无形资产，它对高速铁路客运企业的经营管理起着深远和长期的影响，这就要求高速铁路客运企业必须树立自己的企业形象，而公共关系广告就是必要的保障。

1. 高速铁路客运公共关系广告有助于提升高速铁路客运企业的公众形象

高速铁路客运企业要有社会责任，并在日常经营管理活动中显示自己的感召力、影响力和社会责任心，将自己的组织形象尽可能传播、渗透到社会的更多层面，真正融入各消费群体的日常生活中，并赢得公众的尊重和喜爱。高速铁路客运企业只有具备了较高的或独特的公众形象，才能在市场竞争中赢得公众的认同和赞扬，在社会责任和经济价值取向中找到平衡的结合点，不断提高自身的经济效益。提升高速铁路客运企业形象广告如图5-9所示。

图5-9 提升高速铁路客运企业形象广告

2. 高速铁路客运公共关系广告有助于提高高速铁路客运企业的美誉度

高速铁路客运企业美誉度是指公众心中的高速铁路客运企业及其产品的品牌形象和市场地位,其能体现出高速铁路客运企业的实力和地位。公共关系广告不仅能提高高速铁路客运企业的知名度,还能最大限度地提高高速铁路客运企业的美誉度。提升高速铁路客运企业美誉度广告如图5-10所示。

图5-10 提升高速铁路客运企业美誉度广告

随着广告传媒行业的深入发展和市场竞争的加剧,高速铁路客运公共关系广告在塑造高速铁路客运企业形象中发挥的作用更加凸显。

高速铁路客运企业只有在认真分析自身情况的基础上,结合自身资源特点,有针对性地进行高速铁路客运公共关系广告的投放,才能更好地发挥其应有的作用。

任务二 高速铁路客运公共关系广告的创意与策划

一、策划的内涵

策划是根据现有资源信息,判断事物变化的趋势,确定可能实现的目标和预算结果,再由此来设计、选择能产生最佳效果的资源配置与行动方式,进而形成决策计划的复杂思维过程。

1. 策划是决策思维方式

创造性思维是人类进步的源泉,创造性是策划的必然特性。失去了创造性的策划活动不能称为策划,而只是固有行为模式的照搬,是一种简单的模仿。策划是创造性的思维活动,是一种复杂的辩证思维过程,它具有不同于其他思维的特征,主要体现在以下几个方面。

1）策划是创造性思维的产物
（1）积极的求异性。
创造性思维往往表现为对常见的现象和权威理论持怀疑、分析的态度，而不是盲从和轻信。差异性思维在经济策划中具有很高的价值，各地兴起的特色经济就是创造性思维的产物。
（2）敏锐的洞察力。
在观察过程中，分析事物的相似处与相异处，发掘事物之间的必然联系，从而产生新的发现。
（3）创造性的想象。
想象就是破除旧有的思维定式，放开自己的思维翅膀，重新组合不同的元素，从而形成新的意象的过程。这是创造性思维的重要环节，它不断创造着新表象，赋予抽象思维以独特的形式。
（4）独特的知识结构。
独特的知识结构是创造性思维的基础。同时，活跃的灵感是创造性脑力劳动的结晶。对问题和资料进行长期的思考和探索，直至达到思想的饱和状态，这是产生和捕捉灵感的最佳前提。灵感的出现是与敏锐的观察能力，丰富而活跃的想象能力密不可分的。
2）策划是系统性思维的产物
我国古代策划活动就非常重视系统性的运用，"田忌赛马"的故事很好地体现了系统性思维的重要性。随着社会化大生产的发展，社会活动日益复杂，生活节奏不断加快，科学技术日新月异，策划的系统性特征变得越来越重要。在这样复杂的动态系统中，各种社会活动更趋复杂、多变，因此，必须有一个合理的系统性策划，把各方面活动有机组合起来。策划者必须时刻遵循系统性原则，离开系统性原则去进行策划，必然会导致短期、狭隘行为，使长远、全局利益受损。系统性策划要注意以下方面。
（1）对现有资源信息的利用。
（2）对事物发展变化趋势的判断。
（3）对可能实现的目标和结果的判断。
（4）对产生最佳效果的资源配置与行为方式的设计、选择。
（5）形成决策计划。

2. 策划的过程

策划的过程其实就是创造性思维发挥的过程，或者说是创造性思维与策划活动的结合过程。创造性思维是策划生命力的源泉，它贯穿策划活动的方方面面和策划过程的始终。
1）从策划的步骤看
一个完整的策划，基本上包含了预测和决策两大步骤。作为预测，它要对未来发展的前景和趋势进行科学分析和准确评估，这也就是策划的前瞻性。作为决策，它要在预测的基础上，对应对方针和行动措施进行大胆抉择。预测要尽可能科学、准确；决策要大胆、有魄力，从这个意义上说，任何一种策略都是"小心求证，大胆设想"的过程。
2）从策划的内容看
一个完整的策划，基本都包括了战略策划和战术策划两大内容。战略策划，是统筹天、地、人等综合资源环境，以确定长远的目标和方针，使自己在总体上永远立于不败之地，并且还能控制、操纵事物发展的态势，保持一种良性循环。
战术策划，是为了实现战略所必须采取的一系列行之有效的行动方案。比如《三国演义》

中的"火烧赤壁""草船借箭""七擒孟获"等战术的设计,就属于战术策划。战术策划具有很强的可操作性,它往往要设计出"做什么,如何做,何时何地做"等每一个环节的运作步骤,以保证在每一个环节上达到最佳组合,在每一个阶段都取得最大成果。

因此,从策划的内容来看,一个完整的策划就是"审时度势的战略策划"与"通权达变的战术策划"的有效组合。

3)从策划的性质看

策划是一项极为复杂的综合性思维工程,是一项系统性的智力活动,这也就是所谓的"策划的系统性"。

策划本身就是一种极为复杂的思维活动过程,是策划者运用知识、信息、智慧进行复杂的智力劳动的过程,属于出售智慧的智力咨询劳动。

策划是一项系统性思维工程。在策划过程中,要运用严谨周密的理性思维进行想象、创造和重新组合。可以说,对各种思维方式的综合运用是策划成功的关键所在。

4)从策划的范围看

策划普遍存在于人类各种行为之中。无论是国家治理、企业经营还是个人发展,都需要精心策划。

现代人已经充分认识到了策划的重要意义,开始把它广泛运用于形象包装、节目制作、新闻发布、公共关系活动、产品促销、广告运作等社会生活的各个领域。

二、高速铁路客运公共关系广告策划的内涵

公共关系广告策划是策划学的一个分支和延伸,公共关系广告策划思想并不是与广告活动同时产生的,它是市场经济高速发展的必然,是现代广告活动规范化、科学化的主要标志。

1. 高速铁路客运公共关系广告策划的类别

高速铁路客运公共关系广告是高速铁路客运企业为引起公众对自身的注意和兴趣,进而产生好感和信任,最终获得公众的支持和合作的传播活动,它带有某些广告特征(如它通过购买大众媒介作为传播手段向公众"广而告之"),但不限于商业活动,是不以营利为目的的传播行为。关于高速铁路客运公共关系广告策划的概念,有宏观与微观之分。

1)宏观高速铁路客运公共关系广告策划

宏观高速铁路客运公共关系广告策划又叫高速铁路客运企业整体公共关系广告策划,它是对在同一公共关系广告目标统摄下的一系列公共关系广告活动的系统性预测和决策,即对包括市场调查、公共关系广告目标确定、公共关系广告定位、战略战术确定、经费预算、效果评估在内的所有运作环节所进行的总体决策。

2)微观高速铁路客运公共关系广告策划

微观高速铁路客运公共关系广告策划又叫高速铁路客运单项(单体)公共关系广告策划,即单独地对一个或几个高速铁路客运公共关系广告运作环节所进行的策划。随着市场经济的发展,公共关系广告竞争越来越激烈,单项公共关系广告策划的广告效应或传播效果相对差些,因而整体公共关系广告策划日益受到重视。

2. 高速铁路客运公共关系广告策划的要素

一个完整的高速铁路客运公共关系广告策划,基本上包括策划者、策划依据、策划对象、策划方案、策划效果评估五大要素。

1)策划者

策划者即广告作者,是高速铁路客运公共关系广告策划活动的核心,在高速铁路客运公

共关系广告策划过程中起着"智囊"的作用，高速铁路客运公共关系广告策划者必须知识广博、思维敏捷、想象力丰富，并且深晓市场营销理论，具有创新精神。可以说，策划者的素质直接影响着高速铁路客运公共关系广告策划的质量水平。

2）策划依据

策划依据是指策划者必须拥有的信息和知识，一般包括两大部分：其一，策划者的知识结构和信息储存量，这是进行科学策划的基本依据；其二，策划专业信息，比如政府、企业和高速铁路客运企业状况、产品特性、市场现状、广告投入等，这些信息是进行策划活动的重要依据。

3）策划对象

策划对象是指广告主所要宣传的对象。策划对象决定着公共关系广告策划的类型。以组织整体为对象的公共关系广告策划属于企业形象广告策划；以某一商品为对象的公共关系广告策划属于商品销售广告策划。高速铁路客运公共关系广告的策划对象是高速铁路客运企业。

4）策划方案

策划方案是指策划者为实现策划目标，针对策划对象而设计的一套策略、方法和步骤，其必须具有指导性、创造性、可行性、可操作性和针对性。

5）策划效果评估

策划效果评估是对实施策划方案可能产生的效果所进行的预先的判断和评估，据此可以评判公共关系广告策划活动成功与否。

高速铁路客运公共关系广告策划的五大要素相互影响、相互制约，构成一个完整的、系统的有机体系。

三、高速铁路客运公共关系广告策划的流程

高速铁路客运公共关系广告策划不是无计划的、盲目的行为，作为高速铁路客运组织整体管理活动的重要组成部分，高速铁路客运公共关系广告是按照一定的程序，有计划、有步骤地进行的，一个成功的高速铁路客运公共关系广告策划一般是按下列程序进行的。

1. 高速铁路客运公共关系广告环境分析及目标制定

首先要对环境进行深入、细致的分析和研究，明确高速铁路客运组织整体管理对公共关系广告的要求，掌握高速铁路客运组织外部方方面面的广告影响因素，以强化高速铁路客运产品与服务在市场上的定位，从而确定高速铁路客运公共关系广告在市场上的定位。在分析高速铁路客运公共关系广告环境的基础上，由高速铁路客运企业确立高速铁路客运公共关系广告的目标。

2. 高速铁路客运公共关系广告策略与目标

必须将高速铁路客运公共关系广告的策划和高速铁路客运公共关系广告目标结合起来通盘考虑，从而提炼出高速铁路客运公共关系广告的主题，构思广告创意，解决"怎样做"的问题。

1）广告策略手段

（1）广告策略。

广告策略是指广告策划者在广告信息传播过程中，为实现广告战略目标所采取的对策、方法和手段。确定广告预算是广告策略的一个组成部分，通常是公共关系部门连同企业的营销部门和财务部门一起确定广告总预算，公共关系部门再联系广告公司对公共关系广告费用

进行具体的预算分配。

在高速铁路客运公共关系广告策略的把握上要注意：高速铁路客运公共关系广告策略是为达成高速铁路客运企业管理目的而采用的广告方法和手段。高速铁路客运公共关系广告策略决不可以凭空杜撰，一定要先理解高速铁路客运企业的营销目的、营销策略，同时要加强对广告目标策略、广告定位策略、广告表现策略、广告预算策略、广告媒体策略和广告创意的方法与技巧的把握。

（2）决策效果。

在对各个环节进行分析后，要从总体上进行高速铁路客运公共关系广告决策，选择最优组合方案，制订高速铁路客运公共关系广告计划书，确定高速铁路客运公共关系广告活动实施的步骤和方法。同时制定有关的控制、评价标准，随时了解、协调高速铁路客运公共关系广告活动的进行状态，检验高速铁路客运公共关系广告活动的效果，并及时进行反馈，以调整高速铁路客运公共关系广告整体的策划方案。

2）高速铁路客运公共关系广告目标定位

高速铁路客运公共关系广告的目标是广告活动要达到的最终目的，也是高速铁路客运企业对高速铁路客运公共关系广告活动的要求和控制高速铁路客运公共关系广告活动的标准，还是衡量高速铁路客运公共关系广告效果的依据，因此，对高速铁路客运公共关系广告目标的确定应有一套严格的要求，以保证所制订的高速铁路客运公共关系广告目标切实可行。

（1）目标要求。

高速铁路客运公共关系广告目标要符合高速铁路客运企业整体营销的战略目标；高速铁路客运公共关系广告目标要明确具体，具有可行性和可控性；高速铁路客运公共关系广告目标要被其他营销部门接受；高速铁路客运公共关系广告目标具体表现为一系列广告活动的分目标。

在确定高速铁路客运公共关系广告目标前还要考虑以下因素，即组织因素（组织资金、组织形象、组织规模）、产品因素（产品的不同生命周期）、市场因素（市场的种类、市场的竞争状况）。

（2）目标类型。

高速铁路客运公共关系广告目标是广告传播活动整体计划的指引。高速铁路客运公共关系广告目标的类型，大致有如下几种：诱导试验的目标；扩大认识的目标；增强习惯的目标；维持偏爱的目标；巩固品牌形象的目标；改善企业和品牌形象的目标；直接促进销量的目标。

3. 广告主题与预算

高速铁路客运公共关系广告的主题是高速铁路客运公共关系广告的中心思想，也是高速铁路客运公共关系广告的灵魂，是表现高速铁路客运公共关系广告为达到传播目标而要说明的某种观念。

1）主题确立与检验

（1）确立广告主题。

一则高速铁路客运公共关系广告必须鲜明、突出地表现高速铁路客运公共关系广告主题，使人们很容易理解高速铁路客运公共关系广告传达的主题。高速铁路客运公共关系广告主题由广告目标、信息个性和消费心理三个要素构成，用公式来表示：高速铁路客运公共关系广告主题=广告目标+信息个性+消费心理。高速铁路客运公共关系广告如图5-11所示。

图 5-11 高速铁路客运公共关系广告

(2) 检验广告主题。

高速铁路客运公共关系广告主题的确定不可能一蹴而就,一般要先提出多种方案,然后经过试用,方可最后确定;同时,高速铁路客运公共关系广告主题的选择是否恰当,往往要经过社会与市场的检验,当社会与市场检验不够理想时,必须及时进行重新研究,改进高速铁路客运公共关系广告主题。在决定高速铁路客运公共关系广告主题时,并没有一定的规则,但就高速铁路客运公共关系广告主题的选定而言,一般应注意:显眼、易懂、刺激、统一、独特,要避免同一化、扩散化和共有化倾向,高速铁路客运公共关系广告主题的一致性如图 5-12 所示。

图 5-12 高速铁路客运公共关系广告主题的一致性

2) 公共关系广告预算的制订

确定高速铁路客运公共关系广告预算的常用方法如下。

(1) 量入为出法,即高速铁路客运企业在估量了自身所能承受的开支能力的基础上安排广告的预算。例如高速铁路客运企业财政本年度仅能安排 100 万元公共关系广告费用,则高速铁路客运企业便以 100 万元为基准进行公共关系广告投入。

(2) 销售百分比法,即高速铁路客运企业以一个特定的金额的百分比来安排其公共关系广告费用。例如某高速铁路客运企业2020年销售总额为50亿元，高速铁路客运企业以上年度销售总额的0.1%安排公共关系广告投入，则2021年全年公共关系广告预算为500万元。

（3）目标和任务法。目标和任务法要求高速铁路客运企业依据自己特定的目标，确定达到这一目标必须完成的任务及估算完成这些任务所需要的费用来决定广告预算，这是一种相对科学的预算方法。

3）公共关系广告效果的测试

做高速铁路客运公共关系广告的根本目的还是为了增加高速铁路客运企业的经济效益，因此，高速铁路客运公共关系广告的效果能从高速铁路客运企业销售额的变化中表现出来。由于高速铁路客运公共关系广告不是用于直接的商品推销，而是追求高速铁路客运企业的长远利益，所以其效益也就很难简单地通过销售额、利润率的变化表现出来，但可以通过传播学的一些指标来测算高速铁路客运公共关系广告的效益，如通过注意度、记忆度等来测试。

四、高速铁路客运公共关系广告的创意技巧

广告曾经被人们称为"第八艺术"，既然是艺术，就应该有所创新。广告，特别是公共关系广告，要使公众有新奇感，就必须有意识地设计得不拘形式、意味独特、构思巧妙，这样才能得到广大社会公众的青睐。否则，东施效颦，依葫芦画瓢，一味模仿，只能制作大同小异的广告，而难以达到公共关系广告的理想效果。所以，在高速铁路客运公共关系广告策划中，一定要在创意上进行创新，追求给公众耳目一新的感觉。为了达到公众认可的效果，高速铁路客运公共关系广告创意的首要工作就是广告语的创作。广告语具有很好的创意，其广告画面、分镜头脚本，就容易得到启发和创意灵感。

高速铁路客运公共关系广告语的创意一般要具备以下要求。

1. 俗中见雅

考虑到大众文化水平的参差不齐，高速铁路客运公共关系广告首先必须做到通俗易懂；在此基础上，再考虑通俗中要有雅致的格调。俗中见雅的高速铁路客运公共关系广告如图5-13所示。

图5-13 俗中见雅的高速铁路客运公共关系广告

2. 简中见丰

与俗中见雅相统一，高速铁路客运公共关系广告语必须具备简中见丰的特点。公众容易

对简短的广告语产生注意与了解，一般建议广告语在 14 个汉字之内。简短的文字同样可以做到言简而意丰。简中见丰的高速铁路客运公共关系广告如图 5-14 所示。如 TCL 的公共关系广告语——"TCL，为顾客创造价值"，简短的广告语既表达了自身产品的质量高，又表达了自身的服务不错；既表达了目前产品的可靠，又包含产品技术的领先；既表达了企业已经做到的水准，又表达了企业将不断追求的境界，总之，其内涵是相当丰富的。

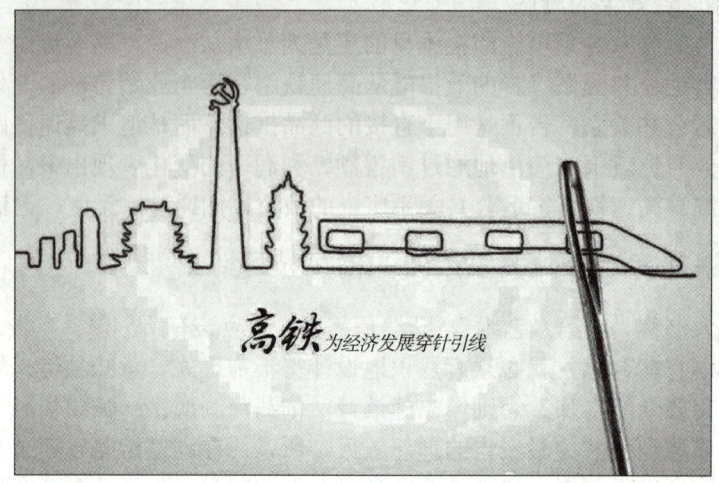

图 5-14　简中见丰的高速铁路客运公共关系广告

3. 平中见奇

公共关系广告语，往往寥寥数语，却充满了智慧，在貌似平淡中显现奇妙，平中见奇的高速铁路客运公共关系广告如图 5-15 所示。丰田汽车的公共关系广告语——"车到山前必有路，有路必有丰田车"，在借用俗语的基础上进行语意上的承接，突出了丰田车产量大、受欢迎的形象，其创意就完全做到了"平中见奇"。

图 5-15　平中见奇的高速铁路客运公共关系广告

当然，高速铁路客运公共关系广告的策划，以广告语为核心的创意，并不是越奇特越好，如果一味追求新奇，容易本末倒置，影响高速铁路客运企业形象的树立，所以，它的创意是以服从高速铁路客运公共关系广告的主题为前提的。

任务三　高速铁路客运公共关系广告媒介的选择与组合

在高速铁路客运公共关系中，我们首先要重视高速铁路客运企业形象的传播，高速铁路客运公共关系广告传播策划是高速铁路客运企业传播系统中的核心部分。高速铁路客运公共关系广告传播的目标就是要建立高速铁路客运企业与公众之间的紧密联系，从而全面提升高速铁路客运企业形象与品牌价值。

一、高速铁路客运公共关系广告传播的要求

高速铁路客运公共关系广告是管理高速铁路客运企业形象，为高速铁路客运企业创造最有利的运作环境的重要方式，它必须通过良好的策划和有效的沟通，赢得大众的了解和支持。高速铁路客运公共关系广告传播的要求体现在以下几点。

1. 政策性

高速铁路客运公共关系广告宣传要遵循政策性原则要求，具体表现在以下两个方面。

（1）广告承办单位要遵循国家颁布的广告法规来组织广告业务活动，抵制和拒绝发布违法广告。

（2）高速铁路客运企业做广告宣传时，必须严格遵守国家法令要求，不能搞违法经营和违法宣传。

2. 真实性

高速铁路客运公共关系广告要真实，必须要保证构成高速铁路客运公共关系广告的各要素是真实的，即高速铁路客运公共关系广告所传达的劳务、服务、观念信息必须真实。高速铁路客运公共关系广告只有做到真实，才能够获得公众的信任。真实性是高速铁路客运公共关系广告所要遵守的基本原则。

1）高速铁路客运公共关系广告的内容要真实

内容真实即信息真实。高速铁路客运公共关系广告是一种信息传播的活动，传递给公众的信息要真实，不能模糊不清，以避免公众误解，对公众利益造成伤害。

2）艺术形式选择要真实

高速铁路客运公共关系广告既然是一种艺术，不可避免地要使用艺术的手法来表现创意，增加感染力，增强宣传效果，这是无可厚非的。但是高速铁路客运公共关系广告在用艺术手法来表现创意的时候要合理地夸张，不能与现实脱离过远。这种艺术夸张与高速铁路客运公共关系广告的真实性要求并不矛盾。高速铁路客运公共关系广告在艺术表现上，不能给公众造成错觉或者误解，要达到艺术和真实性的统一。高速铁路客运公共关系广告将各种信息高度精练后用艺术手法表现出来，艺术形式的选择不能违背广告的真实性原则。

高速铁路客运公共关系广告的真实性要求是其生命所在，必须以事实为依据，要展现高速铁路客运企业的真实情况，不能浮夸，更不能造假。

3. 针对性

针对性即明确向谁做广告。在某种意义上讲，高速铁路客运公共关系广告的针对性要求比商品广告的针对性要求更为迫切，这主要表现为以下两点。

1）在有限的空间提升价值

现在很多人没有意识到高速铁路客运公共关系广告的价值，有针对性的高速铁路客运公共关系广告能够提升市场回报。虽然高速铁路客运公共关系广告空间是有限的，但是，运用针对性广告可以在有限的空间提升其价值。所以，我们应不断开拓高速铁路客运公共关系广告的针对性。

2）增加智能化和个性化

高速铁路客运公共关系广告要在针对性的特性上增加智能化和个性化特性，发挥潜在空间。确定最好的媒体组合形式，是针对目标公众进行公共关系广告传播的关键点。目标市场

本身就决定了何种媒体组合是最佳的。

4. 整体性

高速铁路客运公共关系广告策划要强调系统原则，即强调策划的整体性。系统原则要求对系统中各个部分的策略做统筹安排，确定最优目标。

1）整体大于部分

系统是个有机整体，整体大于部分之和，其具有各要素简单相加起不到的作用。为使系统最优化，必须对系统中各组成要素全盘考虑，并且要与外部环境协调起来，进行资源整合。

2）团结协作

社会上任何一类组织的生存和发展都是团结协作的体现，都是整体努力的结果。在高速铁路客运公共关系广告中，对组织所获得的成功要作为整个社会、内外公众，特别是广大员工齐心协力、共同奋斗的结果来加以体现。

5. 独特性

高速铁路客运公共关系广告策划的特质打造，其实就是综合实力与综合影响力的打造，是高速铁路客运企业的自我传播。特质必须从创意与资源的层面整体打造，必须体现不可替代性，才能实现高速铁路客运公共关系广告价值的独特性。

1）独特性在于吸引力

独特性是指高速铁路客运企业的公共关系广告策划必须展现高速铁路客运企业形象的独特性，以及企业的市场吸引力。我们还要清楚地认识到：具有独特性的广告策划不是异想天开，离开了相关性与实用性的独特性是没有任何意义的。

2）独特性在于影响力

一个高速铁路客运企业在制作高速铁路客运公共关系广告时，应明确其企业宗旨、经营方式、服务措施及组织标志等，并运用文字描述、象征比喻、情感调动等表现方式来达到形成组织独特风格的目的，以引起社会公众对高速铁路客运企业的注意，加深公众对高速铁路客运企业的印象。

二、高速铁路客运公共关系广告媒介的类型

媒介是宣传高速铁路客运企业形象的基本途径，高速铁路客运公共关系广告宣传必须借助媒介才能得以有效展开。高速铁路客运公共关系广告媒介的选用，在高速铁路客运公共关系广告实践中具有重要的地位和作用。全面地掌握媒介的基本类型及每一种类型的基本特点，正确地理解确定广告媒介的基本原则，根据具体的高速铁路客运公共关系广告目标，科学地选择具体的高速铁路客运公共关系广告媒介，是我们提高高速铁路客运公共关系广告传播效果的物质技术保证。

高速铁路客运企业为了赢得公众的理解、信任和支持，向公众充分地展示和宣传自己的形象，需要借助一系列针对特定公众的具有说服力和影响力的传播途径。一定的广告媒介是高速铁路客运公共关系广告信息的物质载体，是高速铁路客运企业影响公众价值观念的中间纽带，它起着沟通高速铁路客运企业与公众之间信息的作用，既向公众传播高速铁路客运企业的信息，又向高速铁路客运企业反馈公众的信息，使双方在互动过程中获得关于高速铁路客运企业形象的共识，为高速铁路客运企业的生存与发展创造良好的公众基础，充分实现高速铁路客运公共关系广告活动在高速铁路客运企业运行中的功效。

在高速铁路客运公共关系广告策划过程中，可供选择的传播媒介多种多样，如广播、电视、报纸、杂志、橱窗、车船等。由于它们都具有较大的时空二维流动性，具有按照高速铁

路客运企业的期望改变或强化公众某种观念的功能，能够从各自的角度以不同的方式有效地宣传高速铁路客运企业，因此它们都是高速铁路客运公共关系广告的传播媒介。但是，这些传播媒介在工作模式、作用机制诸方面又各有自己的特征，并以"类"的形式体现出来，因此，那些具有相同特质的传播媒介便构成了一种类型。在高速铁路客运公共关系广告活动中，常见的传播媒介主要包括电子传播媒介、印刷传播媒介、人际传播媒介、实物传播媒介和户外传播媒介等。其中，电子传播媒介和印刷传播媒介能够广泛、迅速和连续地传播高速铁路客运企业的信息，属于大众传播媒介。

1. 电子传播媒介

电子传播媒介是指通过电信器械和电信技术向公众传播高速铁路客运企业广告信息的传播渠道，如电影、广播、电视、互联网、手机 App 等。

电子传播媒介是随着电信技术的发展而逐渐成为现代大众传播媒介的。没有电信技术的发展，就不可能产生现代意义上的电子传播媒介。随着卫星通信事业的发展，电子传播媒介能够更加迅速地向更加广泛的范围传播信息，更加深刻地影响人们的思维方式，因而，电子传播媒介的选择受到了许多高速铁路客运企业的高度重视。

电子传播媒介具有传播速度快、形象生动、影响范围广等特点。在现代社会，某个高速铁路客运企业发生了重大事件，通过电子传播媒介，就能够在很短的时间内让各地的公众知晓事件的全过程和具体细节，而且还能给公众一种身临其境的感觉，形成倾向性的公众心理气氛。电子传播媒介具有强烈的导向功能，容易使公众无暇仔细思索就接受其所倡导的价值观念。

电影、广播、电视、互联网和手机 App 等不同的电子传播媒介在传播广告信息与影响公众心理行为方面又各具特色。

1）电影广告

电影这种视听型传播媒介，在高速铁路客运公共关系广告领域中，通常以纪录片的形式介绍高速铁路客运企业的思想文化建设、科学的管理经验或产品的性能与使用方法等。在一些发达国家中，还大量出现所谓"广告镜头安插"的电影广告，即在电影放映过程中插播广告。在电影广告的编导与摄制过程中，高速铁路客运企业掌握着较多的主动权，不仅可以根据具体广告目标选择高速铁路客运公共关系广告影片的信息内容素材，而且可以控制其时间的长短，因此可以突出宣传高速铁路客运企业整体形象中对公众具有吸引力的组成部分。由于高速铁路客运公共关系广告影片持续时间较长，能够比较详尽地介绍高速铁路客运企业的情况，使公众获得一个比较全面的企业认知。所以这种传播媒介在公众初识高速铁路客运企业时，具有良好的公共关系广告效果，让公众能比较完整地掌握高速铁路客运企业的整体风貌，有利于在公众中宣传高速铁路客运企业的整体形象，实现公共关系广告宣传的目的。但是，影片有时也容易给人以冗长乏味的感觉，而且不易操作，摄制设备要求齐全，制作费用尤为昂贵。因而选择这种传播媒介时要慎重考虑，精心创作与构思剧本，以确保高速铁路客运公共关系电影广告的宣传效果。

2）广播广告

广播作为一种重要的大众媒介形式，拥有百年历史。在电子传播媒介中，广播的普及率最高，加之广播接收设备携带方便，因此广告的有效覆盖面相对较大，大量的公共关系广告都通过广播来进行宣传。在影响公众方面，广播广告具有以下宣传优势：第一，辐射范围广，传播空间大，只要收音机在无线电广告节目发射功率范围之内，每个公众都能收到广告节目。第二，传播速度快，当高速铁路客运企业出现具有新闻价值的事件时，广播能及时、迅速地向公众进行传播。第三，传播对象众多，男女老少都是广播的听众，由于广播是一种听觉型的传播媒介，因而传播对象无论其文化程度高低，都能理解其中传播的信息。第四，传播重复率高，公共关系广告每天可以在电波中出现多次；由于它的传播周期短、频率快、容量大，因而公众可以从中获得较为周全的信息。第五，传播过程人格化，广告播音人员美妙清丽的腔音，加上配置了迷人的音乐，给人一种亲切的感觉。第六，制作简便，费用低廉。公共关系广播广告仅仅局限于对公众听觉系统的刺激，而不能在视觉上施加影响，因而形象性较差。这是广播广告的主要缺点。一般地说，如果高速铁路客运企业向公众传播的信息内容主要是视觉范围内的，则不宜选择广播媒介。如果信息内容是听觉范围内的，而且信息量大，则应选用广播媒介，这是制作公共关系广告时应该注意的事项。

3）电视广告

相对于电影和广播，电视是后起之秀。电视是第二次世界大战后才出现的大众传播媒介，但是它的发展速度快，现在已得到了相当程度的普及。由于电视传播媒介能够把文字、声音、音乐、图形融于艺术之中，构成一个声色兼备、视听结合的传播手段，可通过视觉、听觉全方位地展现高速铁路客运企业的形象，对公众具有较强的感染力，因而电视已成为公共关系广告传播信息、宣传高速铁路客运企业形象的理想工具。相对于其他大众传播媒介，电视的传播优势是显而易见的。第一，艺术性与娱乐性较强。它能把各种信息资料转换为直观的图像、声音和文字，形成一个具有艺术价值的节目形态，表达方式新颖、生动、活泼，以感人的形象、优美的音乐和独特的技巧给公众以美的享受，有效地影响公众的思想观念和行为方式。第二，功能齐全。电视具有宣传、教育、娱乐和服务等方面的功能，从而提高了公众对广告信息内容认可的积极性与主动性。第三，电视传播不受空间制约，速度快，覆盖面广，收视率高。第四，电视传播具有较强的影响力，能够激发公众的模仿心理，有效地促成公共关系广告在社会中的流行，形成有利于高速铁路客运企业的公众环境。

4）互联网广告

互联网广告就是通过网络广告平台在网络上投放广告，利用网站上的广告横幅、文本链接、多媒体等手段，在互联网发布广告，通过网络将信息传递到互联网用户的一种高科技广告运作方式。与传统的四大传播媒体（报纸、杂志、电视、广播）广告及备受垂青的户外广告相比，互联网广告具有得天独厚的优势，是实施现代营销媒体战略的重要组成部分。互联网是一个全新的广告媒体，传播速度很快，效果理想，是高速铁路客运企业开展公共关系宣传的良好途径，对于广泛开展国际业务更是帮助极大。

5）手机 App 广告

手机 App 广告，即移动设备第三方应用程序（application，App）中的内置广告简称。随着智能手机和平板电脑的兴起，大众注意力向移动终端迁移，该类广告因为其移动、互动、趣味三大展现优势和分众识别、个众锁定、定向推广三大执行优势而受到公共关系界的重视。

2. 印刷传播媒介

印刷传播媒介主要包括三类：一是报纸，如日报、周报、早报、晚报、综合报纸、专业报纸、中央报纸、地方报纸等；二是杂志，如周刊、旬刊、半月刊、月刊、双月刊、季刊等；三是图书，如工商名录、年鉴、日历、电话号码簿、宣传介绍性小册子等，这些印刷传播媒介对于高速铁路客运公共关系广告宣传具有重要的作用。

一般地说，印刷传播媒介的信息容量比较大，这是它们的共同特点。由于报纸、杂志和图书的周期与性质不同，因此它们在传播信息方面又都具有各自的优势，同时也都有一定的局限性。

1）报纸广告

报纸从总体上看，发行范围和覆盖面比较大，覆盖城乡各个角落，遍及各界公众，是最有影响的大众传播媒介之一。报纸广告的宣传优势主要在于：第一，报纸的信息容量大，往往拥有大量的不同层次和类别的读者群，因而报纸广告具有较高的接触率和阅读率，有利于在广泛的范围内传递高速铁路客运企业的各类信息。第二，报纸出版印刷周期相对短暂，以及业已形成的高效率投递工作网络的构建，能够使广告信息及时介入公众生活。第三，报纸版面编排灵活，可以根据广告主的意愿和要求设计出理想的宣传版面，做到图文并茂，从而增强公众的印象。

2）杂志广告

相对于报纸广告，杂志广告的时效性要欠缺一些。不过，在传播广告信息方面，杂志广告也有其他印刷媒体广告难以替代的优势：第一，持续时间长，精读率高，有效接触率更大；第二，除为数不多的综合性刊物外，大量存在的专业性刊物往往都有一批稳定的、明确的读者对象，这样进行广告宣传时容易做到有的放矢，而且由于具有较高的权威性，一般可以取得较为理想的宣传效果；第三，篇幅灵活，印刷精致，图文并茂，可以使公众获得更为直观的认识。由于杂志时效性较差，周期较长，广告宣传的功效呈慢性状态，不易形成公众迅捷的和即兴的行为反应，因而难以产生广泛的"轰动效应"，而且各种杂志可利用的广告版面极为有限，从而影响广告宣传的规模效应。

3）图书广告

相比之下，图书的出版印刷周期较长，因而相对于杂志广告和报纸广告，图书广告的时效性和功用性稍显不足，但是图书广告由于内容较为稳定，信息容量大，尤其是专题性介绍高速铁路客运企业的图书，在宣传高速铁路客运企业方面具有特殊的功效。由图书的性质所决定，图书一般不宜刊登产品广告，而应刊登旨在宣传高速铁路客运企业整体形象的公共关系广告。

在印刷传播媒体中，公共关系广告也不能忽视各种宣传品、招贴画的作用。宣传品、招贴画由于印制精美、个性鲜明，可以通过满足公众的审美心理需求达到传递信息的目的。在运用宣传品、招贴画开展高速铁路客运公共关系广告宣传时，要注意其规模效应，通过"造势"来强化公众的印象。

3. 人际传播媒介

人际传播媒介是指在人与人的相互关系中进行信息传递的渠道。人际传播在吸引公众、改变公众态度方面具有特殊的宣传功能。高速铁路客运企业通过人际间的相互宣传，可以增强广告的情感色调，从而在一定范围内从心理的深层次上有效地影响公众的思想观念和行为方式，尤其是消费观念和消费方式。在广告宣传过程中，常见的人际传播媒介主要包括以下几类：内部公众中的广告宣传队、经营管理人员及普通员工，外部公众中的专家、影视体育明星，以及自发产生的公众代表等。

广告宣传队在宣传高速铁路客运企业方面的作用是不言而喻的。当他们穿着专业的制服整齐地出现在公众面前时，自然能引起公众尤其是媒介公众的注意，这对提高高速铁路客运企业的知名度和美誉度是极有帮助的。经营管理人员是高速铁路客运企业生存和发展的核心力量，他们积极进取的精神风貌和坚毅的管理素质不仅可以激励内部公众的良性行为，增强企业凝聚力；而且能够影响外部公众对高速铁路客运企业的基本评价和投入、参与热情，影响外部公众对高速铁路客运企业所倡导的价值观念的理解与响应。高速铁路客运企业的普通员工也具有传播广告信息的功能，他们的一言一行直接影响着他们周围的其他公众对高速铁路客运企业的看法，因为在外部公众看来，一般员工也是高速铁路客运企业形象的外化。我们要积极开展全员公共关系活动，以强化公共关系广告宣传的效果。

政府部门对高速铁路客运企业的评价具有较高权威性和说服力，其结论能够影响其他外部公众的思维模式，具有很强的导向功能。在广告宣传中，适时地转引政府部门的评价结论，如荣誉证书、名称称号、许可证明，以及其他肯定性评价数据和材料，将会收到意想不到的效果。各类专家往往学有专长，在某一领域卓有成就，他们的结论是实证的，较少主观偏见，因而权威性也很高。利用他们的评价、鉴定资料，或直接由其宣传，通过一种理性的广告诉求，更容易为公众所认同。影视体育明星不仅是青春和活力的象征，而且也是公众效仿的对象，他们的态度往往产生较强的感应力，其"名人效应"的充分施展，可以迅速地促成公众强烈的情绪性反应，引起趋同和模仿的社会行为。此外，影视体育明星常常是大众传播媒介关注的热点人物，容易引起大众传播媒介的注意和报道。因此，影视体育明星可以成为高速铁路客运企业极其重要的人际传播媒介。公众代表虽然为数极少且不易发现，但他们是公众队伍中自发形成的具有较高威望的人物，他们拥有广泛的公众基础，是公众中"一呼百应"的人物，影响着公众团体的行为规范和价值观念。协调好高速铁路客运企业与公众代表的相互关系，通过公众代表传播公共关系广告信息，有利于高速铁路客运企业维持和扩大公众队伍，实现"内求团结、外求发展"的公共关系目标。

人际传播媒介是一种示范性和感染性很强的传播工具，容易给公众留下深刻的印象，直接影响着公众对高速铁路客运企业的态度和看法，广告传播效果比较理想，这是人际传播媒介的最大优势。但是，就传播范围而言，纯粹的人际传播媒介，其辐射面比较狭窄，不可能在广泛的公众范围内传递广告信息，因而，限制和影响了公共关系广告传播的效率。

4. 实物传播媒介

实物传播媒介是指高速铁路客运企业通过产品的陈列，尤其是举办展览会来向公众传播信息的渠道。由于这种宣传、传播活动所借助的渠道主要是高速铁路客运企业的实物，因而被称为实物传播媒介，即通过实物来传播信息，宣传高速铁路客运企业的形象。

实物传播媒介具有以下几种作用：第一，真实展示高速铁路客运企业的实力形象和产品形象，消除公众对高速铁路客运企业的疑虑，给公众以真实而深刻的印象；第二，陈列时间比较长，有利于宣传高速铁路客运企业的优势项目；第三，美化高速铁路客运企业的内外环境。由于实物在传播信息方面具有这些功能，顺应了公众"眼见为实"的心理认同机制，因此高速铁路客运企业均十分重视实物传播媒介的运用，力求设计新颖、清洁美观，以充分展示高速铁路客运企业的风姿。

高速铁路客运企业策划实物传播时，为了有效地发挥其宣传功效，需要注意以下几个方面。

（1）突出个性和特色，别具一格，以唤起公众的知觉，引起公众的注意。

（2）陈列美观雅致，讲究对称和平衡，既突出重点又兼顾全局，形成和谐优美的广告整体效果，满足公众的审美心理。

（3）注意色彩的搭配使用，保持充足、柔和的亮度，使整个陈列鲜明新颖。

（4）讲究空间的布置与使用，增强立体感和动态感，把整个陈列置于一个美丽的背景之中，拓宽公众的视野。

实物传播媒介在传播信息与宣传高速铁路客运企业形象方面的作用，是其他传播媒介不可替代的，但是，它也有自己的局限性。实物传播媒介只有通过公众的知觉系统才能引起公众的注意，高速铁路客运企业发出信息后不一定为公众所接收，因而它的接触度比较低，不利于提高高速铁路客运企业的知名度，尤其是高速铁路客运企业的实物传播媒介规模较小时，更难吸引公众，这就影响了高速铁路客运公共关系广告的宣传效果。

5. 户外传播媒介

户外传播媒介是指利用霓虹灯、路牌、旗帜、列车车体、市政公共建筑等来作为传播广告信息的渠道。

高速铁路客运企业在高速铁路车站、城市高层建筑和市政公共场合设置五光十色的霓虹灯，广告形象突出，主题鲜明，色彩鲜艳，容易给人们的感觉系统以强烈的刺激，让人一目了然，留下深刻的印象。但是，这种广告媒体受到场地的限制，没有流动性，辐射面较小，而且即使在繁华的闹市地段，尽管车水马龙，人群熙熙攘攘，公众也很难闹中取静，驻足观看，因此其宣传效果一般比较弱。

高速铁路客运企业常年利用高速铁路列车车身进行广告宣传。高速铁路列车车身作为传播媒介，具有以下优点。

（1）它是一种流动性媒介，辐射范围较大，受众遍及各地、各阶层、各职业及各年龄段，有利于提高高速铁路客运企业的知名度。

（2）制作简单，费用低廉。

（3）信息精简，内容集中，突出了高速铁路客运企业的特色形象，有利于公众了解高速铁路客运企业的特色。

三、高速铁路客运公共关系广告媒介的选择技巧

在现代信息社会，可供高速铁路客运公共关系广告发布的媒介很多，为了取得良好的效果，在策划中必须对各种媒介进行有针对性地选择。在服从高速铁路客运公共关系广告总目标的前提下，选择媒介的技巧可以概括为以下五个字。

1. 广

"广"指所选择的媒介传播面要广。衡量媒介传播面的大小，可以从传播的数量和质量两个方面进行分析。传播数量是指某种媒介所拥有的受众数量，如报纸、杂志的发行量，路牌所在地点的人流量，电视的观众数量等。传播质量，即某种传播媒介已经建立起来的影响和声誉如何。在一般情况下，传播媒介的"质"和"量"是成正比的。

2. 快

"快"指媒介的传播速度要快。现代经济和科学技术的发展，提出"时间就是金钱，效率就是生命"的要求，这就使得高速铁路客运公共关系广告宣传不得不考虑传播速度。对媒介传播速度的分析，首先要考察媒介的传播周期，如日报、晚报是日传播周期，杂志有周刊、半月刊、月刊、双月刊等不同周期，这就需要高速铁路客运企业根据公共关系广告传播的公众对象、内容要求来辩证地考虑；其次要考察媒介可提供的时段、版面、空间是否可满足高速铁路客运企业公共关系广告发布的时间要求。

3. 准

"准"指媒介的针对性要强，能传播给广告目标受众。选准高速铁路客运公共关系媒介，主要是考虑大众传播媒介的受众群是否与组织的目标公众相吻合。传播媒介有自己的市场定位，如果它们的定位包含高速铁路客运企业的目标受众，那么，对该媒介的选择就是准确的。

4. 新

"新"指高速铁路客运公共关系广告发布的形式要新。不论报纸、杂志、广播、电视，还是路牌、橱窗等，不同的公共关系广告媒介，都有各自不同的传播形式。只有善于创新，不落俗套，才能引人入胜，引人注目，将广告的内容信息送达目标公众的心中。

5. 廉

"廉"指"少花钱，多办事"。进行高速铁路客运公共关系广告的媒介选择时，要分析媒介的相对价格，要用更少的投入，得到更好的宣传效果。

项目六
高速铁路客运公共关系专题活动

 知识点

- 了解公共关系专题活动的基本类型
- 理解庆典活动、展览会、赞助活动的类型
- 熟悉高速铁路客运新闻发布会的程序及注意事项
- 掌握高速铁路客运新闻稿的撰写

 技能目标

- 能够初步运用高速铁路客运公共关系专题活动相关知识分析问题、解决问题

本项目知识结构导图

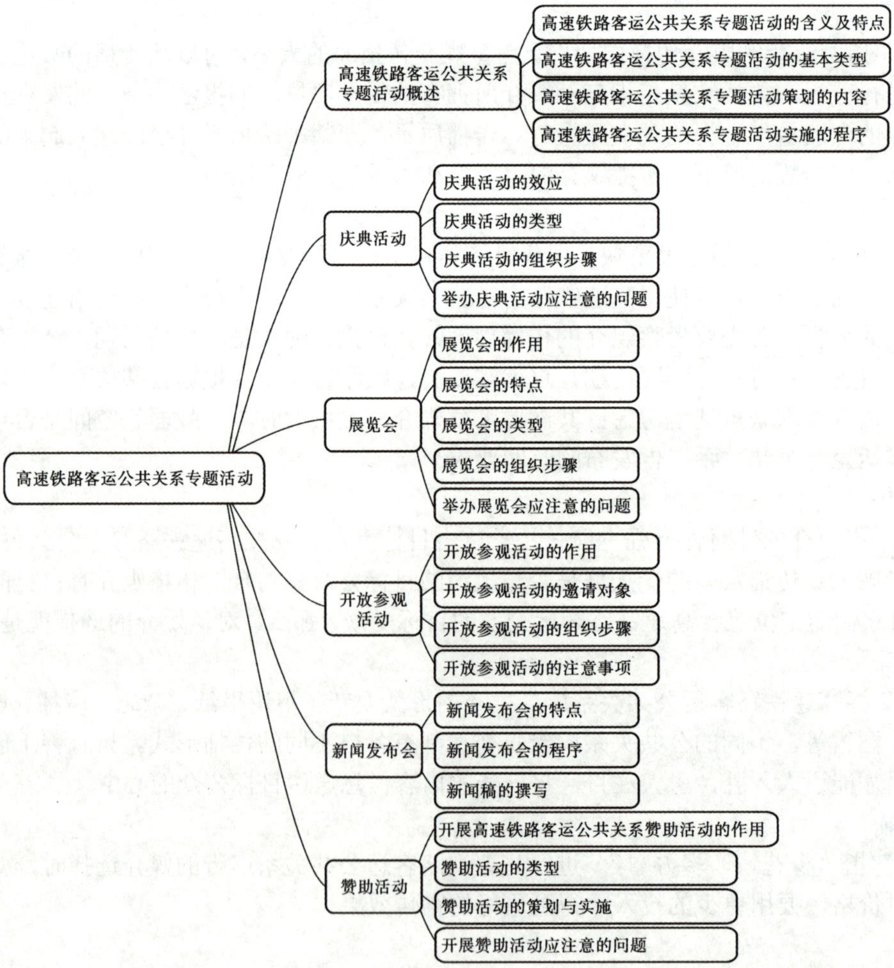

```
                            ┌── 高速铁路客运公共关系专题活动的含义及特点
             高速铁路客运公共关系 ├── 高速铁路客运公共关系专题活动的基本类型
             专题活动概述        ├── 高速铁路客运公共关系专题活动策划的内容
                            └── 高速铁路客运公共关系专题活动实施的程序

                            ┌── 庆典活动的效应
             庆典活动        ├── 庆典活动的类型
                            ├── 庆典活动的组织步骤
                            └── 举办庆典活动应注意的问题

                            ┌── 展览会的作用
                            ├── 展览会的特点
             展览会          ├── 展览会的类型
高速铁路客运                  ├── 展览会的组织步骤
公共关系专题活动              └── 举办展览会应注意的问题

                            ┌── 开放参观活动的作用
             开放参观        ├── 开放参观活动的邀请对象
             活动           ├── 开放参观活动的组织步骤
                            └── 开放参观活动的注意事项

                            ┌── 新闻发布会的特点
             新闻发布会      ├── 新闻发布会的程序
                            └── 新闻稿的撰写

                            ┌── 开展高速铁路客运公共关系赞助活动的作用
             赞助活动        ├── 赞助活动的类型
                            ├── 赞助活动的策划与实施
                            └── 开展赞助活动应注意的问题
```

任务一　高速铁路客运公共关系专题活动概述

一、高速铁路客运公共关系专题活动的含义及特点

1. 高速铁路客运公共关系专题活动的含义

高速铁路客运公共关系专题活动是高速铁路客运企业为塑造自身形象围绕某一公共关系主题，有计划、有步骤地组织目标公众参与的集体活动，是高速铁路客运企业与公众沟通的有效途径。高速铁路客运公共关系专题活动有鲜明的目的性，高速铁路客运公共关系专题活动有清楚的诉求对象，这些对象是公共关系的目标公众。高速铁路客运公共关系专题活动是有计划的、有步骤开展的团体活动。

2. 高速铁路客运公共关系专题活动的基本特点

1）针对性

高速铁路客运公共关系专题活动是根据高速铁路客运企业或公众的某种特殊需要而举办的，这就使得它的目标明确，同时活动也比较集中，能较好地解决某一具体问题。

2）传播性

高速铁路客运公共关系专题活动的策划者把活动作为一个信息传播的载体，通过活动内容把信息传达给活动参加者，并且进一步通过参与者的人际传播和大众传播媒介把信息传播到更大的范围。

3）协调性

高速铁路客运公共关系专题活动的协调性表现在专题活动过程的各个方面与各个环节。第一，目的与内容的协调。一个既定的目的，要通过内容来实现，两者之间协调一致，宣传目标才能实现。第二，内容与形式协调。第三，实施操作管理的协调。高速铁路客运公共关系专题活动在实施管理过程中，管理事项纷繁复杂，各个实施项目之间要综合协调，否则高速铁路客运专题活动难以实现既定的目的。

4）效率性

高速铁路客运公共关系专题活动讲求效率性，这主要体现在两个方面：第一是投入与产出的概念，一个专题活动应该研究投入一定数量的人力和物力，能产生多少效益。第二是现代社会的人们讲究时间观念，参与活动的公众付出了时间的代价，活动策划者应该给予有效的回报。

5）灵活性

高速铁路客运公共关系专题活动方式多样，举办时间的长短也受限制，其规模大小随需要而定，活动内容可以根据需要不定期安排，在活动过程中也可以根据受众反馈做适时调整。

二、高速铁路客运公共关系专题活动的基本类型

在高速铁路客运公共关系工作中，公共关系专题活动有许多不同的类型，准确地区分不同类型的公共关系专题活动，有助于我们更好地进行高速铁路客运公共关系专题活动的策划和实施管理。根据不同的划分角度，高速铁路客运公共关系专题活动大致有以下几种。

（1）按活动的规模，高速铁路客运公共关系专题活动可分为小型高速铁路客运公共关系专题活动、大型高速铁路客运公共关系专题活动和系列高速铁路客运公共关系专题活动。

小型高速铁路客运公共关系专题活动是在某个机构场所和人员范围内举行的，人数在百人以下的活动。大型高速铁路客运公共关系专题活动是有目的、有组织、有计划地吸引众多人参与的公共关系活动。系列高速铁路客运公共关系专题活动是以同一目标为出发点，形成不同内容、不同形式、不同场所的多项活动，或者由不同机构组织众多人参加的多项活动。

（2）按活动性质，高速铁路客运公共关系专题活动可分为公益性活动、社会工作活动、专业性活动、商业性活动和综合性活动。

公益性活动主要有环保活动、慈善活动、敬老活动、救灾活动等。社会工作活动主要有文明礼貌、道德教育、公民教育等属于社会工作范畴类的活动。专业性活动主要有科技、文学、艺术、体育等专业内容十分突出的活动。商业性活动主要有与入驻高速铁路车站商家沟通的活动、招商活动、商业推广宣传活动。综合性活动主要是集各种性质的活动于一体，例如旅游节、文化节等，在这些活动中，既有商业性活动又有公益性活动，既有社会工作活动又有娱乐活动，其特点是融多种活动为一体。

（3）按活动的内容，高速铁路客运公共关系专题活动可分为典礼型、喜庆型、会议型、展示型、新闻传播型、竞赛型等活动。

典礼型活动包括奠基典礼、落成典礼、开业典礼、签字仪式、剪彩仪式、就职仪式等。喜庆型活动包括周年贺庆、庆功会、颁奖会、节日联欢会、庆祝宴会、节日舞会、大型文艺演出等。会议型活动包括研讨会、洽谈会、鉴定会、交流会、座谈会、演讲会。展示型活动包括展览、展销、开放参观等。新闻传播型活动包括公共关系新闻传播、谋划新闻事件、新闻采访接待、记者招待会等。竞赛型活动包括以高速铁路客运企业命名的体育比赛、歌咏比赛、摄影比赛、征文比赛、演讲比赛、绘画比赛、智力竞赛等。

高速铁路客运公共关系专题活动的分类方法没有固定模式，也不仅限于以上几种，但高速铁路客运公共关系人员参考上述分类方法，可以掌握不同类型高速铁路客运公共关系专题活动的策划侧重点，如庆典活动侧重喜庆的构思，会议型活动侧重会议环境和会议内容，展示型活动侧重视觉传播效果，新闻传播型活动侧重新闻的新、奇、特、真。

三、高速铁路客运公共关系专题活动策划的内容

高速铁路客运公共关系专题活动策划是指高速铁路客运公共关系人员根据高速铁路客运企业形象的现状和目标要求，分析现有条件，谋划、设计专题活动和具体公共关系活动最佳行动方案的过程。策划方案是高速铁路客运公共关系专题活动的具体行动方案，是高速铁路客运公共关系活动评估的依据和标准。

1. 综合分析信息

高速铁路客运公共关系专题活动的策划是从分析信息开始的。高速铁路客运公共关系活动策划者面对各种大量的信息，分析时重点注意两大类信息：一类是高速铁路客运企业自身状况信息。具体包括高速铁路客运企业的战略目标和现实状况，由诸要素综合体现的高速铁路客运企业的知名度和美誉度。另一类是影响高速铁路客运企业运行的各种社会信息。例如，国家的政策法规、目标公众、竞争对手、合作伙伴、传播媒介，以及财政、金融、交通、人口等方面的背景及信息，及时发现对高速铁路客运企业有利的契机和不利的因素，策划出有成效的公共关系活动方案。

2. 确定公共关系活动目标

一般来说，公共关系专题活动所要解决的问题就是高速铁路客运公共关系活动的具体目标，它服从于树立高速铁路客运企业形象这一总体目标。在策划时，高速铁路客运公共关系

活动目标应明确、具体，具有可行性和可操作性。

3. 确定目标公众

目标公众是高速铁路客运企业公共关系活动的对象，任何组织都有其特定的公众。高速铁路客运企业要对目标公众进行调查分析，然后经过详细分析与论证后，确定专题活动的对象。

4. 确定设计主题

高速铁路客运公共关系专题活动的主题是对高速铁路客运公共关系专题活动内容的高度概括，它对整个公共关系活动起着指导作用。主题设计是否精彩、恰当，对公众活动成效影响很大。高速铁路客运公共关系专题活动的主题看似简单，实非易事。设计一个好的活动主题一般要考虑三个因素：高速铁路客运公共关系专题活动目标，即公共关系活动的主题必须与公共关系活动目标相一致，并能充分表现目标；信息特性，即高速铁路客运公共关系专题活动主题的信息要独特新颖，具有鲜明的个性，突出本次活动的特色；公众心理，即高速铁路客运公共关系专题活动主题要适应公众心理的需要，主题要形象，内容能打动人心，具有强烈的感召力。

5. 选择活动方式

高速铁路客运公共关系专题活动方式的选择是策划的主要内容。通过什么方式开展高速铁路客运公共关系专题活动关系到高速铁路客运公共关系工作的成效。选择活动方式是创造性的工作。高速铁路客运公共关系专题活动是否新颖、有个性，关键取决于高速铁路客运公共关系策划人员的创造性思维是否活跃。因此，在选择专题活动方式时，要充分发挥策划人员的独创能力和潜在能力。

6. 确定活动时机

良好的高速铁路客运公共关系专题活动，要抓住有利时机发挥最大作用。高速铁路客运企业可以选择的时机有：新列车、新线路推出之时；组织更名或与其他组织合并时；高速铁路客运企业获得荣誉时；高速铁路客运企业遇到某种偶发事件、发生某种失误或被公众误解时；重要的节日、社会上发生重要事件时等。

7. 确定时间、空间

策划高速铁路客运公共关系专题活动时，要确定实现活动目标所需要的全部时间、各分目标项目所需的时间及各个场地之间衔接所需的时间等，在制定时间表时要留有一定的余地。在确定场地的时候应根据不同的高速铁路客运公共关系项目内容来确定。什么样的场地和多大范围是由公众活动空间所确定的，要根据经济条件来决定活动的范围和场地的大小。

8. 确定经费预算

高速铁路客运公共关系专题活动的经费预算项目一般由 10 个部分组成。

（1）场地费用，包括场地使用权的租赁费。

（2）物资费用，包括活动使用的各种道具、器材、设备、文具、礼品及布置场地物品所需的费用等。

（3）礼仪费用，包括礼仪性项目的开支，如邀请乐队、仪仗队、文艺演出的演员等费用。

（4）安保费用，包括活动期间保卫工作、安全设施等费用支出。

（5）宣传费用，包括用于活动宣传方面的开支，如摄影、录像、广告宣传、宣传品印刷、展示费用等。

（6）项目开支，包括交通运输费、差旅费、办公费等行政性开支或代付费用。

（7）餐饮费，假如活动项目中有宴会或餐饮计划，需要安排这一项目。

（8）劳务费，包括公共关系人员和其他劳务人员的薪水。

（9）不可预算的费用，包括应急费和大型活动常常有的许多不可预期的开支，一般按活动费用总额的 5%～10%列支。

（10）承办费，假如是委托专业公共关系机构承办的，必须支付承办费，这一费用实际上包括了承办机构的管理费、利润。

9. 撰写策划书

策划书是策划成果的体现，是高速铁路客运公共关系专题活动实施的行动依据和指南。策划书的基本结构主要由 8 个部分构成：标题、主题、目标、组合分析、活动步骤、传播渠道、经费预算和效果预测，最后是策划者的署名、日期等。

四、高速铁路客运公共关系专题活动实施的程序

1. 筹备工作阶段

这一阶段主要的工作有三个方面：一是全面展开各项筹备工作；二是拟定应急预案；三是拟定具体的传播计划。

2. 活动进行阶段

这是最紧张的工作阶段，关键是要做好现场的指挥和协调工作。要做到有条不紊，需要相关人员具有优秀的综合管理能力。

3. 活动评估阶段

每一项高速铁路客运公共关系专题活动计划实施之后，都应该进行活动评估工作。

任务二　庆典活动

庆典活动是各种庆祝仪式的统称，是高速铁路客运企业利用节日、纪念日或一些特定的时间、特定的缘由举办的能吸引公众、开展传播、扩大组织影响、提高组织知名度的活动，是高速铁路客运企业经常采用的专题活动方式。庆典活动是高速铁路客运企业举办专题活动最好的体裁。

一、庆典活动的效应

庆典活动虽然不是直接为"促销"服务，但是它的作用却不可低估。庆典活动的作用可引起三大效应。

1. 引力效应

引力效应指高速铁路客运企业通过庆典活动吸引公众的注意力。通过庆典活动，可以宣传高速铁路客运企业形象；宣传高速铁路客运企业的历史和对社会的贡献；宣传高速铁路客运企业的产品和服务等，让公众了解、信任并支持高速铁路客运企业。高速铁路客运企业的知名度也就随之提高了。

2. 实力效应

实力效应指通过举办大型庆典，显示高速铁路客运企业强大的实力，以增加公众对高速铁路客运企业的信任感。通过这种活动，可以使公众更全面地了解高速铁路客运企业从事的各种活动，而高速铁路客运企业在庆典活动中也可以塑造自己的社会性、公益性等方面的形象，从而提高企业美誉度。

3. 合力效应

开展大型庆典，能增强高速铁路客运企业内外部公众的向心力和凝聚力，提高公众对高

速铁路客运企业的信任感。这种活动一般都需要广邀各界朋友,通过庆典活动就可以增进高速铁路客运企业与公众之间的沟通,内部公众,如员工、股东等可以增进了解、加深友谊,为高速铁路客运企业的进一步发展打下坚实的基础。

二、庆典活动的类型

1. 节庆活动

节庆是利用盛大节日或重要事件而举行的表示纪念的庆祝活动。不同国家甚至同一国家不同地区,都有自己独特的节日。节日又有官方节日和民间传统节日之分。常见的官方节日有元旦、妇女节、国际劳动节、儿童节、国庆节等,民间传统节日有春节、元宵节、清明节、端午节、中秋节等。还有些地方根据当地文化传统、风俗习惯、土特产上市等,举办一些具有地方特色的节庆活动。节庆日是高速铁路客运企业公共关系部门开展高速铁路客运公共关系活动的绝好时机。

2. 纪念活动

纪念活动是利用社会上或本行业、高速铁路客运企业的具有纪念意义的日期而开展的公共关系活动。可供高速铁路客运企业举办纪念活动的纪念日有很多,如历史上的重要事件纪念日、本行业重大事件纪念日等,而高速铁路客运企业的周年纪念日、重大成就的纪念日,更是举办纪念活动的极好时机。通过举办这样的活动,可以传播高速铁路客运企业的经营理念、经营哲学和价值观念,使社会公众了解、熟悉进而支持高速铁路客运企业。

3. 典礼仪式

典礼仪式包括各种典礼和仪式活动,如开幕典礼、开业典礼、项目竣工典礼、颁奖典礼、线路开通仪式、就职仪式、授勋仪式、签约仪式、捐赠仪式等。在实际工作中,典礼仪式的形式多样,并无统一模式。有的仪式非常简单,有的仪式非常隆重、庄严,甚至还有一套严格的程序。

如线路开通仪式,是高速铁路客运企业的新增线路向社会和公众开展宣传的公共关系专题活动。列车开通仪式不同于组织平常的活动,鉴于其特殊性和隆重性,往往会引起社会公众较多的关注,因此是扩大高速铁路客运企业社会影响的极好机会。

三、庆典活动的组织步骤

1. 庆典活动的准备

(1)成立庆典筹委会,以便专门策划并落实庆典工作。

(2)确定庆典活动主题,以便围绕主题进行精心策划,如提炼宣传口号,策划活动方案等。

(3)确定宣传内容,进行宣传铺垫,制作并发放海报、宣传品,适当做广告,寄送请柬等。

(4)拟定出席庆典仪式的宾客名单,一般包括政府领导、社区负责人、知名人士、社团代表、同行代表、员工代表、公众代表和新闻界人士。要提前将请柬送到宾客手中。

(5)拟定庆典程序,一般有签到、宣布庆典开始、宣布来宾名单、致贺词、致答词、剪彩等。

(6)事先确定发言人名单,并为高速铁路客运企业负责人拟写发言稿。发言稿应言简意赅,起到沟通感情、增进友谊之目的。

(7)确定关键仪式人员。如剪彩、揭牌、挂牌等,除高速铁路客运企业负责人外,还应有来宾中德高望重的知名人士共同参加。

(8)安排各项接待事宜。应事先确定签到、接待、剪彩(或揭牌)、摄影、录像、扩音等有关礼仪服务人员。这些人员应在庆典前到达指定岗位。

（9）安排必要的助兴节目。可在庆典过程中安排如锣鼓、礼花、舞狮耍龙、乐队伴奏、歌舞节目等，还可以邀请来宾为高速铁路客运企业题词，以便留下永久纪念。

2. 庆典的操作程序

（1）升高速铁路客运企业的旗帜。

（2）敲锣鼓、放彩带、放飞白鸽（气球）等。

（3）剪彩、揭牌、授奖、签约等。

（4）致辞。宾主分别致辞。

（5）安排助兴节目。

（6）庆典结束后，可组织来宾参观，如参观高速铁路客运企业纪念性的馆室、店堂及建筑设施、商品陈列等，增加宣传高速铁路客运企业、传播信息的机会。

（7）通过座谈、留言等形式广泛征求意见，并综合整理，总结经验。

四、举办庆典活动应注意的问题

（1）明确活动主题。举办这类活动要有一定的主题，如开业典礼、纪念性活动、联合签约仪式等。活动的主题可以是纪念日，也可以根据高速铁路客运企业的发展动向，选出高速铁路客运企业有特色的事由。有了主题，再围绕主题精心设计有关活动的内容，并安排与内容紧密结合的活动形式。

（2）选定活动时间。调查研究是组织开展公共关系活动的基础。庆典仪式活动应在调查的基础上，抓住组织的一切有利时机和市场时机，尽量使活动与社会需求和市场需求相吻合。

（3）精心选择对象。活动确定后，应选择好参加活动的对象，提前发出请柬，邀请与高速铁路客运企业有关的政府领导、行政上级、知名人士、社区公众代表、同行代表、内部员工、媒体等前来参加，对重要来宾还应亲自登门邀请。

（4）合理安排仪式。庆典活动的程序应包括：活动前，要备好接待室或会议室，安排专门人员接待；活动开始后，主持人介绍重要来宾；由本单位领导和重要来宾致辞或讲话；进行剪彩和参观；安排交流；重要来宾留言、题字等。

（5）做好后勤、保卫工作。物质准备包括：音响、录像设备、锣鼓、彩旗、条幅、宣传品、礼品等。赠送的礼品要与活动有关或带有组织标志。另外，在特殊场合下燃放鞭炮，务必要有安保措施。

（6）科学性与艺术性相结合。公共关系既是一门科学，又是一门艺术。在仪式庆典活动中既要做到科学地推销产品和形象，又要赋予活动本身以艺术性，使活动在科学操作的基础上更具有魅力，这样才会有更好的宣传效果。

庆典活动的形式并不复杂，但要办得隆重、热烈和丰富多彩，给人以强烈的、深刻的印象，并不容易。要使活动达到预定目标，公共关系人员应有冷静的头脑和充分的准备，善于用热情的态度鼓励公众，有序地指挥、调度现场。另外，安排节目时也可以考虑让高速铁路客运企业的人员参与进来，这样有利于培养员工的归属感和自豪感。

📩 公共案例

隆回举行"高速铁路进隆回　发展新速度"庆典活动文艺汇演

12月26日，怀邵衡铁路全线通车，高速铁路正式进入隆回。当天上午，隆回"高速铁路进隆回　发展新速度"庆典活动在高速铁路隆回站站前广场举行，县领导和参加"高速铁路进隆回　发展新速度"

签约活动的客商、10 名"隆回县第二届道德模范"、20 名"最美隆回人"及上万名隆回市民到场观看。

怀邵衡铁路是国家重要区域干线铁路，位于湖南省西南地区，经过怀化、邵阳、衡阳三市 14 个县区，正线长度 318 km，联络线全长约 12 km，正线设计行车速度 200 km/h，是双线、电气化、国家Ⅰ级客货运共线铁路。怀邵衡铁路设 17 座车站，其中客运站 10 座；在邵阳行政区域内的线路长 180 km，设洞口、隆回、邵阳西、邵阳、邵东、杨桥 6 座客运车站。

隆回站位于隆回县城北侧大花村，站前广场位于怀邵衡铁路隆回站与隆回县城环城北路之间，"高速铁路进隆回　发展新速度"庆典活动现场如图 6-1 所示。

图 6-1　"高速铁路进隆回　发展新速度"庆典活动现场

任务三　展　览　会

展览会是一种综合运用各种传播媒介、手段推广产品，宣传组织形象和建立良好公共关系的大型活动，它通过实物、文字、图表来展示成果，图文并茂，给公众以极强的心理刺激，从而加深公众的印象，提高组织和产品在公众心目中的信誉。

一、展览会的作用

1. 扩大高速铁路客运企业的声誉

展览会是一种集多种传播方式于一体的宣传形式，它可以同时运用多种媒介进行立体交叉传播，如综合运用实物、模型、文字资料、图片、现场展示、洽谈等方式进行宣传，使公众更直观、更全面地了解高速铁路客运企业，提高高速铁路客运企业在参观者心中的形象。同时，展览会具有快速反馈高质量的市场信息的高效传播特点，一个知名展览会实际上就是一次行业盛会，从行业协会到产业链的各个环节均被聚集在一个时空里，是行业海量信息的"尖峰时刻"。新闻媒体对展览会的追踪报道，为高速铁路客运企业扩大影响、脱颖而出创造了绝好的机会。

2. 提供与公众进行直接交流的机会

高速铁路客运企业能否得到社会的认可，关键在于公众的了解与接受程度。展览会为高速铁路客运企业与公众之间"牵线搭桥"，提供了双方面对面交流沟通的机会。通过产品介绍、听取意见、相互讨论等直接的信息交流，高速铁路客运企业不仅达到让公众了解自己的目的，同时也具体了解了公众对高速铁路客运企业形象、产品的意见，为今后的工作发展提供新的思路和创新依据。此外，这种双向交流的沟通模式针对性较强，有较好的"体验价值"。

3. 创造组织的经济效益

展览会同时也可以是展销会，一个展览会可以集中许多不同行业的产品，集中全国乃至全世界同一行业的不同品牌，一方面可以使参观者大开眼界，另一方面也为参观者提供了更多的选择，促使他们做出选购决定。同时，大型的展览会往往会吸引众多采购人员前来洽谈业务，有的当场交易或签订订货协议，效益明显，立竿见影。许多参展者也正是借助展览会而与团体商旅客户建立了长久的合作关系或打开了产品的销路，并获得了可观的经济收入。

二、展览会的特点

为了成功地举办展览会，首先应该了解展览会的特点，一般的展览会有以下 5 个特点。

1. 展览会是一种复合性的传播方式

所谓复合性传播方式，指的是同时使用多种媒介进行交叉混合传播。企业往往以实物展出为主，配以文字宣传资料、图片、视频、VR（虚拟现实）等，再加上动人的解说和友好的交谈，能够形成多层次、立体化的传播效果，取得很好的社会效益。

2. 展览会是一种非常直观、形象和生动的传播方式

展览会把实物、技术、照片、文案、视频等直接展现在公众面前，并可以进行现场演示，形式生动活泼，给人以真实、观之有物的感受，达到深入传播的目的。

3. 展览会能给组织提供与公众进行双向沟通的机会

组织在展览会上能与公众进行交流与互动，这种直接沟通在向公众展示自身形象的同时，还可以广泛搜集公众的反馈意见，在解决共性问题的同时，还能就个别公众的一些特殊情况进行有针对性地处理。

4. 展览会是一种高效率和高度集中度的沟通方式

展览会可以一次展示许多行业的不同产品，也可以集中同一行业的多种品牌产品来展示。它既为参观者提供了比较产品和购买产品的方便，也为组织之间的交流和沟通提供了良机，是一种集中和高效率的沟通方式，它为双方提供了更多的机会，并节省了大量的时间和费用。

5. 展览会是一种新闻性的活动

展览会是一种综合性的大型活动，除本身能进行自我宣传外，还会成为新闻媒介重点追踪报道的对象，从而形成舆论热点，是新闻报道的好题材。通过新闻媒介的报道传播，展览会的宣传效应将大大扩展。

三、展览会的类型

按照不同的标准，展览活动可有不同的分类。

1. 根据展览活动的内容划分

1）综合性展览会

综合性展览会的规模一般很大，参展项目多，参展内容全面，综合概括性强，能让参观者留下全面而深刻的印象。

2）专题性展览会

专题性展览会通常是由企业或行业组织，围绕某一特定专题而举办的展示活动。其内容较为单一，规模较小，但主题鲜明，内容集中，比较有深度。

2. 根据展览活动的性质划分

1）贸易展览会

贸易展览会就是展销会，既"展"又"销"，目的是通过展示产品，促进展品销售。它最大的特点是将商品展览和订货融为一体，具有现场广告的效果。

2）宣传性展览会

宣传性展览会主要是为了树立企业、产品或人物形象而举办的，通过有关企业的照片资料、图表和实物等来宣传企业的成就、价值观念等，以扩大企业的社会影响。

3. 根据展览活动的规模划分

1）大型展览会

大型展览会一般由专门单位举办，参展组织报名参加。这类展览会通常是综合性的，其规模较大，项目较多，最常见的是全国性的展销会，如我国的轨道交通设备展，还有世界性的博览会，如日本举办的筑波国际博览会。

2）小型展览会

小型展览会通常由一个组织自己举办，规模较小，其展示相关产品或服务的情况，或针对某个专门内容进行展示，如产品陈列会、样品展览会等。

3）微型展览会

微型展览会一般指宣传栏展示、流动展览车、橱窗展览等。

4. 根据展览活动举办的地点划分

1）室内展览会

室内展览会通常会在一个大厅或展览馆举行，不受气候影响，展示效果好，但设计布置较复杂，所需费用较多且受空间限制。

2）露天展览会

露天展览会的布置工作较为简单，费用也较少，但受天气影响较大，时间不宜过长。

四、展览会的组织步骤

展览会的组织工作，一般应由如下几个步骤组成。

1. 确定主题

只有明确了主题，才能使图、文、物的组合更加有针对性，才能使展示活动的整体效果得以体现。主题要写进展示计划，并且成为日后评价效果的依据。确定了主题，就要围绕主题进行准备。

2. 撰写展览大纲

依据主题进行整体展示活动的规划和构思。展示活动是利用展览会这一舞台来演企业形象这出"戏"。因此，需要有专人对展品、图文等进行编辑，撰写展览大纲。整个展览会各部分之间如何衔接、会标和主题宣传画设计等，也都要有专人负责。

3. 搜集实物和有关资料

组织人员根据展览大纲要求，搜集实物及有关资料。

4. 确定展品排列方式

确定展品排列方式，并画出展板小样。

5. 制作展板

进行展板版面上文字图表的制作、图片的裱贴和版面加工的美化。

6. 撰写解说词

解说词要写得具体、精练。撰写好后，交给解说员，要求他们正确、流利地讲解展览内容。

7. 展览会的费用开支预算

一个展览会的费用通常包括场地费用、设计和布置费用、工作人员费用、联络费及交际费、广告费、印刷品费、运输费、保险费等。应根据展览会所要达到的效果来考虑费用的预算。

五、举办展览会应注意的问题

（1）确定展览会的类型、参展项目、参展单位。

可以采取广告和给有可能参展的单位发邀请的方式吸引单位参展。广告和邀请信要写清楚展览会的宗旨、展出项目类型、对参观者人数和类型的预测、展览会的要求和费用等，应给潜在的参展单位提供决策所需的资料。

（2）选择展览会的地点。

在地点的选择上，首先考虑的是方便参观者，如交通方便、易寻找等；其次，要考虑展览会地点周围环境是否与展览会主题相得益彰；最后，要考虑辅助设施是否容易配备和安置等。

（3）培训工作人员。

展览会工作人员的素质和展览技能，对整个展览会的效果具有重要影响。必须对展览会工作人员如讲解员、服务员等进行必要的公共关系训练，并对每次展出的项目进行最基本的专业知识培训，以满足展览会的要求。

（4）成立专门对外发布新闻的机构。

专门的机构要负责制订新闻发布的计划，负责与新闻界联系的相关事务。

（5）准备展览会所需的各种辅助宣传材料，例如，制作幻灯片，录制视频，制作各种小册子和目录等。

（6）准备展览会的辅助设备，例如在入口处设置咨询台，贴出展览会平面图，作为参观指南。

（7）设计、制作展览会徽志，备好展览会纪念品，提前印好入场券并分发出去，准备好售票的地点和窗口等。

知识扩展

高速铁路工匠技惊北京国际城市轨道交通展览会

在北京城市轨道交通展览会中，中国中车成为业界关注的焦点。复兴号标准动车组、160 km/h 磁悬浮列车、复古风格的华为小镇轻轨列车……这些颜值和实力并存的展品吸引众多观众驻足合影。而室外展区的"智轨"实车，更是让绝大多数观众第一次见识和体验了没有轨道的轨道列车。智轨列车如图 6-2 所示。

图 6-2　智轨列车

中车展台最具人气的，毫无疑问是中车"大国工匠"的才艺展示和体验活动。蛋上雕花、打胶书法、盲眼剥线……当中车一线操作技师的技艺与艺术相碰撞，观众热情也瞬间被点燃，并踊跃参与到体验活动之中。有的观众表示，以前在网上看到的"德国下水道"之类的信息太多，而此次是第一次亲身感受中车工匠精湛的技艺，今后坐在中国的列车上，会非常放心并且无比自豪，因为这些列车都是中国的"工匠精神"的结晶。中车展台如图 6-3 所示。

图 6-3　中车展台

任务四　开放参观活动

开放参观活动，指的是高速铁路客运企业邀请内外公众（主要是外部公众）参观本企业的工作条件、环境设施、成就展览等，是高速铁路客运公共关系实务中经常组织的一种团体性专项公共关系活动。其目的是增进高速铁路客运企业与某类重要公众之间的双向了解；消除某些公众对高速铁路客运的一些偏见和误解；增强高速铁路客运企业与公众的联系。

一、开放参观活动的作用

1. 提高高速铁路客运企业的透明度

高速铁路客运企业对外开放参观，无疑是主动把自己暴露在公众的视线下，让公众直接了解高速铁路客运企业各方面的情况,提高高速铁路客运企业的公众认知度。

2. 增加高速铁路客运企业的"人情味"

高速铁路客运企业对外界开放,通过礼貌接待来宾,可获取公众对企业的好感,缩短高速铁路客运企业与公众之间的距离,增添高速铁路客运企业的"人情味"。

3. 为高速铁路客运企业与公众直接沟通提供机会

开放参观的过程就是高速铁路客运企业管理者与工作人员同各界参观者直接接触的过程。企业通过组织演讲与座谈等活动,回答和解释参观者提出的问题和疑虑,并倾听参观者的意见和建议。

4. 促使高速铁路客运企业总体素质的提高

高速铁路客运企业要对外开放参观,就必须注意自己的环境形象、人员素质形象,以便给观众留下一个好的印象。开放参观活动无形中会对高速铁路客运企业产生一种压力,促使管理者努力提高管理水平,促使全体员工注意自身的言行,使高速铁路客运企业的总体素质得以提高。

5. 消除公众对高速铁路客运企业的误解或疑虑

一个组织难免会由于某些客观或主观因素的影响,让某些公众产生误解或疑虑。在这种情况下,对外开放参观就是一剂消除误解,排除疑虑的良药。

二、开放参观活动的邀请对象

参观活动的邀请对象既要考虑参观者的代表性,同时也要考虑高速铁路客运企业的接待能力。如果参观者像潮水般涌来,高速铁路客运企业就可能疲于应付,因此要对参观对象进行仔细选择和确定。参观活动的邀请对象主要包括以下方面。

1. 目标公众

目标公众包括客户、经销商、消费者、原材料供应者、生产协作者、运输部门等。

2. 一般公众

一般公众包括社会团体、学校、文化单位、研究机构、社会各界代表、职工家属、社区居民等。

3. 股东公众

股东公众包括股东、证券商、证券专家和从业人员,证券主管部门等单位人员。

4. 党政部门公众

党政部门公众包括各级党政部门、主管部门、上级部门等单位人员。

5. 其他相关部门公众

其他相关部门公众包括银行、金融机构、保险公司、新闻媒介、司法部门、环保部门等单位人员。

6. 社会名流

社会名流包括专家学者、各类明星、新闻人物等。

7. 外籍人士

外籍人士包括国外投资者、外国客商、外国观光者、外国新闻记者等。

8. 弱势群体

弱势群体为各类慈善组织和社会福利团体的相关救助人员。

三、开放参观活动的组织步骤

要使开放参观活动取得良好的公共关系效果,必须做好周密的组织工作。

1. 开放参观的规模与时间

通常由公共关系部门负责组织和邀请有关公众到高速铁路客运企业参观。对外开放参观这种公共关系活动有时会起到意想不到的效果。任何一次对外开放参观活动都应有明确的目的。高速铁路客运公共关系人员要搞清楚通过参观活动可以达到怎样的效果，让观众留下怎样的印象，是否有真正值得报道的材料。

1）对外开放参观的规模

参观活动开展之前要确定规模的大小，从而做出相应的安排。如果只是少数几个人参观，可以陪同他们到几个部门去，并介绍情况，赠送资料和纪念品等；如果是较大规模的团体参观，最好制订一个计划，安排好接待次数、每次参观人数和开放时间等。要安排专人伴随并进行讲解介绍，回答参观者所提出的问题。

2）对外开放参观的时间

公共关系人员不但要考虑开放参观的时间，也要考虑整个参观活动所需的时间。开放参观的时间最好安排在一些特殊的日子，如周年纪念日、企业纪念日、节日等。

3）要有足够时间准备开放参观活动

规模较大的开放参观活动需要 3~6 个月的准备时间，如果还要准备大规模的展览会，编印纪念册或其他特别节目，则需更多时间，这时就需要注意时间安排的合理性，要尽量避开假期，并考虑好天气、季节的变化等因素。

2. 开放参观前的准备工作

（1）确定开放参观的时间，注意开放参观时间的合理性。

（2）准备好宣传资料。宣传资料主要是供参观者阅读的小册子及说明书，内容应简明扼要，可介绍参观的一般过程及本单位的基本情况。小册子要带有纪念意义，还须准备好介绍组织情况的幻灯片、录像片和电影资料等。

（3）准备好展览用的实物和模型。展示一些实物可以起到引导参观的作用。

（4）准备好辅助设施。如停车场地，休息场所，会议厅等。

（5）挑选和训练工作人员。主要是挑选和训练接待人员、陪同人员和讲解员。

3. 参观过程中的接待工作

（1）先给参观者放映介绍组织情况的幻灯片、录像片和电影资料等，分发说明书、宣传小册子，并请组织负责人讲话，帮助观众了解组织的概况。

（2）引导并陪同参观者沿预定路线参观，同时做必要的介绍、解说，回答提问。

（3）时间较长的参观，中间要安排适当的休息。

（4）参观结束后，可与参观者座谈，最后分发纪念品。

（5）在参观过程中，如果参观者提出特殊要求，工作人员要先与有关管理人员商讨后再作答复，以免妨碍正常工作或发生意外情况。

四、开放参观活动的注意事项

1. 人员安排

从有开放参观的构想起一直到活动的结束，开放参观活动都应有高层主管人员参与其中。开展高速铁路客运企业大型的参观活动，最好成立一个专门的活动筹备委员会。委员会成员应包括：企业领导、公共关系人员、行政和人力资源管理部门人员等。还要根据参观的不同目的，选择不同的人参加，如果参观的目的是强调服务或产品，还要请营销部门的人员参加。

2. 准备宣传材料

要想使开放参观获得成功,最重要的是做好各种宣传工作,准备一份简单易懂的说明书或宣传材料,发给参观者。

3. 划分参观线路

要提前规划好参观线路,以防止参观者越过预先设置的范围,出现不必要的麻烦和事故。有些高速铁路客运企业的主管人员往往顾虑开放参观活动会使某些技术工作细节遭到泄露,其实,只要安排得当、向导熟练,就可以防止泄密事件。

4. 做好接待服务工作

对参观者应热情周到地做好接待工作,如安排合适的休息场所和备好茶水饮料;需要招待用餐的,也要事先做好安排;如果邀请的对象有儿童,更要特别小心,要准备点心、休息场所、必要的盥洗设备等,也可送一些与企业相关的玩具。

知识扩展

香港掀起"高速铁路热" 市民兴奋期待参观高速铁路车站

2018年夏天,对于香港市民来说,最兴奋的事情莫过于广深港高速铁路香港段的试运营工作已完成,香港终于开通了高速铁路,香港市民出行又多了一项选择。香港西九龙站站台如图6-4所示。

图6-4 香港西九龙站站台

许多香港市民对此都很好奇,想看看高速铁路是什么样子的。为了满足大家的好奇之心,西九龙站对部分香港市民免费开放参观。同时,为了让更多的香港市民来参观,西九龙站特地开放两天。

2018年的9月1日和2日是免费参观日,西九龙站为此早早印刷了一些免费入场券,在1日前就已经派遣了一些工作人员去香港多个地点发放给市民。香港各个发放点都排起了长龙,民众都想一睹西九龙站的风采。一个香港市民可免费领取4张入场券,然后进入西九龙站参观,而且只能凭券在规定时间内进去参观,这样对于举家或者携友前来参观的市民是很友好的,从领到入场券的市民脸上,我们可以看到他们的开心与喜悦。

在一个发放点前,一个老婆婆有幸拿到了最后两张入场券。她坐在工作人员准备的小椅子上激动地对记者说:"我都排了半小时的队了,很幸运还能拿到入场券,我和我们家老头子一直没有坐过高速铁路,以前在电视上看过,没想到现在香港也通高速铁路了,等通车以后一定要去买张票体验一下。"记者在现场看到,那些没拿到券的市民都有些失望。尽管参观当天天公不作美,香港下起了一阵小雨,市民们的热情没有丝毫消退,不少市民冒雨来排队。领取了入场券的香港市民凭券可进入高速铁路车站参观里面的各项设备,站内的工作人员还会向大家介绍中国高速铁路线路和一些高速铁路上的服务。

香港西九龙站通道如图6-5所示。

图 6-5　香港西九龙站通道

尽管现在试运营工作已经完成，还是有许多铁路工作人员依旧在站内为通车做最后准备。工作人员正在完善各项设施，并对其进行多项测试，确保安全。

任务五　新闻发布会

新闻发布会又称记者招待会，是高速铁路客运企业邀请各新闻机构的有关记者，由专人宣布某一重要消息并接受记者采访，具有信息传播效果的一种特殊会议。新闻发布会是各类组织广泛传播各类信息最常用的方式，通过新闻发布会，各类组织可借助新闻媒体的影响力来提高自身的形象，以求得公众的了解和好感。

新闻发布会产生于现代西方社会，是现代社会组织从事信息传播的一种十分正规和隆重的活动，它一般具有三项基本功能。

（1）提高组织的知名度。组织机构通过发布信息，以引起公众对自身的关注，从而扩大组织在社会上的知名度。

（2）建立与媒介的良好关系。社会组织通过新闻发布会向新闻媒介提供了解自己的机会，借以建立或巩固与新闻媒介的良好关系。

（3）影响和控制社会舆论。社会组织通过阐述自己的方针政策，引导舆论朝着有利于自己的方向发展。

一、新闻发布会的特点

新闻发布会属于传播中的两级传播模式，即高速铁路客运企业将信息告知记者，再通过记者所属的大众传播媒介告知公众。它一般具有以下几个特点。

1. 程序规范，形式隆重

新闻发布会形式比较正规、隆重，规格比较高，经过国内外多年来的实践已经形成了基本的规范，并已经以相对固定的程序延续了下来。

2. 渠道丰富，沟通活跃

一方面，公众可以通过多种大众媒介获得信息，在深度和广度上，比其他新闻发布方式更具有优越性；另一方面，新闻发布会的过程是双向互动的，通常先发布新闻，后回答记者提问。

3. 信息权威，价值较高

一般高速铁路客运企业举办新闻发布会，代表的是高速铁路客运企业的最高权力，因此发布的消息真实可靠并具有较高的权威性。此外，新闻发布会一般在高速铁路客运企业急需的情况下举行，因此具有一定的新闻价值，值得新闻媒体的广泛报道。

4. 方式优越，传播迅速

新闻发布会传播面广，报刊、电视、广播、网站、移动媒体等集中发布（时间集中，人员集中，媒体集中），可迅速将信息扩散到公众中。新闻发布会的快速性有两层意思：一是指信息本身的时效性，发生即发布；另一方面指信息传播的快速性，不受时空的限制。

5. 要求较高，难度较大

对新闻发言人和主持人的素质要求比较高，与其他专题活动相比，难度较大。

二、新闻发布会的程序

新闻发布会的程序一般包括会前准备、会中组织和会后总结。

1. 会前准备

1）确定举行新闻发布会的必要性

根据新闻发布会的特点，在发布会举行之前必须对所要发布的消息是否重要、是否具有广泛传播的新闻价值及新闻发布的紧迫性与最佳时机进行分析和研究。只有在确认召开的必要性和可能性后，才可决定是否召开新闻发布会。一般来说，高速铁路客运企业举行新闻发布会的原因有以下几方面：出现紧急情况，如爆炸事件、起火事件、列车事故等；对社会产生重大影响的新政策的出台；新技术、新列车的开发和投产；高速铁路客运企业对社会做出重大贡献；推出影响社会的新措施；高速铁路客运企业的重大庆典活动等。

2）确定应邀者的范围

应邀者的范围应视问题涉及的范围或事件发生的地点而定。如果事件在某城市发生，一般就请当地的新闻记者到会。邀请的记者应该有较大的覆盖面，既要有报纸、杂志方面的记者，也要有广播、电视、网络方面的记者；既要有文字方面的记者，也要有摄影方面的记者。

3）资料准备

新闻发布会需要的资料主要有两个方面：一是会上发言人的发言提纲和报道提纲；二是有关辅助材料。前者应在会前根据会议主题，由熟悉情况的人员成立专门的小组负责起草。其内容要求全面、准确、简明扼要，主题突出。发言人的发言提纲和报道提纲的内容应在组织内部通报，统一口径，以免出现不一致的地方，引起他人猜疑。

辅助材料的准备，应围绕会议主题，尽量做到全面、详细、具体和形象。辅助材料包括发给与会者的文字资料，布置在会场内外的图片、实物、模型，也包括将在会议进行中播放的音像资料等。

4）选择新闻发布会的地点和时间

在地点选择上须考虑给记者创造各种方便采访的条件。例如，是否具备录像、拍摄的辅助灯光，视听辅助工具，幻灯、电影的播放设备等；会场的对外通信联络条件如何，交通是否便利；会场是否安全舒适，不受干扰；会场内的桌椅设置是否方便记者们提问和记录，等等。

新闻发布会的日期，应尽量避开节假日和有重大社会活动的日子，以免记者不能参加会议，影响新闻发布会的效果。

5）确定主持人和发言人

由于记者的职业要求和习惯，他们常常在会上提出一些尖锐、深刻甚至很棘手的问题，这就对主持人和发言人提出很高的要求。主持人要思维敏捷，反应机敏，口齿伶俐，有较高的文化修养和专业水平。会议的主持人一般可由具有较高公共关系专业能力的人来担任。会议的发言人应由高速铁路客运企业的高级领导来担任，因为高级领导清楚高速铁路客运企业的整体情况，掌握高速铁路客运企业的方针、政策和计划，回答问题具有权威性。

6）组织记者参观的准备

在新闻发布会的前后，可以配合会议主题组织记者进行参观活动，给记者创造实地采访、拍摄、录像的机会，增加记者对会议主题的感性认识。应在将要参观的地方派专人接待，介绍情况。

7）小型宴请的安排

为了使新闻发布会收到最大的实效，在本组织财力允许的情况下，可以安排小型宴会或工作餐。这也是一种相互沟通的机会，可以利用这种场合加强与新闻界的联系，及时收集反馈信息，进一步联络感情。

8）其他

应根据会议的规模和规格做出费用预算。费用项目一般有场租、会场布置、印刷品、茶点、礼品、文书用具、音响器材、电话费、交通费等。在发出邀请信后，召开发布会前应再次电话落实。此外还应安排接待人员，布置会场，准备音响器材、签到名册等。

2. 新闻发布会的程序

1）签到

在接待处设签到处，接待时最好由一个主要人物出面迎宾，一方面表示主人的礼貌和对会议的重视；另一方面也可以通过问候寒暄加强与媒体人员的接触了解，建立感情。

2）发资料

在会议正式开始前，要将准备好的资料有礼貌地分发下去，让记者对会议有一个粗略的了解，以便在发言人发布信息时对会议主题有更进一步的认识和理解。

3）会议开始

由主持人说明召开会议的目的，所要发布的信息和有关情况的介绍、说明。

4）发言人讲话

发言人就事件的内容做详细、准确的讲述。

5）答记者问

发言人回答媒体人员的提问。

6）会议结束

向媒体人员表达感谢，宣布新闻发布会结束，安排媒体人员离场。

3. 新闻发布会中的注意事项

（1）会议发言人和主持人应相互配合。新闻发布会在进行过程中，应始终围绕着会议主题进行。这就需要会议的发言人和主持人配合一致，相互呼应。例如，当记者的提问离开主题太远时，主持人要能巧妙地将话题引向主题，发言人应通过回答问题将话题引到会议的主题上来。

（2）对于不愿发表和透露的内容，应委婉地向记者做出解释，记者一般会尊重东道主的意见。不可以"我不清楚"或"这是保密的问题"来简单处理。

（3）遇到回答不了的问题时，应告诉记者获得圆满答案的途径，不可不计后果，随意说"无可奉告"或"没什么好解释的"，这会引起记者的不满和反感。

（4）不要随便打断或阻止记者的发言和提问。即使是记者带有很强的偏见或进行挑衅性发言，也不要显出激动和失态，说话应有涵养，切不可拍案而起，针锋相对地进行反驳。

4. 新闻发布会后的工作

作为一项活动的完整过程，新闻发布会结束之后，要及时检验会议是否达到了预定的效果。所以，会后工作主要有以下内容。

（1）搜集到会记者在报刊、电台、电视台、网站上的报道，并进行归类分析，检查是否达到了举办新闻发布会的预定目标，是否由于工作失误造成消极影响。对检查出的问题，应分析原因，设法弥补损失。

（2）对照会议签到簿，看与会记者是否都发了稿件，并对记者的态度及倾向做出分析，以此作为以后举行新闻发布会时选定与会者的参考依据。

（3）收集与会记者及其他代表对会议的反应，检查接待、安排、提供便利等方面的工作是否有欠妥之处，以利于今后改进工作。

（4）整理会议的记录材料，对招待会的组织、布置、主持和回答问题等方面的工作进行总结，从中认真汲取经验教训，并将总结材料归档备查。

三、新闻稿的撰写

新闻稿，是报纸、电台、电视台、网络等媒体经常使用的记录社会、传播信息、反映时代的一种文体。新闻与公众有直接关系，对受众有显著的影响，所以，新闻稿写作是新闻事实的文字表达手段，是准确、鲜明、及时地报道新闻的重要环节。

1. 新闻稿写作的基本要求

准确、客观、清楚，内容面向大众，使受众易于理解；文字使用应切合一般人的阅读水平，避免过于个性化而缩小受众群体效应；简明扼要，选择最关键、最能吸引注意力和最能说明主题的要点来写；注意多运用与众不同的叙事角度和观点来进行分析。

2. 新闻六要素

新闻六要素为 who、when、where、what、why、how。一篇结构严密的新闻稿一般由标题、导语、背景、主体和结尾等组成。其导语、背景交代、主体内容和结尾都有其内在的逻辑关系，在一个统一的关系中互相影响、互相勾连、互相牵制、互相完善。新闻稿只有交代清楚人物、时间、地点、事件、原因、经过（有的含结果）等，才能使受众掌握新闻的基本信息。但应注意的是，每篇新闻要向受众传达的信息不同，因而侧重点也不同，若平均处理这六个要素，会使新闻主题不够鲜明，所以，在撰写新闻稿时应该详略得当，主题突出。

3. 新闻稿的结构

1）新闻标题

为了吸引受众的注意，新闻稿的标题必须醒目，这样才能使受众在信息的海洋中一眼就发现企业所要发布的新闻。标题的一般要求是：概括性强、突出主题、引人注目、长短合适。新闻标题不一定要将新闻事件的主要元素全部概括出来，只要能够将主要的事实和意义概括出来就可以了，因为有的内容还要在主体部分中加以表达。切记标题要易读易懂，因为新闻的受众是普通大众，不是专家学者，太晦涩、太难懂就偏离了新闻普适性的要求。

2）新闻导语

写新闻稿时往往不是按照事情原来的发展顺序来写，而是把事情的高潮、最有吸引力之处放在最前面（这就是导语），使新闻的主题通过导语最先突出地表达出来。新闻导语，即新闻稿首段，是指在新闻稿开头以最简洁的文字表述新闻中心内容的一个部分，在新闻稿中起着提纲挈领的作用，要用简明扼要的句子概括一篇新闻中最新、最重要的信息，使人只看了导语便可了解新闻的基本要点。在新闻导语的写作中应注意：导语里的事实必须是最重要、最新鲜的，导语必须简明扼要、短小精悍。

3）正文

正文是新闻的主体部分，紧接导语之后，是被导语引导出来的主题及对主题的更深入的阐述和描写，将导语中提及的内容按照"时间顺序"或"逻辑顺序"作进一步的解释和叙述，使受众有深入的了解。主体要紧扣导语，围绕导语所定的主题来写，有时也补充一些导语中未提及的资料，如事件的背景说明等。

4）结尾

新闻稿要有头有尾，最好能呼应起来，显得文章前后结构紧凑。结尾一般由作者发表评论，提出某些结论供人们思考，使受众得到某种启发。

5）其他补充图片、表格图片可令受众留下深刻印象，对新闻稿件有补充及说明的意义；表格可帮助受众理解资料性的内容，也容易看到重要的需突出的部分。

4. 新闻稿的叙事结构

新闻稿最常见的结构有以下三种。

1）倒金字塔结构

倒金字塔结构由导语和事实两部分组成。导语是新闻稿的灵魂，包含最新、最重要的内容。导语之后是一般的新闻事实，按重要在前、次要在后的原则排列。这种结构的优点之一是方便受众阅读，所以，在倒金字塔结构中导语的地位十分重要，必须用最短的语言说出最重要的信息。同时，倒金字塔结构的新闻稿也便于编辑和修改，即使删除得只剩下一段导语，也可以将最主要的信息发布出去。

2）并列结构

当几项新闻事实处于同等重要的地位时，则采用并列结构。并列结构由导语和新闻事实两部分构成，一般要有一个概括性的导语，然后是各种新闻事实，通常用于重大新闻报道。

3）顺时结构

在需要突出新闻事件的时间顺序时，则采用顺时结构，可按照事件发生的时间顺序交代事件过程。

5. 如何写好一篇新闻稿

（1）用语准确。词不达意、用错词语等，会使内容有所偏差。

（2）语句清晰。使用简单的句子，少用从句或复句，因为过于复杂的语句容易使受众产生误解。

（3）报道客观。切勿加入个人的主观意见和评论，并避免使用带有价值判断的语句，除非是确定事实，否则价值判断的语句不宜写在新闻稿中。

（4）用词庄重得体。尽量使用一些庄严和文雅的字词，避免俗语和不规范的网络语言。

（5）善用数字。在标题中运用数字可突出新闻价值，但要使用权威、科学、真实的数据，并写明背景及引用出处。

公共关系案例

石家庄—北京—西安高速铁路新闻发布会在北京举行

"石家庄—北京—西安高速铁路推介　古城正定新闻发布会"在北京举行。新闻发布会现场如图 6-6 所示。

图 6-6　新闻发布会现场

　　随着大众旅游时代的兴起，高品质旅游已成为人民美好生活需要的重要组成部分，北京—正定—石家庄—西安高速铁路专列将为全国各地的游客提供更多元的旅游产品和更加独特的旅游体验。

　　搭上北京—正定—石家庄—西安专列，您会在车厢内看到印有"古城古韵、自在正定"的广告头枕整齐地排列在每个座位上，温馨舒适的旅游体验将让世界越来越多的人知道正定、了解正定、走进正定、品味正定。

　　正定，是国家历史文化名城、全国文明县城，拥有 2 700 多年的建置史、1 600 多年的建城史。自北魏至清末 1 500 多年间，一直是郡、州、路、府治所，素有"九楼四塔八大寺，二十四座金牌坊"之称。石家庄—北京—西安高速铁路列车如图 6-7 所示。

图 6-7　石家庄—北京—西安高速铁路列车

　　正定坚持以人民为中心的理念，深化改革，始终沿着习近平总书记确定的"半城郊型"经济、"旅游兴县"等发展路子，按照"经济强、城乡美、古韵浓、生态好"目标，积极融入京津冀协同发展，把古城保护与"旅游兴县"相结合，全面启动了古城保护、风貌恢复提升工作，涉及的 25 项工程已全面展开，其中阳和楼复建等 20 项已完工，博物馆等 5 项正积极推进，古城风貌有效恢复。完善全域旅游规划，提升景区，亮化古城，形成独特夜色正定。把文化、时尚、美的元素植入景区，举办民俗、电子烟花、星光文化节等活动。拆掉机关单位围墙，共享停车位。新建 17 个智慧停车场，2.85 万个车位全部免费；投放共享汽车 50 辆，免费观光游览车 60 辆，方便游客通行。10 个景点 7 个免费，建设智慧景区，对主要街道仿古改造。免费公共厕所上星级，免费直饮水取用方便……一系列举措使古城记忆可见、可触，历史文化可感、可知，百姓家园可商、可居。城市管理改善了环境，也使得"古城古韵、自在正定""登得上城楼，望得见古塔，记得住乡愁"成为现实。

正定地理位置优越，交通便利，境内有正定国际机场、高速铁路，京珠、京昆、石黄高速公路，交通发达。为探索新时代下的旅游新模式，放大"高速铁路+旅游"业态效应，打造高品质旅游产品，石家庄—北京—西安高速铁路专列为广大市民提供了一条全新的内涵丰富、体验独特的精品旅游线路。乘坐这趟线路的游客可打卡千年古郡正定，体验千年穿越之旅。

　　碧水蓝天下，漫步于九楼四塔八大寺之间，领略"三关雄镇""古城古韵、自在正定"的威严与雄奇，体会小巷通幽的意境，在名胜古迹和诗书雅乐间流连忘返。

　　通过北京、正定、石家庄、西安高速铁路专列，整合各地资源要素，将不断丰富正定旅游消费产品，打造正定新的旅游消费平台，为正定旅游增添新动能、新活力。

任务六　赞助活动

　　赞助属于信誉投资，是通过为公益事业捐款、捐物等形式培养与广大公众或组织的良好感情。赞助比较适合有经济实力的企业。高速铁路客运公共关系赞助是指高速铁路客运企业通过无偿地提供资金或物质对各种社会公益事业做出贡献，以提高社会声誉，树立良好社会形象的公共关系专题活动。高速铁路客运公共关系赞助是高速铁路客运企业举办专题活动最常见、最重要的形式之一，因为它既可以为社会公益事业的顺利进行提供保障，同时又可以为高速铁路客运企业的不断发展创造和谐的社会环境。

一、开展高速铁路客运公共关系赞助活动的作用

1. 为高速铁路客运企业赢得良好声誉

　　高速铁路客运企业通过对某些社会福利事业、社会慈善事业、社会公益活动进行赞助，可以在社会公众心目中留下关心社会、致力于公益事业的美好印象，受到社会舆论的好评，从而为高速铁路客运企业赢得良好的声誉。

2. 扩大高速铁路客运企业的社会影响

　　高速铁路客运企业在对公益事业，尤其是对体育比赛、文娱活动的赞助过程中，高速铁路客运企业的名称和商标等都会频繁出现在新闻媒介的广泛报道之中，进而形成一种广告攻势，高速铁路客运企业的知名度会大大提高，社会影响也会进一步扩大。

3. 博得社会公众的好感

　　开展公益活动首先能使高速铁路客运企业赢得与赞助项目直接相关的组织与公众的好感，同时也能使高速铁路客运企业赢得其他社会公众的好感，从而产生一种口碑效应。

4. 提高高速铁路客运企业的社会效益

　　开展公益活动之后，高速铁路客运企业赢得了社会公众的普遍好感，知名度与美誉度高了，高速铁路客运企业的整体形象也好了。这些虽然不能直接取得经济效益，但却为高速铁路客运企业的生存、发展创造了一个良好的外部环境，提高了高速铁路客运企业的社会效益。

二、赞助活动的类型

1. 赞助教育事业

　　高速铁路客运企业作为发展前景良好的企业，应该有长远眼光，关心中国教育事业的发

展,这既有利于自身发展和对未来人才的选择,又能为社会带来效益。高速铁路客运企业可以出资投入希望工程,也可以资助某些中小学或大学。

2. 赞助体育活动

赞助体育活动是赞助活动最常见的一种方式,因为体育活动是广大群众喜闻乐见的活动,也是许多公众热心的活动,涉及的范围大,因而赞助体育活动获得的影响力较大。

3. 赞助文化活动

文化活动吸引的公众层面较宽,影响较广,品位较高。可赞助的文化活动主要有音乐会、电影电视节目、文娱演出、书画展览、摄影作品展览等。

4. 赞助科研学术活动

这类赞助活动的影响面虽然不大,但意义重大而深远。一是可推动与高速铁路客运企业组织性质、产品和服务有关的研究深入开展,为高速铁路客运企业发展提供基础研究理论和技术支撑;二是可以提高高速铁路客运企业的知名度和影响面。

5. 赞助社会福利事业

这类赞助活动有助于高速铁路客运企业与社区、政府相关部门建立良好关系,也可向社会表明其所承担的义务和责任,更能体现高速铁路客运企业对社会公益事业的关心,这类赞助人情味最浓,商业味最淡,最易获得公众的好感。赞助对象主要是社会需要救济的对象,如有具体困难的公众和社会弱势群体等。

6. 赞助各种竞赛奖励活动

高速铁路客运企业可赞助电台、电视台、报社、杂志社举办的各种有奖知识竞赛、摄影比赛等。

7. 赞助环保事业

环境保护是功在当今,利在千秋的公益事业,涉及广大公众的切身利益,是公众和媒介关注的热点,赞助环保事业能收到经济效益、社会效益和生态效益的"三丰收"。

8. 其他赞助活动

其他赞助活动如赞助制作宣传用品、旅游地图、日历等。

三、赞助活动的策划与实施

1. 选好赞助对象

选择赞助对象应该从高速铁路客运企业的公共关系目标和经营政策入手,从被赞助的公益事业的具体情况出发,从而确定高速铁路客运企业的赞助对象、赞助政策及具体办法。高速铁路客运企业开展赞助活动最根本的要求是使高速铁路客运企业和社会同时受益,必须防止出现赞助与高速铁路客运企业的公共关系目标和高速铁路客运企业的整体目标相脱离的现象。

(1)要考虑所赞助的活动与高速铁路客运企业能否和谐、自然地使公众产生正面联想,能否对高速铁路客运企业产生积极的作用。

(2)要考虑所赞助的活动的社会影响,如媒介报道的可能性、报道频率和报道的广泛性,受益人是谁,受影响的公众的分布情况,影响的持久程度,活动本身能否引起人们的注意,能否产生"轰动效应"等。

(3)要考虑高速铁路客运企业在活动中与公众见面和直接沟通的机会有多少及赞助费用的多少和赞助的形式。

2. 制订赞助计划

在选择赞助对象的基础上，由负责赞助工作的机构，根据高速铁路客运企业的赞助方向和政策，制订切实可行的赞助计划。赞助计划一般包括：赞助宗旨、赞助的对象、赞助的费用预算、赞助的形式、开展赞助的组织管理等。

3. 实施赞助方案

赞助方案的实施应由赞助机构指派专人负责落实。要与接受赞助的组织联系赞助事宜，有的赞助还需要签订赞助协议书或合同。在实施的过程中，高速铁路客运公共关系人员应该充分运用各种有效的公共关系技巧，使高速铁路客运企业尽可能借助赞助活动扩大其对社会的影响。

4. 评估赞助效果

赞助是高速铁路客运企业的一次重大公共关系活动，因此在活动结束时，应该进行效果评估。在评估过程中，大量的工作是调查、收集各个方面如公众、新闻媒介、受赞助组织对此次赞助的看法、评论，看是否达到预定的计划？完成了或达到了哪些预定指标？还有哪些差距？原因是什么？并把这些写成总结，归档储存，为以后的赞助活动提供参考。

四、开展赞助活动应注意的问题

高速铁路客运企业策划赞助活动，要注意以下几个问题。

1. 注重社会效益

赞助活动是一种讲求社会效益的活动。在赞助项目的选择上，要优先考虑慈善事业、社会福利事业、教育事业的赞助。不能在实施赞助过程中追求商业目的，与对方讨价还价，夹带其他的商业目的，如推销产品、附带交换条件等。

2. 选择适当时机

赞助活动有一个利用时机和选择时机的问题。可以利用一些重大活动、重要节庆进行赞助活动。例如，利用教师节奖励教师，利用重阳节赞助敬老活动，利用环保日赞助环保活动等。

3. 运用恰当方式

赞助的方式有很多，采用哪种方式最恰当，效果最好，需要慎重选择。赞助预算较充足时，可以选择冠名权等影响较大的方式。其他如署名权、登载鸣谢等方式，也能收到较好的效果。

4. 遵守赞助礼仪

赞助活动要遵守一定的规范，按照规范做法举行赞助捐赠仪式。商讨赞助事宜时，要充分协商。不能财大气粗，漫天要价，条件苛刻，让人难以接受，甚至闹出不愉快的事情。对明显不能满足要求的征募者，应当坦诚相待，解释清楚政策或条件的限制。

📧 公共关系案例

云林公益"感谢有您"活动携手"感恩号"高速铁路专列

满载着由浙皖两省教育系统推荐的优秀退休教师的高速铁路列车，从安徽合肥南站始发，前往素有"海上名山"美誉的浙江台州，开启了一次五天四晚的难忘之旅。这次活动是杭州云林公益基金会联合上海高速铁路旅游服务有限公司，共同发起的"感谢有您"主题公益项目。"感恩号"专列如图6-8所示。

图 6-8 "感恩号"专列

活动共邀请了百位来自浙江、安徽两省的优秀退休教师开展公益旅行,同时举办了"弘扬高尚师德·潜心教书育人"交流会活动。开行全国首趟"感恩号"高速铁路专列,是此次云林公益项目的第一期活动,活动旨在弘扬高尚师德,感恩优秀老师对教育事业的奉献。"感谢有您"主题公益项目如图 6-9 所示。

图 6-9 "感谢有您"主题公益项目

德高为师,身正为范,"捧着一颗心来,不带半根草去。"这是著名教育家陶行知先生的一句话,是他为教育奉献一生的宣言。中国历来有尊师重教的优良传统,而高尚师德往往是一名优秀老师给社会带来的巨大精神财富。这批优秀退休教师不仅言传身教,更以爱的方式教书育人。云林公益基金会赠予老师们"孝慈感恩"主题明信片如图 6-10 所示。

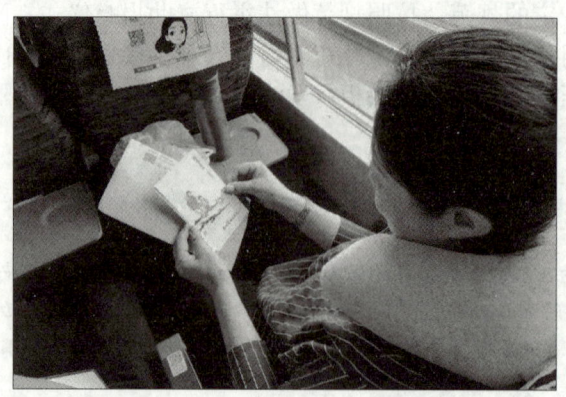

图 6-10 云林公益基金会赠予老师们"孝慈感恩"主题明信片

参加此次公益活动的教师有浙江大学从教五十年的老教授、学军中学84岁高龄的退休教师,还有来自安徽省大别山地区金寨、霍山县不同学校的优秀乡村教师,等等。在"弘扬高尚师德·潜心教书育人"交流会上,多位老师分享了各自教书育人的心得,并希望好的经验和师德能够得到当代年轻教师的传承。云林公益基金会工作人员与教师合影如图6-11所示。

图6-11 云林公益基金会工作人员与教师合影

孝慈感恩是中华优秀传统美德,杭州云林公益基金会理事长常法在接受中央电视台采访时表示:"我们希望以此向坚守讲台、潜心育人的优秀教师致敬,并在弘扬高尚师德的同时,引导全社会尊师重教,常怀感恩之心。"云林公益基金会相关负责人接受采访如图6-12所示。

图6-12 云林公益基金会相关负责人接受采访

项目七

高速铁路客运公共关系危机管理

 知识点

- 理解高速铁路客运公共关系危机的内涵及其成因
- 学会预防高速铁路客运公共关系危机发生的方法

 技能目标

- 能够初步学会运用高速铁路客运公共关系危机管理相关知识分析问题、解决问题

▶ 本项目知识结构导图

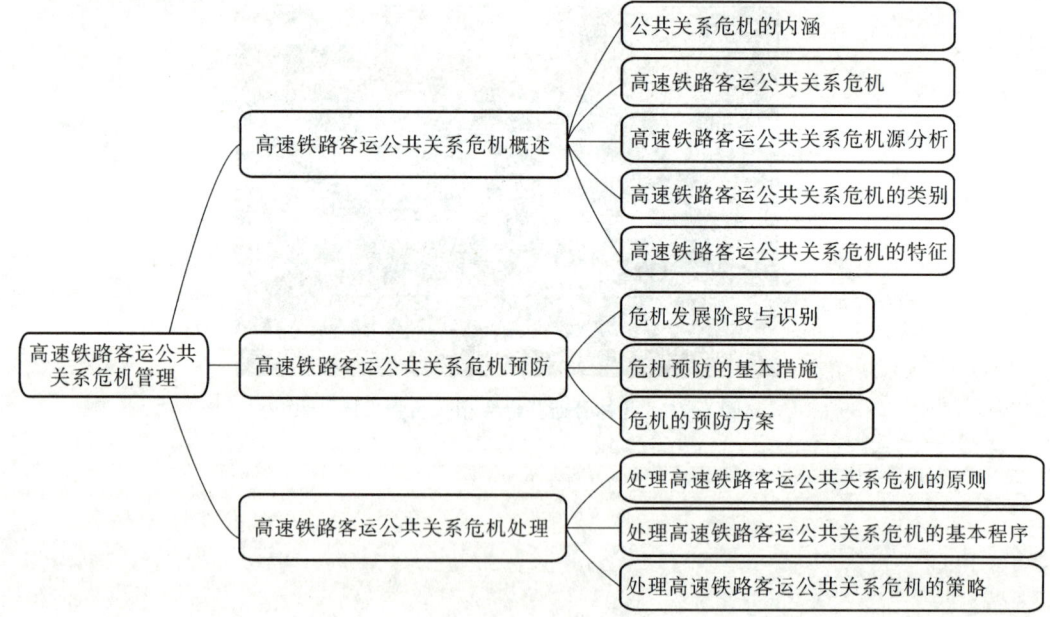

✉ 公共关系案例

从"7·23"动车追尾事件看铁道部危机公关

"7·23"动车追尾事件(2011年7月23日甬温线重大铁路交通事故)的发生,从一个自然人的角度去面对这场人间悲剧,虽不是切身经历,但足以让人心痛,短短数日,中国高速铁路连续出现几

次事故,而尤以这次事故更让人揪心,铁道部新闻发言人王勇平也指出这是一场"特别重大事故"。在事件发生后,各大电视媒体、纸媒、网站等从各自专业领域进行剖析,来自社会各方的各种声音也使得舆论成了一锅"八宝粥"。任何事件发生后,需要有人问责、需要去深挖事件原因、需要善后处理……作为受众,需要冷静地思考,现在的国人不缺乏热情,如果能再从专业角度做一些理性的分析,或许在付出如此大的生命代价后,能产生更多的教育意义。"7·23"动车追尾事故如图7-1所示。

图7-1 "7·23"动车追尾事故

取信于民第一步

7月24日下午,铁道部党组研究决定,对发生甬温线"7·23"铁路特别重大交通事故的上海铁路局局长龙京、党委书记李嘉、分管工务电务工作的副局长何胜利免去时任职务并进行调查。

新闻发布会看到了希望

晚间10点多,浙江卫视对铁道部新闻发布会进行了现场直播,现场记者的提问的确尖锐敏感,而发言人王勇平三次鞠躬道歉。

警惕网络的民意暴力

全民微博时代造就了网民这股独特而强大的力量,他们第一时间将事件的图片发布在网上。但是网络民意中也体现了些许纷繁复杂的东西,在更多正面的民意呼声下,总有一些怒骂甚至煽动的情绪,我们要警惕网络暴力。任何事件背后,必须有冷静的反思,如果一团热火转化成全民暴力,这样的声音无法对事件产生正面的作用。

任务一 高速铁路客运公共关系危机概述

天有不测风云,人有旦夕祸福。高速铁路在发展过程中,往往会遇到意想不到的危机事件。这些事件处理得当,高速铁路客运企业将化险为夷;处理不当,高速铁路客运企业将蒙受巨大损失,甚至遭到灭顶之灾。如何处理危机事件,是高速铁路客运公共关系人员必须回答,而且必须答好的问题。

危机一词有两种意思:一是指潜伏的祸患;二是指严重困难或生死成败的紧要关头。危机是一个不稳定时期,是一个新局面的开始,是一个转折点,含有"危险才有机会"的道理。面对危机,必须马上做出决定,尽管决定的结果可能会好,也可能会坏。

一、公共关系危机的内涵

美国著名公共关系咨询顾问史蒂文·芬克在《危机管理》一书中认为:危机的出现是任何一

个公司都无法避免的。现代企业界面对的危机，就如同人类面对死亡一样，几乎是不可避免的事，有55%的被访者认为危机影响了公司的正常运转，而危机困扰公司的时间平均历时8周半。

通常来说，危机是指潜伏的祸患或生死成败的紧要关头。对于社会组织而言，危机即危机事件，是指由于组织自身或公众的某种行为而导致组织环境恶化的那些突然发生的、危及生命财产安全的重大事件。任何组织随时都有可能遇到突发事件，如突发性商业危机、重大生产失误、工伤事故、交通事故、劳资纠纷、舆论危机等，这些都可以称为危机事件。危机事件不仅给组织造成经济上的损失，而且还会严重损坏组织形象和声誉，使组织陷入困境。因此组织处理突发事件、处理危机的能力如何，是关系到组织生死存亡的大事。而公共关系工作的目标是塑造组织的良好形象，促使组织处于良好的运作环境，所以对危机事件的管理成为公共关系的一项非常重要的工作。鉴于此，我们常常把危机事件称作公共关系危机。

按照公共关系危机的表现形式、归咎原因、损失表现等不同的标准，可以对公共关系危机进行不同的划分。按照危机产生的原因，公共关系危机可分为两大类，即人为公共关系危机和非人为公共关系危机。

1）人为公共关系危机

人为公共关系危机是由人的某种行为引起的危机。对于一个企业来说，管理者决策失误引发公众不满、产品或服务质量不合格、工作过程有缺陷、工作人员玩忽职守、企业安全保卫工作涣散、财产疏于管理、设备遭受人为破坏等造成的危机，均属于人为公共关系危机。人为公共关系危机有可能带来人员伤亡或财产损失的严重后果。

人为公共关系危机具有以下两大特点。

（1）可预见性。只要提高危机防范意识、强化危机预测能力，平时针对各种情况采取恰当有效的措施，许多人为公共关系危机是可以消灭于萌芽之中的。

（2）可控性。如果企业管理者能够制订针对自身特点的危机监测方案，此类危机是可以预测的；在此基础上，企业能够进一步加强各个环节的自查自纠，这样的危机也是可以控制的。

2）非人为公共关系危机

非人为公共关系危机指并非由人的行为直接造成的危机。对企业来说，自然灾难是引发非人为公共关系危机的主要原因，常见的自然灾害事件有：洪水、地震、冰雪等。

非人为公共关系危机具有以下特点。

（1）不可预见性。正所谓天有不测风云，自然灾害往往不期而至，其引发的公共关系危机也很难预见。

（2）不可控性。政府和企业无法控制地震和其他灾害的突然到来，政府和企业可以做的是完善预案，以便发生此类危机时能及时救助和响应。

（3）损失有形性。非人为公共关系危机易造成人员伤亡、厂房冲毁、铁路线路中断、隧道塌方等有形损失。

此类危机容易引发公众的同情，社会各界也会纷纷支持，只要及时响应，公众和社会的不满情绪相对较低。发生此类危机是由于不可控制因素造成的，政府和企业只要救助及时、善后得当，公众一般能够理解。许多时候公众能够与政府和企业同心同德，共同面对危机，政府和企业在处理危机中的良好表现有利于自身形象和美誉度的提高。

二、高速铁路客运公共关系危机

1. 高速铁路客运公共关系危机的认知

高速铁路客运公共关系危机，专指高速铁路客运企业处于灾难或危机中的公共关系，是公共关系在危机中的运用。它有两层意思：一方面，当危机或灾难发生时，高速铁路客运企业的各方面都会受到影响，使高速铁路客运公共关系状态处于危机中；另一方面，当危机或灾难发生时，运用公共关系的理论和手段化解危机，拯救高速铁路客运企业于危难之中。

面对危机或灾难的发生，高速铁路客运企业要执行三大任务，即预防、准备和供应。所谓预防，就是要防患于未然，做到居安思危，"任何事情都可能发生"是危机的法则；所谓准备，是指成立一个"危机管理小组"，拟订面临危机的应对计划；所谓供应，是指向媒体人员提供和发布与危机有关的高速铁路客运公共关系的信息。

2. 高速铁路客运公共关系危机处理

高速铁路客运公共关系危机处理，是指在公共关系理论和原理的指导下，高速铁路客运公共关系人员运用公共关系的策略、措施与技巧，来改变因突发性事件而造成的高速铁路客运企业所面临的危机局面的过程。它强调的是一种行动过程、一种结果。

3. 高速铁路客运公共关系危机管理

高速铁路客运公共关系危机管理有广义和狭义之分。广义的高速铁路客运公共关系危机管理是指高速铁路客运公共关系人员在危机意识或危机观念的指导下，依据危机管理计划，对可能发生或已经发生的公共关系危机事件进行预测、监督、控制、协调处理的全过程。狭义的高速铁路客运公共关系危机管理通常与危机处理的概念一致，指对已经发生的公共关系危机事件的处理过程。

4. 高速铁路客运企业公共关系危机的特点

1）突发性

突发性又称偶发性。高速铁路客运公共关系危机事件大多是在人们毫无察觉或准备的情况下偶然发生的，它让人们既感到意外、吃惊，又感到恐惧、害怕，并给高速铁路客运企业带来一定程度的混乱。

2）关注性

高速铁路是公共交通工具，一旦发生危机事件，常常成为社会舆论关注的焦点和热点，它往往是新闻传播媒体重点关注的新闻素材和报道线索。正如国外危机管理专家所指出的，每一起意外事件不尽相同，相关机构的应变态度也颇有差异，但有一件事是无疑的：当悲剧发生的时候，公众和媒体的注意力一定集中在出事的企业。有时危机事件不仅引起国内公众的关注，而且还会引起世界各国的关切。

3）危害性

危机事件一旦发生，涉及面广，影响面大，公众利益受到严重损害，也造成高速铁路客运企业多方面的损失和伤害，甚至会使高速铁路客运企业遭到灭顶之灾。

4）复杂性

公共关系危机有比较显著的复杂性。一旦发生危机，无论是处理危机、控制危机，还是协调与危机有关的方方面面，都非常复杂，往往涉及更多的人，投入更多的钱财和物资。

5）紧迫性

危机事件发生后，组织决策者必须尽快做出反应。对于组织来说，危机一旦爆发，由于信息的快速传播，公众的关注度高，其破坏作用会迅速释放，如果处理不及时，容易给公众留下漠视公众利益的印象，势必会失去公众的理解、同情和支持，损害组织的美誉度；同时，危机如果没有及时得到有效控制，有可能会加速恶化，使组织遭受更大的损失。因此，对于组织决策者来说，做出危机处理决策的时间是非常有限的。

三、高速铁路客运公共关系危机源分析

高速铁路是备受公众关注的民生工程，它不但需要巨大的投资，同时对安全与环境要求也非常高，因而成了公共关系危机高发的行业之一。中国引进高速铁路相关技术时间短，但却有建设速度快、扩张规模大的特点。旅客在选择乘坐交通工具时始终希望在保证安全的基础上可以更加方便快捷、缩短旅行时间，尽早抵达目的地。高速铁路的飞速发展带来的结果是参与运营维护的人员大幅度增加、选择高速铁路作为交通工具的旅客激增，从而导致公共关系危机事件在高速铁路运营领域发生频率高、涉及面广。因此，深入分析引发高速铁路运营中公共关系危机的因素，并对危机源进行正确识别，是认清高速铁路客运公共关系危机管理现状的基础工作，是找出公共关系危机管理存在的问题的关键一环，是构建合理的高速铁路运营中公共关系危机管理的重要内容。

调查显示，高速铁路客运公共关系危机主要来源于以下几个方面。

（1）站点设置不合理问题。在一些高速铁路线路上存在站点设置不合理，从而导致旅客抱怨的情况。例如贵广（贵阳—广州）高速铁路开通后，肇兴侗寨预想的游客人数激增的现象并未出现，原因是很多游客认为，高速铁路虽然开通了，乘车来肇兴还是不方便。广州的许多游客反映，肇兴侗寨名声在外，一直都想来旅游，贵广高速铁路开通后，他们决定实现这个愿望，但是想购买一张离肇兴侗寨最近的从江站的车票却很困难。一方面，从广州到贵州的旅客很多，每趟车都满员。另一方面，在从江站停靠的动车很少，满足不了游客的乘车需求，从广州方向驶来的动车，在该站停靠的只有 D2814 一列，而且停靠的时间是 19:08，旅客下车后很不方便。并且从江站离肇兴侗寨还有很长一段距离，也让旅客倍感失望。而贵广高速铁路开通前，铁路部门在广告中大力宣传坐贵广高速铁路欣赏肇兴侗寨是如何方便舒适，这就在旅客心中形成了很大的落差，对贵广高速铁路社会认可度造成了不良影响。

（2）自然灾害问题。自然灾害引发诸如路基破损、旅客滞留等事件，是导致公共关系危机发生的潜在因素。某年 8 月 13 日晚，苍南动车站滞留了从北京开往福州方向的 G55 次动车，这班动车于当天 17:30 左右到达苍南站，当时滞留的旅客在 1 000 人左右，致使动车滞留的原因是福鼎发生了泥石流坍塌事件。在这样的自然灾害面前，虽然旅客理解这是不抗拒的原因造成行程受阻，但是许多旅客心情恶劣，抱怨之声依然不断，经常大声质问列车员为何受阻，此时如果车上服务人员言辞不当、处理不妥，就会引起冲突导致公共关系危机事件发生。在这次自然灾害事件中，列车上反复播放了停车的原因，让旅客第一时间了解到事件真相；车上服务人员坚守岗位耐心解答旅客疑问，尽量缓解旅客的不良情绪；对重点旅客特别是孕妇、老年病人嘘寒问暖、认真照顾从而安抚了许多旅客。相关人员对事件的处理比较得当，在公共关系危机发生初期就将影响缩小到最小范围，化解了这场危机。

（3）车站服务、车上服务质量问题。某年冬天的一场大雪，让在高速铁路无锡东站候车的乘客们感觉到室内实在太冷了。许多乘客都抱怨说，他们在这里等车 20 多分钟，没想到车站候车室却连个暖气都没有，冻得站也不是坐也不是。车站使用的是地源热泵空调，出风口的温度也不低，达到 30 多摄氏度，然而达不到取暖的效果，原因是虽然车站候车室的暖气是打开的，但是由于热空气是往上升的，而这里的天花板上面就是站台，两者之间不是密封的而是镂空的，所以再多的热气都往上散发了，大厅里根本不可能暖和起来。这本是建筑设计上的不足，但是候车乘客不了解内情，都在抱怨候车厅在天气寒冷的时候，为了节约开支而不运行空调。

(4) 设备故障问题。

设备故障问题对于任何行业都在所难免，但在乘坐高速铁路时发生设备故障，导致旅客未享受到应有的高质量服务，旅客会多有抱怨和投诉，甚至有的旅客会诉诸法律要求赔偿。某年7月12日11时，京沪高速铁路安徽宿州附近供电设备故障，经抢修，13时排除故障。故障导致被困列车断水、断电、断空调，甚至出现乘客因闷热突发中暑晕倒的险况。许多乘客发微博抱怨："每次都是接触网的问题，就不存在其他方面的问题。"显然旅客们不但认为自己运气不佳乘坐的高速铁路列车出现设备故障，也在抱怨铁路部门在日常设备管理和维护中未尽全力。

铁路上海站官方微博在发现涉及高速铁路接触网的抱怨后，对"接触网"的知识进行了普及。微博称，"在高速铁路的整个系统中，接触网是最容易出现问题的环节。接触网是高速铁路的牵引供电系统，机车从线路上方架设的接触网上取得高压电流，从而获得持续充足的动力。柔性的接触网，最易受到外力的影响发生位移、短路、受电弓损伤、接触不良等情况都会造成列车断电停车，具体的故障是很复杂的。"这样的解释能够在一定程度上缓解旅客的不良情绪，也在一定程度上赢得公众的理解和支持。在设备故障引发的公共关系危机苗头已经出现的时候，如果处置不当，特别是个别部门或者个别工作人员态度强硬，处理欠佳，很容易通过微信、微博等方式迅速传播，引发舆论危机。

(5) 列车晚点问题。

由于晚点引发的公共关系危机看似不严重，但是晚点时间越长，旅客的抱怨越大。旅客徐先生乘坐的高速铁路列车本来应该在17:46就能到达广州南站，他按照经验决定于18:30接待重要客户，但是没有想到遇上高速铁路严重晚点，19:00列车仍然停在郴州，餐车的水和面包都被抢购一空。徐先生对采访他的记者说："真的是饥寒交迫，以后真的不能再相信高速铁路了，没有什么是可靠的。"同时，许多旅客们心急如焚并纷纷发微博谴责铁路部门没有解释原因，广州铁路的官方微博在18:30后一一安抚，在每一条他们看到的有关此事的微博下解释原因："亲，雷击造成接触网停电，铁路部门正紧急抢险中。"在另一起晚点事件中，有乘坐G821次列车返回深圳的旅客发微博抱怨，车站不断更改列车的晚点出发时间，从晚点120分钟一直修改到晚点210分钟，"晚点时间超出忍耐限度"。旅客表示，列车晚点这么久，最难受的就是饥饿的问题，很多车上的旅客都是打算到站才吃晚饭的。身上没带干粮，餐车上的食品早就一扫而空，根本不够供应。同时，旅客们还怒气冲天地向采访记者表示，他们接受了"被晚点"的事实，但没有从官方得到任何经济补偿。

公众认为高速铁路就是以时间上的便捷作为优势服务大众的。晚点时，反复广播晚点多少时间，请求广大旅客耐心等待，许多时候并无晚点原因的解释，也无积极的对策（比如长时间晚点安排旅客食宿之类），更谈不上赔偿了，这会让旅客觉得受了蒙骗，从而引发强烈不满，进而导致高速铁路信誉危机。

(6) 安全事故问题。

安全事故，特别是人为原因造成的安全事故，最容易引发公共关系危机，若出现人员伤亡的悲剧，必然引发公共关系危机。"7·23"动车事故作为典型重大责任事故，铁路企业没有注重危机管理，是加剧这场危机的重要因素，这说明在公共关系危机管理中公共关系组织机构的重要性；此外铁路部门对"7·23"事故的处理存在纰漏，新闻发言人制度的运作经验不足，一方面不能够对外表达一致，另外一方面在危机发生时不能有一个训练有素的人直接面对媒体，新闻发言人的不当言论"不管你信不信，反正我是信了"广泛传播，使得舆论的批判热情十分高涨，出现了严重的"扩大化"现象，导致整个高速铁路的发展面临口诛笔伐的恶劣局面。另外,在善后工作和安抚群众方面,铁道部没有立即成立独立的调查小组,迅速调查事实真相并公之于众,以赢得公众的信任和理解,也没有迅速组织专门的安抚小组对受害人家属进行适时的安抚,由于这些危机公共关系措施迟迟不能出现,公众信任度当然就越来越差,让铁道部处于舆论危机的笼罩之中。它带给铁路部门的教训十分深刻,成为公共关系危机处理的反面教材。

四、高速铁路客运公共关系危机的类别

根据以上危机源的分析结论,高速铁路运营中公共关系危机按照不同的标准可以划分为不同的类型。公共关系危机常见类型如下。

(1)按照危机产生的主客观原因进行分类,高速铁路运营中公共关系危机可以划分为人为公共关系危机和非人为公共关系危机。

人为公共关系危机是指因与铁路部门有直接关系的人的某种行为使高速铁路公众形象受到损害的危机。如人为失误造成的高速铁路晚点、参与高速铁路运营的各个环节中的服务人员与旅客发生冲突、工作人员不尽职导致安全事故等。人为公共关系危机在高速铁路运营中是可以预见的,也是可控的。如果高速铁路管理部门在日常工作中注意危机源的卡控并采取相应的措施,有些人为公共关系危机是可以减轻损失甚至是可以避免的。

非人为公共关系危机主要是指不是由人的行为直接造成的公共关系危机。对铁路管理部门来说,引发非人为公共关系危机的事件包括地震、洪水、泥石流、暴雪等自然灾难。对铁路管理部门来讲,这样的公共关系危机大部分无法预见,也不可控制。造成的损失通常是有形的也是可以估计的,这种公共关系危机容易得到社会各界和内部公众的同情、理解与支持,处理得当会让铁路管理部门赢得社会声誉。

(2)从危机存在的形态进行分类,高速铁路公共关系危机可以划分为一般性危机和重大危机。

一般性危机,主要是指常见的公共关系纠纷。对企业来说,常见的公共关系纠纷类型有:内部关系纠纷、同业关系纠纷、消费者关系纠纷、社区关系纠纷、政府关系纠纷等。从某个角度来说,公共关系纠纷还算不上真正的危机,它不过是公共关系危机的一种信号、暗示和征兆。只要能够及时处理得当,公共关系纠纷就不会向公共关系危机发展,造成危机局面。

所谓重大危机,主要是指企业的重大工伤事故、重大生产失误、火灾等造成的突发性的商业危机、大的劳资纠纷等。它是公共关系从业人员必须及时面对并处理的真正的危机。在目前的高速铁路运营中,引发重大公共关系危机的事件主要有:高速铁路发生安全事故,导致情况紧急,需要及时处理的事情;高速铁路客运列车在运行中出现设备故障,导致旅客在封闭的车厢内十分难受,并在短时间内无法正常运行;高速铁路运营中出现服务上的质量问题没能及时妥善解决,导致旅客群情激愤。

五、高速铁路客运公共关系危机的特征

高速铁路是当代世界铁路的一项重大技术成就,集中反映了一个国家的科技和工业综合水平。目前我国已经建立并运营的高速铁路线路占全世界高速铁路线路总量的60%以上。随着人民群众生活水平的不断提高,高速铁路运输在客运交通体系中所占的比重越来越大,在运营服务上高速铁路有如下区别于普通铁路的特性。

(1)运营管理公司结构复杂。因投资主体多元化,高速铁路运营管理公司结构相对复杂,这样较普通铁路产生公共关系危机的源头就相应增加。

（2）公益属性与运营属性的对立比较突出。运输服务有着公益的属性，但由于高速铁路投资巨大，投资主体多元，有着一定的投资回报需求，这凸显了高速铁路的公益属性与运营属性的对立。在这样的情况下，高速铁路运营过程中，如果公益属性得不到充分的体现，旅客和公众就会产生抱怨甚至投诉。尤其是在票价方面，普通铁路的票价是非常优惠的，而高速铁路的票价令低收入阶层无法接受，很容易引发公共关系危机。

（3）乘客与社会对高速铁路运输服务的期望较高。高速铁路列车的票价高出普通旅客列车的票价较多，因此人们对高速铁路运输服务的期望较高。同时，高速铁路又是国家的名片，这些都对高速铁路运营服务提出更高的要求。这就不可避免地出现"能力越大，责任也越大"的局面，由于其运输能力大，在春运等一票难求的客流高峰期，高速铁路会成为大众关注的焦点，成为抱怨最多的地方之一。

（4）高速铁路晚点时，较一般列车受到的抱怨和指责要更多。一般长途列车运行时间都超过 20 小时，就算遇到特殊情况晚点 1 小时，旅客几乎没有太大反应。而高速铁路本身就以速度快作为吸引旅客的重要因素，许多列车的运行时间在 4 小时以内，晚点 1 小时对旅客来说非常难以接受。

鉴于以上特点，结合高速铁路运营的实际情况，高速铁路客运公共关系危机的特征如下。

1. 高速铁路客运公共关系危机的广泛性和易发性

高速铁路运营中涉及的管理部门众多、内部管理复杂，服务的旅客众多，社会影响大，从而决定了其被关注的程度远远超过普通铁路，公共关系危机容易在管理的各个方面、各个环节引发，正如之前分析的各类人为原因、设备原因和环境原因，都会成为引发公共关系危机的诱因，这就决定了高速铁路运营中公共关系危机发生的广泛性。在我国客运交通体系中，高速铁路这种新型交通模式处于重要地位，由于其方便、快捷、舒适等优点，成了当前百姓出行主要选择之一，特别是在长假及国家法定假日如春节和国庆等假期期间，由于客流量激增，高速铁路运营管理部门在车次安排、票务策略、车站旅客组织、乘车服务等方面的疏忽，都极易引发公共关系危机。

2. 高速铁路客运公共关系危机受关注度高并且传播迅速

由于高速铁路是一种新型交通方式，其运送旅客的能力较强，广大群众对其运输速度和服务质量期望值很高，不可避免形成"运输能力越大，社会责任也越大"的局面，高速铁路一旦发生公共关系危机就备受关注，成为社会瞩目的焦点。在网络环境下，人们通过微信、微博、QQ、论坛等方式迅速转发视频、图片等资料，特别是一些网民在发送的过程中按照自己的理解去配上一些负面评论，就使得危机被无限放大，负面影响迅速在网络传播和蔓延。

3. 高速铁路客运公共关系危机所产生社会影响的深刻性

高速铁路的安全运营关系到广大乘客及铁路工作人员的生命、财产安全。因为安全事故引发的公共关系危机关系到许多旅客和职工正常生活秩序，尤其是我国高速铁路的发展对国民经济和地方经济发展的拉动作用很大，甚至可以说对整个社会和谐稳定、健康发展都有着不容忽视的重要作用，一旦发生公共关系危机，直接和间接涉及的行业和人员众多，使得国家经济发展、社会进步的各个方面都受到广泛的和深刻的影响。

4. 高速铁路客运公共关系危机产生破坏后果的严重性

由于高速铁路运营领域中公共关系危机发生后，铁路企业有形资产和无形资产都会面临重大损失。

5. 高速铁路客运公共关系危机的发生和演化的高度不确定性

高速铁路客运公共关系危机管理工作从部门来讲，涉及车务、工务、机务、电务和车辆等职能处室；从人员来讲，涉及内部职工、广大旅客和媒体人士等，从而决定了影响高速铁路安全运营的因素众多，公共关系危机诱因的产生极其广泛，涉及设备因素、环境因素和人为因素等各个方面，从而导致了高速铁路公共关系危机发生的不确定性。管理者判断错误、指挥上的过失，现场职工的违规作业，制度规范的固有缺陷，自然条件突然变化，心怀不满者的人为破坏，如此种种的原因都完全可能引发公共关系危机的产生。危机发生之后，社会大众的高度关注、传统媒体的竞相追逐、网络消息的无孔不入，都对高速铁路这一新生事物形成"高压态势"，使得危机演化的动态性极强，从而导致危机演化的高度不确定性。

6. 高速铁路客运公共关系危机的高度急迫性和突发性

高速铁路客运公共关系危机发生的不确定性、涉及面的广泛性、影响的严重性、演化的高度动态性，决定了危机的产生可能是毫无预兆、突然爆发的。因此高速铁路公共关系危机预警方案就具有无比重要性，危机响应和危机救援就在时间上具有高度紧迫性、空间上具有高度广泛性，必须立即响应、全方位响应，方能化解危机，让高速铁路运营管理部门在危机中处于主动，不被媒体和大众所质疑。

任务二　高速铁路客运公共关系危机预防

一、危机发展阶段与识别

根据危机的形成和发展过程，大致可以将危机所经历的过程划分为四个阶段。

1. 潜伏期

潜伏期表现为若干小问题，往往不被人注意。

2. 爆发期

爆发期表现为各种问题的总爆发，而且杀伤力极大，问题较为集中。

3. 处理期

制订应急解决方案并具体实施，以消灭危机。

4. 总结反思期

通过危机获取教训，并进行系统的反思，以期彻底根除和化解危机，避免发生其他危机。

凡事预则立，不预则废。针对危机的四个阶段，最佳的危机管理阶段是第一阶段，即在危机的潜伏期发现并消除危机隐患。"使用少量钱预防，而不是花大量钱治疗"就是这个道理。

对于一个组织尤其是高速铁路运输企业而言，预防危机的难度在于危机的先兆往往很细微，非常容易被忽略，也可能出现频率很高，以致麻痹了决策者的神经；再者就是可能从先兆出现到危机爆发的时间极短，当事者根本无暇顾及和反应。

危机预测和识别的途径很多，大到经济形势的走向，小到员工的一言一行，都可能是危机先期的征兆。对于决策者来说，应做到时刻关注和分析国家宏观政策信息，及时调整本组织的战略方针；关注行业走势及竞争对手动态；时刻关注和收集媒体信息。

二、危机预防的基本措施

公共关系危机的发生看似是突然之间到来的，但实际上研究每个危机事件都可以看出，除了不可抗拒的客观因素外，许多主观因素所造成的危机在爆发前已有征兆，造成危机发生的因素已有潜伏，因而，组织应采取积极的态度和相应的预防措施，在危机发生前有所预防，尽可能地把危机"扼杀"在"萌芽"之中，或事先有所准备，在危机发生时能较为从容地采取措施。

对高速铁路客运企业来说，比较可行的预防危机的主要措施如下。

1. 树立全员公共关系意识

树立全员公共关系意识就是要树立居安思危、未雨绸缪、防患于未然的思想。每位员工都要具有高度的主人翁责任感和警惕性，从自身做起，从小事做起，努力维护企业的形象，增强质量意识、服务意识、创新意识，不满足于现状，积极进取，并留心观察潜伏的危机，将危机消灭于萌芽状态，搞好危机的预防工作。

2. 审视自身弱点，完善企业的管理系统

检查一下什么是最容易让本组织受到伤害的问题。直面现实，检查所有的操作，提出尖锐的问题，找出潜在的问题，并且设计出防范危机的最佳处理方式。同时，依靠健全的组织机构和完善的管理系统，将危机损失降到最低限度，或消灭于萌芽状态。现在已有不少企业已经开始导入较为先进的管理体系。比如，荣事达的"零缺陷"管理体系，海尔的"日事日毕，日清日高"的"OEC管理法"，小天鹅的"末日管理法"，等等。很多企业正逐步导入企业资源规划（ERP）系统、客户关系管理（CRM）系统、呼叫中心管理系统等。导入规范、有序、职责明确的管理系统能在很大程度上预防危机的产生。

3. 保持良好的媒体关系

建立起与媒体长久的、融洽的、互信的关系对危机管理非常重要。如果平时缺乏与媒体真诚有效的沟通，在危机到来的时候就会有一种"临时抱佛脚"的仓促感，公共关系危机难以处理好。

4. 建立、健全危机预警防范系统

1）灵敏的预警系统

为了预防危机的发生，防患于未然，组织应设立自己的情报信息网络，保持沟通联络，建立预警系统。首先，员工与管理者之间要建立起开放、双向而畅通的沟通渠道，这样员工可以随时随地识别企业极为细小的弱点和缺陷，从而及早发现并改正，杜绝危机的隐患。其次，找到一个第三方，与其沟通相关信息并建立盟友关系。

2）制订完整的危机处理计划

计划要简短和扼要，并经常更新，内容包括可以被迅速执行的材料和流程。

3）模拟准备

处理公共关系危机的模拟演练可以锻炼员工在紧急情况下冷静处理问题的能力，积累处理公共关系危机的经验。要让所有人熟悉情况，这样，一旦需要，他们就能镇定自若地用有效的沟通来帮助公司正确地处理出现的问题。

5. 积极进行日常公共关系维护

注重平时的积累，建立社会组织与社会公众的良好关系。

三、危机的预防方案

危机的预防方案应包括：对组织潜在的危机形态进行分类；制订预防危机的方针、对策；为处理每一项潜在的危机制订具体的战略和战术；确定可能受到危机影响的公众；为最大限度减少危机对组织声誉的破坏性影响，建立有效的传播沟通渠道；对方案计划进行试验性演习。以下介绍如何策划整个危机预防方案。

1. 组建危机管理小组

实际上任何公司都需要危机管理措施，唯一不同的是根据组织的性质和大小，其实施情况有所变化。无论怎样，我们都要抓住问题的关键，那就是组建危机管理小组来制订或审核危机处理方案及其方针和工作程序。这是一切工作的开端，也是保证危机管理有序进行的关键。因为，组建危机管理小组将证明组织对其行为认真负责的管理态度。

危机管理小组行之有效的工作，可厘清危机险情，以便一旦发生危机，组织管理层能将其遏制，减弱其对组织声誉造成的危害，并能使组织战略由反应型的应付行动转变成主动型的积极行动。

1）危机管理小组成员的挑选

小组成员应由职位相对较高的公司经理或其他专业负责人员组成。这些人员要经过仔细挑选，应考虑其个人素质和才能（如：视野宽阔、处事冷静、决策迅速、表述清楚），他们个人在组织中的地位、身份，以及他们对组织和组织所在行业和政治环境的了解。小组领导要认识到各成员不同的风格及价值，并将他们有机地组合在一起。

2）危机管理小组的作用

危机管理小组的作用包括：全面、清晰地对各种危机情况进行预测；为处理危机制定有关的策略和步骤；监督有关方针和步骤的正确实施；在危机实际发生时，为工作提供指导和咨询。

对危机进行成功管理的秘诀在于认识外部公众决策过程的特性。组织应追踪一些团体或个人的观点和态度，然后根据其对组织影响的轻重程度进行排序，并为处理存在的问题拟订方案。组织要实现其目标，必须得到外界团体在各个时期不同程度的支持，因为他们的能力及影响力直接关系到组织目标的实现。

2. 制订危机防范方针与策略

1）制订危机防范的方针

危机管理小组的关键作用在于尽可能确保危机不发生。因此，他们应该针对组织存在的危险情况制订涉及全公司的危机防范方针政策，并确保组织各部门管理者不仅有实施这些政策的资金和其他资源，而且还有明确的责任。

2）为每项潜在危机制订策略

企业有必要确定面对各种潜在危机应做出的具体反应，或对其进行分类。

3. 撰写危机管理方案

在完成上述审核工作，并对危机进行了分类，明确了分工责任，制订了人员召集步骤之后，就应撰写危机管理方案。这些成文的书面方案应该发放给各有关部门，并定期更新（特别是一些关键人物的联系方式），以确保方案在危机来临时发挥最大的效用。

4. 对方案计划进行试验性演习

危机演习的每一阶段均要有称职的观察人员来监控。他们可以是外聘顾问，或较为称职的公司管理人员，但他们在真正的危机中并不承担重要角色。

任务三　高速铁路客运公共关系危机处理

企业随时都会面临各种各样的危机，当危机发生之后，危机处理是一项重要而专业性强的工作。迅速有效地处理危机，可以将危机转化，甚至化解，将企业损失降到最低。

一、处理高速铁路客运公共关系危机的原则

高速铁路客运企业公共关系部门在处理危机事件、实施危机公共关系时，必须按照一定

的处理原则，妥善地加以处理，用稳妥的方法赢得公众的谅解和信任、尽快恢复高速铁路客运企业的信誉和形象。

1. 迅速反应原则

不管发生什么事情，要第一时间做出反应，不能拖，不能等着大事化小、小事化了。在现代网络社会，一石激起千层浪的事情数不胜数。因此高速铁路客运企业必须在事件开始阶段积极化解，而不是等事态扩大到无法收拾的地步再采取应对措施。加拿大企业危机管理专家唐纳德曾说过："危机发生的第一个24小时至关重要。如果你未能很快地行动起来并已准备好把事态告诉公众。你就可能被认为有罪，直到你能证明自己是清白的为止。"

2. 开诚布公原则

高速铁路客运企业在处理危机事件的时候，无论是对内部公众，还是对新闻记者、受害者、上级领导等，都不能隐瞒事实真相，而要实事求是，以争取主动，求得公众的了解和信任。

公共关系危机一旦爆发，通常情况下，都会使公众产生种种猜测和怀疑，同时也会引起政府部门、社会公众和相关媒体的关注与报道，有时新闻媒体甚至会有扩大事实的报道。此时，作为事件的当事人，要想取得公众和新闻媒介的信任，必须采取真诚、坦率的态度，告知公众事实真相。越是隐瞒真相越会引起更大的怀疑，所以高速铁路客运企业只有坦诚地公布信息，才能打消公众的质疑。

公共关系案例

德国高速铁路 ICE 出轨事故

一提到德国制造，我们想到的往往是其产品经久耐用、值得信赖。德国工业产品品质优良、技术领先、做工精细，在全世界都享有盛誉。

1991年6月，德国城际特快列车（简称ICE）正式投入运营。代表高科技的ICE是世界上最快的列车之一，通达德国各地，并且以豪华舒适和极高的安全性著称，其号称世界上最安全、最先进的列车。ICE列车高速行驶了7年无一例死亡事故，成为德国人自豪的资本。但是，1998年6月3日，一辆从德国慕尼黑开往汉堡的高速列车却在途中突然脱轨，造成了世界高速铁路历史上第一次严重的伤亡事故，打破了德国制造的神话。

德国高速铁路突发严重事故

1998年6月3日5时47分，一列编号为884号的德国ICE列车驶离慕尼黑车站，前往汉堡。这趟列车共搭载了400多名乘客，此次行程全长共计850 km，中途停靠7个站，通常5小时45分钟左右便可抵达目的地。该车配备有计算机监控系统，12节由强化铝合金打造的豪华车厢宛如飞机商务舱。

当日10时56分，884号列车已平安行驶了5个多小时，再过40分钟左右，列车便可抵达目的地汉堡。突然，一声巨响打破了车厢中的平静，第一节车厢中的乘客吃惊地看到，一截巨大的金属条从车厢地板下贯穿而出，将地板捅出了一个大洞，卡在两个座位之间的扶手上。但此时列车仍在以200多km的时速行驶，受惊的乘客纷纷离开车厢，寻找列车长并告知这一令人惊恐的情况。然而，列车长却表示，根据高速铁路的运营管理制度，他必须先查看详情，才能核准启动紧急刹车。

10时58分，整趟列车已经开始左右摇晃。此时，列车正在向距离汉堡130 km的埃舍德镇疾驶。在这个小镇附近，有一座横跨高速铁路路轨的水泥双线路桥。

10时59分，车长和报告列车异常情况的乘客来到第一节车厢，正在乘客准备向车长指出受损位置时，灾难降临了——正在高速行驶的884号列车突然脱轨，急速冲向埃舍德镇路桥。短短的一两分钟内，400多米长的列车就冲出了轨道，将300 t重的双线路桥撞得完全坍塌。列车的第1节车厢被高高抛向空中，又重重地摔到地上，其后的8节车厢依次相撞，横向挤压在一起。

11时05分，也就是事故发生后的6分钟，接到报警后的第一批消防车和救护车抵达现场，该地区的医疗和救援机构全部进入紧急状态。随后,紧急事故处理小组成立,大批救援人员赶到事故现场展开搜救,救援工作全面展开。

由于事故现场损害程度严重,救援人员必须防止路桥残骸进一步坍塌,以防对车厢内的幸存者造成二次伤害,因而救援工作难度很大。虽然投入了大量救援人员及大批的大型起吊设备,但整个救援工作依然持续了整整3天。据事后统计,这场严重的高速铁路出轨倾覆事故共造成101人遇难,88人重伤,106人轻伤,事故现场如图7-2所示,救援人员全力抢救伤员如图7-3所示,车轮钢圈脱落情况如图7-4所示。

图 7-2　事故现场

图 7-3　救援人员全力抢救伤员

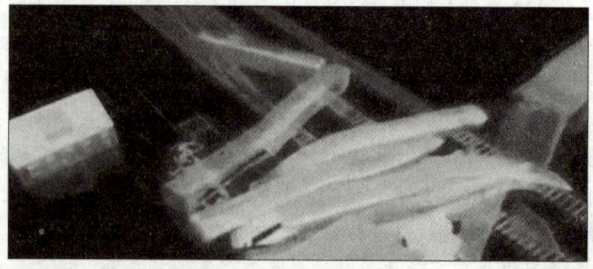

图 7-4　车轮钢圈脱落情况

突如其来的高速铁路出轨倾覆事故令德国举国震惊。德国《明镜》周刊用"德国的泰坦尼克号事件"来形容此次事故。文章称,此次事故标志着德国人对"技术崇拜"的结束。虽然"技术崇拜"有所动摇,但依然秉持着"专业精神"的德国人,开始了近乎惊人的救援和调查。时任德国交通部长的马蒂亚斯·魏斯曼在媒体前向德国公众保证:"对此次事故的调查绝不允许蒙混过关,不允许半点掩饰和含糊,一定要清查到底。"

事故发生后,德国各相关部门迅速做出响应。6月4日,也就是事发后的第二天,德国铁路公司实行紧急列车时刻表,多辆列车被取消,多条线路被缩短,并且降低了全线高速列车的时速,同时开展了全面的行车安全检查专项行动。随后,德国铁路公司又决定停止运营全部60辆与884号列车型号相同的城际特快列车,并对其进行彻底的超声波安全检测。同时,为了查清事故原因,在德国联邦铁路局的组织下,一支独立的特别调查小组迅速成立,对事故原因展开全面调查。调查人员首先对事故列车进行了全面检查,发现列车第一节车厢有一个车轮严重受损,钢圈已经脱落。但是,如果只是一个车轮钢圈损毁脱落的话,并不足以使先进的城际特快列车造成如此重大的事故,一定还有其他因素导致机械故障,进而酿成大祸。

调查人员随即扩大了调查取证的范围。他们从轨道的损伤情形判断,884号列车是在路桥前200 m处出轨的,此处正好是当地支线和主线的交会点。按照高速铁路工程设计要求,为了引导列车安全通过,铁路交会点处会加设护轨。但调查人员却发现,此处有一截护轨被拔离铁轨,不知去向。

随后,调查人员在事故列车的第一节车厢内找到了这截护轨,这截巨大的护轨在车厢地板和天花板上刺出深深的坑洞。经过全面勘察及技术鉴定,调查人员得出结论:由于金属疲劳,884号列车第一节车厢的一个车轮钢圈脱落,这个破损脱落的钢圈呈竖直状挂在高速行驶的列车下,一路刮磨铁轨。在经过出事地点前的交会点时将护轨铲起,铲起的护轨猛地从底部插入车厢,巨大的冲击力造成铁轨交会点发生松动,首节车厢驶过交会点后继续沿着主线行驶,但后面的车厢被导向错误的轨道,驶向当地的支线。最后方向失控的车厢迎头撞上路桥的桥柱,致使整个桥面垮塌并砸在列车上,而后部的车厢则在惯性的作用下,继续高速向前冲,最终挤压在堆积的桥面废墟上,顷刻间酿成一场悲剧。事故救援现场如图7-5所示。

图7-5 事故救援现场

事故教训

德国城际特快列车运营之初,列车使用的是单壳式钢轮,但在通车后不久,高速铁路公司就发现当列车高速行驶时,车轮所产生的噪声和震动会传到车厢。为了解决这一问题,提高乘客乘坐的舒适性,高速铁路公司决定修正车轮构造,用箍着钢条的双壳式车轮取代单壳式车轮。

传统的单壳式车轮由整块厚实的钢铁铸成,更新后的双壳式车轮则采用内轮外加钢圈的结构,中间夹有橡胶垫,以此减少震动及噪声,维持行车时的平稳。这种双壳式车轮有一个致命的缺点,在列车运行过程中,因相互间的挤压和自动伸缩极易出现金属疲劳现象,最终逐步老化直至爆裂。在事故发生之前,检修人员对高速铁路列车进行安全检查时,忽视了金属疲劳。他们日常使用的检修工具一般只有手电筒,仅能发现最大和危险系数最高的裂缝,但无法在早期发现因金属疲劳造成的细小缺口。

事故原因查明后,德国铁路公司拆除了高速铁路列车上所有的双壳式车轮,重新换成了单壳式车轮。时至今日，尽管德国在橡胶轮胎制造方面拥有世界领先技术，但德国高速铁路仍未恢复使用双壳式车轮。此外，在事故营救过程中，由于车窗采用的是防爆玻璃，非常难以打破，给救援工作造成了极大困难。此后，德国铁路公司便启用了新式逃生玻璃车窗，在紧急情况下，工作人员或乘客可以用救生锤从接缝处敲碎这种玻璃。

1999年，德国铁路公司根据对884号列车事故原因的调查研究，公布了一份新的铁路安全方案，施行更为严格的安全规范。该方案强调，要定期对列车进行超声波安全检查，而且至少要有2名工作人员共同检查。同时，方案还指出，在事故中由于列车撞上桥梁，导致伤亡惨重，因而未来新建的铁轨要避开隧道和桥梁等设施。这份安全方案从事故中吸取了教训，并融入日常规则和安全标准之中，不仅使德国民众重拾对高速列车的信心，还被此后许多国家建设高速铁路所借鉴。

事故发生半年之后，德国乘坐高速铁路出行的人数开始恢复。

3. 人道主义原则

危机处理中首先要考虑人道主义的原则。1989年，德国ICE列车发生特大铁路事故6分钟后，警车、消防车和救护车抵达现场，德国红十字救援协调中心宣布邻近地区进入紧急状态。事发20分钟后，为了确保重伤员能够第一时间被救助转移，德国铁路部门于7分钟后停驶所有列车；事发一个半小时后，所有被找到的重伤者都被转移到附近医院，24架直升机，60名医护工作者和150名救援人员到达现场。现场迅速搭起帐篷，就地诊治轻伤者。高速铁路事故发生后，当地政府和德国铁路公司迅速展开搜索和救援。把抢救和安置伤亡旅客放在第一位，这正是人道主义原则的高度体现。

4. 维护信誉原则

英国危机管理专家里杰斯特说："公共关系在危机处理中的作用是保护企业的声誉。"这是危机处理的出发点和归宿。企业的声誉是企业的生命，而危机的发生必然会在不同程度上给企业声誉带来影响，甚至造成难以弥补的损失，危及企业的生存。在危机处理的全过程中，公共关系人员要努力减少危机给企业声誉带来的损失，争取公众的谅解和信任。

5. 冷静统一原则

在公共关系危机来临的时候，高速铁路客运企业对危机的处理必须遵循统一的原则，即信息发布的口径要统一，避免出现多种不同声音，造成外界重大的猜疑和混乱。高速铁路客运企业的行动、目标及协调活动都要统一，甚至包括企业的人力、物力、财力和各机构部门都应统一在最高危机处理小组的领导下，以企业的全部力量尽快平息危机给企业带来的不良影响。

6. 勇于承担责任原则

企业与公众之间的关系一旦发生危机，最有成效的办法就是协调好各种利益关系，尤其要照顾受害者的利益，危机处置情况将关系到企业的舆论状态的改变和形象的改变。很多企业往往开始怕引火烧身，避之不及，结果恰恰是烈火焚身。也就是说，公众的利益高于一切，应该是高速铁路客运企业危机处理的一条重要原则。高速铁路客运企业应该有强烈的社会责任感，无论危机的后果有多么严重，作为企业都应该勇于承担责任，做到不推诿、不埋怨，不为自己寻找客观理由，只有这样才能赢得社会公众的谅解和好感。

公共关系案例

埃舍德城际列车脱轨事件：选择记住、反思而非遗忘

1998年6月3日，一辆由慕尼黑开往汉堡的城际列车在埃舍德小镇发生重大脱轨事故。

事故发生后，德国警方和铁路部门首先开展了细致的调查工作并将事故发生的真相和细节一一予

以公布。紧接着，德国铁路公司采取了相应的技术整改措施，取消了橡胶内圈加外钢圈的新型车轮，重新用上了老式的整体全钢车轮。

除了信息公布及时、透明，很重要的一个善后措施就是赔偿问题。在这方面德国铁路公司可谓尽心尽力。截至2001年，德意志铁路公司向埃舍德事故的受害者支付了共计4 270万马克的赔偿。此后赔偿仍在继续，至2008年，德国铁路公司已总共支付3 200万欧元的事故赔偿金，并预计未来还将支付千万欧元。

三年后，在事故发生地埃舍德镇建立了一个纪念公园，通过栽种101棵樱桃树的方式纪念逝去的101条生命。每年6月，即事故发生的月份，鲜红的樱桃果实和繁茂的枝丫相互衬托，象征着事故的受害者彼此扶持，相互照顾。在纪念公园中央还竖着一块长8 m、高2.1 m的纪念碑，上面刻着101位遇难者的名字及他们的出生年月、家乡信息。从死者的姓名看，很多是一家人。碑文上写着：愿死者在上帝的手中安息，也希望活着的人化悲痛为力量、紧密团结。

在大门的侧面刻着这样的文字："1998年6月3日，10时58分，ICE884伦琴号在这里发生严重的出轨事故，101人在此次事故中遇难，他们的家庭被彻底破坏，更有数以百计的人严重受伤，这些伤痕将伴随他们一生。在这场灾难面前，我们看到了人类的渺小和短暂，还有我们的不足。那些舍己救人的救护人员、当地的市民们为我们做出榜样，他们完成了巨大的任务，也给了他人莫大的帮助和安慰。通过他们的行动，我们也在埃舍德看到了团结一心和人与人之间的真切情感。"

埃舍德公园正式建成后，每年都有大批参观者到这里进行哀悼和反思。建造该公园的目的为：一是纪念逝者，二是让人记住高速铁路事故，三是提醒后人，四是让人反思，五是愈合伤口。埃舍德公园如图7-6所示。

图7-6　埃舍德公园

值得一提的是，事故发生后，车厢并未被废弃或掩埋，这辆列车的全部残骸都被铁路公司回收。其中两节车厢，以及现场100 m长的铁轨，和22个单个重量达8 t的转向架被保留下来作为法庭所需的证据。在事发后长达5年的调查和审判期间，这些车厢供调查机构研究、取证。这些残骸"退休"后，平时停在德国铁路博物馆里，有活动时，就成为展览中最宝贵的"教材"。

德国对高速铁路事故的善后处理，不仅是赔偿、纪念和反思，而且还追究了相关人员的法律责任。4年后的2002年8月，与这一橡胶内置车轮技术有关的3名嫌疑人被告上法庭。这三人分别是德意志铁路公司的一位部门负责人、联邦铁路技术高级委员会的一位官员和车轮制造厂商的一位工程师。不过，9个月后，法官宣布，对这3名被告的司法程序中止，3人不承担重大责任，但须支付1万欧元的赔偿金。此外，在事故列车上未及时拉下紧急刹车闸的一位乘务员，在2002年9月被判无罪。至此，德国高速铁路事故相关责任人已走完司法程序。

从以上案例可以看出，德国铁路公司在遇到事故责任问题时，既不封锁消息，也并不像日本那样上下惶恐甚至以自杀来谢罪，而是以理性的心态面对责任，以真诚的态度面对受害者或客户，通过及时公布已知信息、随后进行深度调查、必要时给予赔偿、对责任进行深刻反思等步骤来处理问题，赢得了社会的尊重和理解。

二、处理高速铁路客运公共关系危机的基本程序

危机中的公共关系活动，这是公共关系活动的一种特殊表现形态，是高速铁路客运企业公共关系水平的综合体现。有效地开展危机公共关系活动有助于高速铁路企业在广大公众心目中树立一种特殊的"危机公共关系形象"，且有助于提高高速铁路客运企业的公共关系水平，提高高速铁路客运企业成员的公共关系意识。因此，不能将危机事件完全看成坏事，它也可以转化为"好事"。正因为如此，必须制订一个反应迅速、正确有效的危机处理程序，防止公共关系危机中的重复和空位现象。

1. 迅速反应，成立危机处理小组

高速铁路客运企业遭受突发性的公共关系危机，往往是猝不及防的，然而在此关键时刻，需要的是冷静，并采取紧急措施，防止事态的蔓延。因为现代社会信息传播高度发达，高速铁路客运企业的公共关系危机事件随时可能被迅速传播，如不加以紧急控制，就可能使高速铁路客运企业遭受"灭顶之灾"，损失惨重。而采取紧急措施，一方面可以使高速铁路客运企业的形象与声誉损失降到最低点；另一方面则赢得宝贵的时间，以便高速铁路客运企业能了解危机事件真相，并妥善处理危机。危机发生后，高速铁路客运企业要做的第一件大事，就是成立危机处理小组，这是有效处理危机事件的组织保证，其成员有企业领导、有关部门负责人（包括公共关系部门负责人）、新闻发言人和有危机处理经验的人员等。

2. 深入现场，了解真相

危机发生后，高速铁路客运企业最高层领导第一时间亲临现场，查看情况，指挥抢救，并责成专业人员调查危机事件，进一步弄清危机事件发生的时间、地点、原因、人员伤亡、财产损失等，并根据情况做出相应决定。

以上是危机处理中重要的一步。中外成功的危机公共关系案例都有一个共同的特点，就是领导人亲赴第一线。领导人亲赴第一线，给人一种企业敢于负责，有驾驭能力，有诚意解决危机的印象。

危机发生后，可能会发生众说纷纭甚至谣言四起的困难局面。要迅速控制这种局面，就必须及时、全面、深入地了解事实。所谓"及时"，就是要牢牢把握好第一时间；所谓"全面"，就是要了解事故发生的全部情况；所谓"深入"，就是要充分、细致地了解事实，不仅要了解关于危机的种种细节，而且要掌握危机起因的各种说法，危机延续下去的各种可能，对危机发展的各个阶段、介入的各个层面的情况都要全面了解和把握。

3. 控制事态，减少损失

危机发生后，要迅速采取一切措施，控制事态，减少损失。损失是多方面的，要全面认识：既要看有形的，又要看无形的；既要看眼前的，又要看长远的。

4. 针对对象，确定对策

这是危机处理的关键，高速铁路客运企业在对危机事件有了比较全面、清楚的了解之后，就要针对对象，确定对策。在对危机事件真相调查分析的基础上，要针对不同的对象确定相应的对策。这些对策大体上包括以下几个方面。

1）针对企业内部的对策

判明情况，采取措施，通告内部全体人员，奖励处理危机事件的有功人员，处罚事件的责任者，并通告有关部门，以平息众怒，求得公众的理解、同情、支持和合作。

2）针对受害者的对策

认真了解受害者的情况，实事求是地承担相应的责任，并诚恳地道歉；冷静地倾听受害者的意见，及时了解和满足有关赔偿损失的要求。

3）针对上级主管部门的对策

危机事件发生后，及时向上级主管部门汇报，不能文过饰非，更不能歪曲真相、混淆视听。

4）针对其他公众的对策

通过各种渠道向其他公众说明事件情况，介绍事件经过、处理方法和今后的预防措施。可根据事件的性质和造成损害的程度，以企业或个人名义向公众表示歉意。必要时，应该赔偿经济损失。

5. 举行新闻发布会，发布正式信息

在制订初步对策后，高速铁路客运企业要尽快举行新闻发布会，向新闻界介绍危机的有关情况和企业采取的措施，恳请新闻界予以配合，防止不利的消息被传播。在举行新闻发布会时，高速铁路客运企业要有专人作为新闻发言人，保证信息传播口径统一。

6. 联结媒体，主导言论

危机事件发生后，各种传闻、猜测都会发生，媒体也会纷纷报道。这时高速铁路客运企业应委派"发言人"主动与媒介联络，特别是首先报道事件的记者，以"填补信息真空"，掌握舆论主导权。

7. 多方沟通，迅速化解

这一步主要是争取其他公众、政府和权威机构的合作。这是增加企业在公众中的信任度的有效策略和技巧。

8. 安抚公众，缓和对抗

安抚公众，缓和对抗是危机传播管理的关键一步。一个处于"危机"之中的企业，倘若想的是如何去掩盖、去搪塞、去自我表白，那么等于在给自己裹绳索，让自己跳陷阱，原本很快就可以度过的危机，可能成为一场重大危机。在"紧急的或困难的关头"，首先应该先去安抚受害公众，真心诚意地取得他们的谅解，积极创造化解危机的条件。

9. 组织力量，积极行动

这是危机处理的中心环节之一。公众、媒体不仅要看企业在新闻发布会上的宣言，更要看企业的行动。危机往往涉及面广，仅靠公共关系人员的力量是远远不够的，因而需要高速铁路客运企业领导人亲临第一线，亲自组织和协调。

10. 高度负责，做好善后工作

对公众来说，善后工作包括赔偿、安慰、关怀等，对于高速铁路客运企业来说，包括搜集、整理、分析媒体对危机事件的报道及危机处理的效果调查等。

11. 认真总结，吸取教训

危机管理小组应对危机处理情况做全面调查、评估，并将结果向高速铁路客运企业决策层、公众和媒体公布。有些重大事故也可采取刊登广告的形式检讨自己。同时，通过总结检查，改进高速铁路客运企业在危机管理方面存在的薄弱环节，将一些经验教训写成书面教材，教育企业的员工，并注意修正危机管理的计划，唤起全体员工对危机的重视。

高速铁路客运企业在平息危机事件后，一方面要注意从社会效应、经济效应、心理效应

和形象效应等方面，评估消除危机的有关措施的合理性和有效性，并实事求是地写出处理报告，为以后处理类似事件提供依据；另一方面要认真分析事件发生的深层次原因，收集公众对企业的看法、意见和议论，总结经验教训，以便改进高速铁路客运企业工作，从根本上杜绝类似事件再度发生。

必须从更高的全过程管理的角度来看待危机，高速铁路客运企业应该从以处理危机为重点转向以预防危机为重点。从这个意义上讲，危机管理比危机处理更高一个层次。

三、处理高速铁路客运公共关系危机的策略

1. 预防为主

预防是应对危机的最好方法，经常进行调查分析，及早发现引发危机的线索和原因，预测将要遇到的问题和危机发生的情况，制订危机处理方案，并通过加强培训树立员工的危机意识。

2. 积极主动

在高速铁路客运企业公共关系危机处理时，无论面对的是何种性质、何种类型、何种起因的危机事件，高速铁路客运企业都应主动承担义务，积极进行处理，即使起因在受害者一方，也应首先消除危机事件所造成的直接危害，以积极的态度去赢得时间，以正确的措施去赢得公众，创造妥善处理危机的良好氛围，而不应一开始就采取消极、被动的态度，追究责任，埋怨对方，推诿搪塞，从而耽误处理危机的时间，造成危机处理的被动局面，引发更大的危机。

3. 动之以情

在危机事件中，公众除了利益抗争外，还存在强烈的心理怨怒，因此，高速铁路客运企业不仅要解决直接的、表面的利益问题，而且要根据人的心理活动特点，采取恰当的心理策略，解决深层次的心理、情感关系问题。

4. 临危不乱

在高速铁路客运企业面临危机之时，很多人都会有惊慌。惊慌的原因一部分是因为没有准备好应对的方案，如果让这种混乱持续下去，就会让危机变得更加严重。因此在面临危机之时高速铁路客运企业要临危不乱，了解情况，分析情况，迅速找出解决之道。

5. 注重后效

高速铁路客运企业公共关系危机处理要注重后效，这是指既要着眼于高速铁路客运企业公共关系危机事件本身的处理，又要着眼于高速铁路客运企业良好公共关系形象的塑造。不能采取头痛医头、脚痛医脚的权宜之计，而应从全面的、整体的、未来的、创新的高度进行企业公共关系危机事件的处理。因为公共关系危机与公共关系机遇并存，所以，公共关系危机的处理必须努力取得多重效果和长期效益。

下篇
沟通技巧

项目八

沟通基础认知

- 沟通的含义
- 沟通的分类
- 沟通的作用

- 能够准确理解沟通的含义
- 能够辨别不同的沟通类型
- 能够深刻体会沟通的作用

📽 本项目知识结构导图

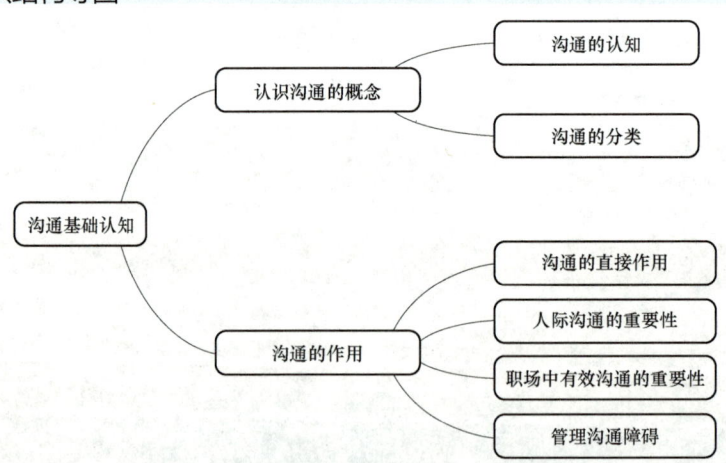

任务一　认识沟通的概念

随着社会的发展，出现了群体活动和行为。在一个群体中，要使每个群体成员能够在一个共同目标下协调一致地努力工作，就离不开有效沟通。成员之间良好的沟通是组织有效运转的切实保证，管理者与被管理者之间有效沟通是所有管理艺术的精髓。沟通是管理的基础，"管理无处不沟通"。

一、沟通的认知

沟通是人与人之间、人与群体之间思想与感情的传递和反馈的过程,它力求思想达成一致并产生感情共鸣。沟通在现代社会中的作用是毋庸置疑的。那么什么是沟通呢?它包括哪些内容?《大英百科全书》指出,沟通是"若干人或者一群人互相交换信息的行为"。这里的沟通是指人与人之间的人际沟通。其实除了人际沟通,沟通还包括自己和自己在思想观念上的交流,也就是自我沟通。美国著名传播学者布农指出,沟通是将观念或思想由一个人传送到另一个人的过程,或者是观念或思想在个人自身内的传递,其目的是使接受沟通的人获得思想上的共鸣。

1. 沟通的含义
本书认为沟通是指沟通者为了获取沟通对象的反应和反馈而向对方传递信息的全部过程。

2. 沟通的目的
沟通有以下 4 个目的。
(1) 控制社会、组织成员的行为。
(2) 激励社会、组织成员改善绩效。
(3) 表达情感。
(4) 传递信息。

二、沟通的分类

我们从出生到成长,在自己的学习、生活、工作中,无时无刻不在和别人进行沟通,每个人对沟通有着不同的理解,根据结构、信息、方式的不同,沟通分为很多的类别。

1. 按结构分
沟通的基本结构包括信息、反馈、通道三个方面,缺少任何一个方面都完成不了沟通行为。沟通按结构划分为非正式沟通与正式沟通两种。研究发现,非正式沟通主要有集束式、流言式、偶然式等形式;正式沟通有链式、轮式、全通道式、Y 式等形式。

2. 按信息流动方向分
沟通按信息流动方向可分为上行沟通、平行沟通和下行沟通三种。

3. 按沟通方式分
沟通按沟通方式可分为语言沟通和非语言沟通,语言沟通包括口头语言沟通和书面语言沟通,非语言沟通包括声音语气(比如音乐等)、肢体动作(比如手势、舞蹈、武术、体育运动等)沟通等。最有效的沟通是语言沟通和非语言沟通的结合。

➡ 小分享(一)

语言沟通的基本要求

- 态度谦虚诚恳。
- 表情亲切自然。
- 语调平和沉稳。
- 充满真挚的感情。

语言沟通的四要素

- 信息性。
- 主题性。

- 真实性。
- 明确性。

小分享（二）

语言沟通的技巧

- 话题的选择

（1）宜选的话题。

① 既定的话题。

② 格调高雅的话题。

③ 对方擅长的话题。

④ 轻松愉快的话题。

⑤ 时尚流行的话题。

（2）禁忌的话题。

① 非议别人的话题，如个人的隐私（年龄、收入、个人物品的价值、婚姻状况、个人经历、宗教信仰等）。

② 有争议的话题。

③ 批评别人的话题。

- 赞美别人的技巧

（1）保持微笑。

（2）找赞美点。

（3）请教也是一种赞美。

（4）间接赞美。

（5）赞美对方的"缺点"。

（6）用心去表达。

- 交谈六不准

（1）不挖苦对方。

（2）不教训对方。

（3）不否定、纠正、补充对方。要善于倾听他人的意见，若不涉及大是大非的问题，一般不要当面否定，让对方下不了台。不要好为人师，别人说一句，你非加一句，显得比别人多懂一点。

（4）不质疑对方。

（5）不与他人争执。

（6）不随意打断对方。打断他人谈话是不礼貌的，但实在非插话不可时，注意在对方谈话告一段落时，自己立即谈自己的看法。

- 禁忌的角色

（1）喋喋不休者。说话过多，难免"祸从口出"，当遇到喋喋不休之人，也不必听之任之，要转换话题或提醒对方。

（2）一言不发者。过于沉默，一言不发，容易在沟通中造成误解甚至不良印象，让人误以为你对话题不感兴趣。

（3）尖酸刻薄者。容易树敌，招人讨厌。

（4）无事不晓者。骄傲的人自命不凡，目空一切，动辄批评别人"愚蠢、糊涂、错误"，越是博览群书、精神富有的人，反而只在自己毕生研究的某一门学问范畴内谦虚地发表意见。

（5）逢人诉苦者。家家都有一本难念的经，谁也不会以听你的诉苦为乐事。

- 交谈的语言

（1）语言要礼貌。注意使用礼貌用语和礼貌称呼。

（2）语言要文明。不讲脏话、粗话、气话、怪话。讲话时不要带脏字、骂骂咧咧；不能语言粗俗；

如对方有不良情绪时，最好不要开口讲话；不要怪声怪气，耸人听闻，更不能黑白颠倒，让人无法辨别真伪。

（3）语言要准确。注意发音准确，内容简明，少用行话，不用土语。

语言沟通将在后面的项目中详细介绍，这里着重介绍非语言沟通。

4. 非语言沟通

1）非语言沟通的概念

非语言沟通是人们运用表情、手势、眼神、触摸等方式，以空间为载体进行的信息传递，是人际沟通的重要方式之一，也是无声语言沟通的一种形式。

美国学者雷蒙德·罗斯认为，在人际沟通中，人们所得到的信息总量，只有35%是语言符号传播的，其余65%的信息是非语言符号传播的。

2）非语言沟通的作用

（1）非语言沟通对语言沟通具有加强作用。

（2）非语言沟通对语言沟通具有辅助作用。

（3）非语言沟通对语言沟通具有替代作用。

（4）非语言沟通对语言沟通具有否定作用（所谓"眼神"骗不了人）。

3）非语言沟通的分类

（1）副语言沟通。

副语言沟通是指有声但没有具体意义的辅助语言（包括音质、音调、语速，以及停顿和叹词等）的沟通应用。副语言虽然有声音，但因为本身没有具体的语义，所以不能称为语言。副语言沟通能传递非常丰富的信息，在某些场合甚至胜似语言。

（2）身体语言沟通。

身体语言既包括先天性的身体特征，如身高、肤色等，也包括后天训练或者塑造的特征，如发型、服饰、化妆、头部动作、身体动作、身体姿态等。总体来说，身体语言能分为形象语言、肢体语言、面部表情语言等几种。

① 形象语言沟通：发型、化妆、服饰。

一个人的形象对信息的传递起着非常大的作用，管理学中有"致命的7秒"这个说法，即对一个人的第一印象通常在7秒之内就已决定。研究表明，看上去有魅力的人往往更容易被人接纳，其说出来的话也更容易被人相信。我们必须清醒认识并且接受一个事实，即自己不仅是作为沟通的对象出现的，还是他人的审美对象。

② 肢体语言沟通：身体姿势、手部动作、头部动作、肩膀动作、身体接触。

身体的姿势与动作被称为肢体语言。肢体语言包括人的身体姿势、身体动作（手部动作、头部动作、肩膀动作、脚势和身体接触等）。

a）身体姿势。

身体姿势包括走路的姿势、站立的姿势、就座的姿势。

走路时要自然、大方，不能给人懒散的感觉。

男士站姿应体现阳刚之美，抬头挺胸，双脚大约与肩膀同宽站立，重心自然落于脚中间，肩膀放松。女士则宜丁字步站立，体现出柔和之感。

在坐姿方面，以大方、舒服为原则。坐得太直，会让人感觉僵硬，坐得太松弛，会让人觉得失礼。

b）手部动作。

手是人类运用最广泛的器官，在非语言沟通中的作用非常大。手部动作是身体动作中最重要、最容易被关注的部分。不同的手部动作，配合讲话者的语言，传递讲话者的心声。

从含义和作用来看，手部动作（手势）可以分为两大类。

（a）功能性手势，主要用来指示事物的方位或描述事物的形状。比如手指前方，向问路的人说"就在前面"。

（b）辅助性手势，主要是自觉或不自觉地配合自己的语言所使用的手势。

辅助性手势示例如图 8-1 所示。

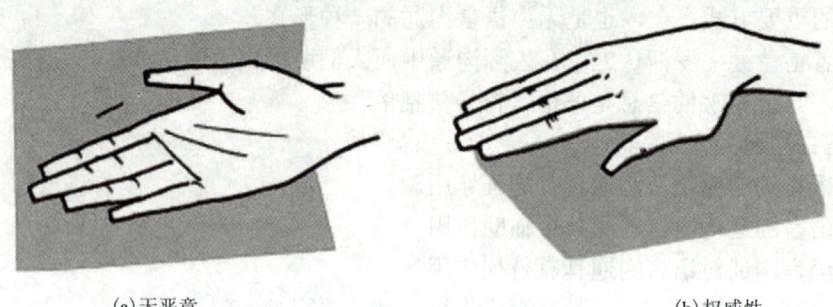

(a) 无恶意　　　　　　　　　　　　　　(b) 权威性

图 8-1　辅助性手势示例

c）头部动作。

头部动作要结合不同的语境来识别和判断。

（a）点头：在对方说话的时候轻轻点头，一般表示理解、认可、赞同、肯定，在和人相遇的时候轻轻点头，则代表"打招呼"和问候。

（b）摇头：摇头一般代表不同意、不认可、拒绝，有时候轻轻摇头还代表对思考中的问题的否决。

（c）低头：一般表示谦恭、臣服、认错、顺从、害羞。

（d）仰头：仰头一般代表着比较激昂的情绪，比如自信、激动、悲愤、不服气等。

d）肩膀动作。

耸肩膀在西方人的沟通中运用较多，一般是耸耸肩膀，摊开双手，表示一种无奈或不理解。受到惊吓的时候，也会紧张地耸肩膀。

e）脚势。

抖脚表明轻松或无聊，跺脚表明兴奋或愤怒，而脚尖的方向，会泄露一个人的倾向。

f）身体接触。

身体接触是沟通双方通过身体某一部位的接触，传递某种沟通信息，最典型的身体接触是握手、拍肩膀、拥抱等。

握手是目前商务交往中最常见的礼仪，握手时的手部力量、姿势和时间长短均能传递不同的信息。

③ 面部表情语言沟通：眼睛、鼻、嘴巴、眉毛、耳朵、脸部表情。

面部表情语言，即通过五官的动作和形态传递信息。

a）眼睛。

一个人眼睛的形态可以反映其喜怒哀乐。

暴露人们心灵秘密的，首先是眼睛瞳孔的变化。在相同的灯光条件下，随着态度和情绪从积极转向消极，瞳孔会由扩张转向收缩，反之亦然。当人们处于兴奋的状态时，瞳孔会比原始尺寸扩大数倍。相反，如果人们处于消极的情绪时，瞳孔就会收缩。

b）鼻。

鼻子在沟通中较少使用，但也会泄露一个人的真实感情。比如，不满的时候，会在鼻子里发出哼哼的声音；愤怒的时候，鼻孔会张大、鼻翼翕动；紧张的时候，鼻子会流汗、鼻尖会发红，说谎的时候，会不自觉地摸鼻子。

c）嘴巴。

嘴的表情是通过上下唇的动作来实现的，比如生气或不屑时，嘴巴往下撇；开心微笑时嘴角上翘；惊讶时张大嘴巴。

d）眉毛。

眉毛除了和眼睛一起，构成仪表的重要部分外，还表现着主人的心情。如眉飞色舞、扬眉吐气、眉开眼笑说明心情很好；横眉冷对说明愤怒；双眉紧锁说明苦恼。

e）耳朵。

激动的时候耳朵会红，撒谎的时候会用手拽耳朵。

f）脸部表情。

脸部表情是情绪的真实写照，大部分人的喜怒哀乐都会表现在脸上。脸部肌肉放松说明心情也很轻松，而脸色阴沉则是遇到了烦恼。脸部所有器官与脸色组合使用形成脸部表情，例如嘴角上扬表达快乐之情，与此相反，当人们沮丧、绝望、愤怒或紧张的时候，就会表现出一种嘴角下垂的不高兴的表情，也就是我们常说的撇嘴。

（3）环境语言沟通。

环境是沟通必备的要素，所有的沟通必然都发生在特定的环境中，通过时间环境、空间环境进行信息和情感的交互。

① 时间环境。

沟通时间的确定，反映出沟通主体对于沟通事项及对象的态度。是迫不及待、越早越好，还是无所谓？是选择对方黄金工作时间段，还是选择无关紧要的时间段？是预留了非常充足的时间，还是利用两个重要日程安排中间的一小段"边角料"时间？是上班时间，还是可以进行更深入交流的下班时间？这些安排都流露出对沟通的重视程度。

② 空间环境。

人们在交际中有四种空间距离——亲密距离、私人距离、社交距离、公众距离。

a）亲密距离：这是恋人、夫妻、父母子女、至爱亲朋之间的交往距离，可分为近位亲密距离和远位亲密距离。

（a）近位亲密距离。在 $0\sim<15\,\mathrm{cm}$ 之间，这是一个亲密无间的距离空间，可彼此肌肤相触，能够直接感受到对方的体温和气息。

（b）远位亲密距离。在 $15\sim<45\,\mathrm{cm}$ 之间，这是一个可以肩并肩，手挽手的空间，可谈论私密内容，说悄悄话。

b）私人距离：这是一个更有"分寸感"的交往距离，可分为近位私人距离和远位私人距离。

（a）近位私人距离，在 $45\sim<75\,\mathrm{cm}$ 之间，在这一距离内，稍一伸手就可触及对方，双方可以亲切握手。近位距离在酒会的交际中比较常见，谈话双方会有一种亲切感。

（b）远位私人距离，在 $75\sim<120\,\mathrm{cm}$ 之间，在这一距离内，双方都把手伸直，才有可能相互触及。由于这一距离有较大的开放性，亲密朋友、熟人可随意进入这一区域。

c) 社交距离：这是体现社交性的、较正式的人际关系的距离，可分为近位社交距离和远位社交距离。

（a）近位社交距离，在 120～<210 cm 之间，在工作环境中，领导对部属谈话、布置任务、听取汇报等一般保持这个距离。在一般的社交聚会上，陌生人之间，客户之间商谈事务时也采用这一距离。

（b）远位社交距离，在 210～<400 cm 之间，这是正式社交场合、商业活动、国事活动等所采用的距离。采用这一距离主要在于体现交往的正式性和庄重性。

d) 公众距离：这是人际接触中的最大距离，是一切人都可以自由进入的空间，可分为近位公众距离和远位公众距离。

（a）近位公众距离，在 400～<800 cm，这通常是小型活动的讲话人与听众之间的距离、教师讲课与学生听课之间的距离。

（b）远位公众距离，在 800 cm 之外，这是大型报告会、听证会、文艺演出时，报告人、演讲者、演员与听众、观众之间应当保持的距离。重要人物在演讲时需要与听众保持这一距离，以便在增强权威感的同时，确保安全。

➡ 小分享（二）

沟通以个体的人为维度，可以划分为：
① 个体内部的自我沟通；
② 个体与个体之间的人际沟通。

沟通以组织为维度，可以划分成：
① 组织内部沟通；
② 组织外部沟通。

任务二　沟通的作用

一、沟通的直接作用

（1）沟通是人类集体活动的基础，是人类交流的前提。沟通使原始部落进化为人类社会。
（2）沟通是现代管理的命脉。没有沟通或者沟通不畅，管理效率就无法提高。
（3）沟通是人际情感的基石。良好的沟通可以造就健康的人际关系。
（4）沟通是人类生存、生产、发展和进步的基本手段和途径。

二、人际沟通的重要性

在职场工作中，沟通是一件很重要的事。

一个人只有与他人准确、及时地沟通，才能建立起良好的人际关系，而且这种人际关系是牢固的、长久的。良好的沟通能够使自己在事业上左右逢源、如虎添翼，最终取得成功。

美国石油大王洛克菲勒说："假如人际沟通能力也是同糖或咖啡一样的商品的话，我愿意付出比太阳底下任何东西都高的价格购买这种能力。"

人与人的交流、沟通如果不顺畅，就容易引起误解，闹出笑话，甚至引起敌视。

人与人的交往，就是一个反复沟通的过程，沟通顺畅，就容易建立起良好的人际关系；沟通不好，闹点笑话倒没什么，但因此得罪人、失去朋友，就后悔莫及了。

现代社会，不善于沟通将失去许多机会，同时也将导致自己无法与别人协作。人不是生活在"孤岛"上的，只有与他人保持良好的协作，才能获取自己所需要的资源，才能获得成功。

三、职场中有效沟通的重要性

沟通是连接人与人的一座桥梁，只有沟通才会使我们的工作和生活变得更加美好。我们强调的沟通不是无效的而是有效的、成功的沟通，在现实生活中我们也能看到一些关于沟通的例子，比如有的单位的员工经常待不了多久就辞职，辞职的员工认为：我每天在做同样的事情，也没人跟我说为什么这么做，这么做的目的是什么？这让我每天很迷茫，感觉自己就是一台机器，没有思想！这就是典型的职场沟通不力！每个人都是一个有血有肉、有想法的活生生的人，不是机器，"不要问为什么，照做就是了"怎么可能让人完全执行到位呢？由此可见，有效的沟通在我们的生活和工作中起着至关重要的作用。有人一直认为，沟通不就是"说话"嘛，这很简单嘛，"说话"谁不会？问题的关键在于：如何进行有效的沟通，如何才能让"说话"达到你的目的，而不是适得其反？有效沟通，首先心态要好，要克服自私、自大、自我的心理，理解、关心对方，换位思考，主动去帮助对方。在单位里，沟通尤为重要，只有沟通有效、顺畅，员工才能了解单位的政策，员工觉得自己是单位的一分子，单位的事就是自己的事，这样上级的指令才能被执行到位。有效沟通能否成立关键在于信息的有效性，信息的有效程度决定了沟通的有效程度。信息的有效程度又主要取决于以下几个方面。

1）信息的透明程度

当一则信息应该作为公共信息时就必须是公开的。公开的信息并不意味着只要简单的信息传递，而是要确保信息接收者能理解信息的内涵。模棱两可的、含糊不清的文字语言会传递一种不清晰的，难以使人理解的信息。此外，信息接收者也有权获得与自身利益相关的信息的内涵，否则有可能导致信息接收者对信息发送者的行为动机产生怀疑。

2）信息的反馈程度

有效沟通是一种动态的双向行为，而双向的沟通对信息发送者来说就是要得到充分的反馈。只有沟通的主、客体双方都充分表达了对某一问题的看法，才真正实现了有效的沟通。

有效沟通能够让员工准确理解单位决策的内涵，提高工作效率，化解组织内部的矛盾。组织决策需要一个有效的沟通过程才能施行，沟通的过程就是对决策的理解和传达的过程。决策表达得准确、清晰、简洁是进行有效沟通的前提，而对决策的正确理解是实施有效沟通的目的。在决策下达时，决策者要和执行者进行必要的沟通，以使决策达成共识，使执行者准确无误地按照决策方案执行，避免因为对决策的误解而造成执行的失误。组织成员之间进行的交流包括物质上的相互帮助、支持，以及感情上的交流、沟通，信息的沟通是将组织共同目标和个人目标联系在一起的桥梁。同样的信息由于接收人的不同会产生不同的效果，信息的过滤、保留、忽略或扭曲是由接收人主观因素决定的，是他所处的环境、位置、年龄、教育程度等相互作用的结果。由于对信息感知存在差异性，就需要进行有效的沟通来弥合这种差异性，以减少由于人的主观因素而造成的时间、金钱上的损失。准确的信息沟通无疑会提高我们的工作效率，使我们舍弃一些不必要的工作，以最简洁、最直接的方式取得理想的工作效果。为了使决策更贴近市场变化，组织内部的信息流程也要分散化，使组织内部的沟通渠道向下一直到最低的责任层，向上可到高级管理层。在信息的流动过程中必然会产生各种矛盾和阻碍因素，只有在部门之间、员工之间进行有效的沟通才能化解这些矛盾，使工作顺利进行。

四、管理沟通障碍

（1）"我以为"的错误。不能以为沟通过，别人就清楚了，不能以为没有反馈就是没有意见了。特别是跨部门的沟通，无论是口头还是书面，更要注意双方是否理解一致。

（2）不敢越级沟通，不敢与高层直接沟通。经常出现员工不敢直接找高层或其他部门负责人沟通的现象，要鼓励员工就相关问题与高层直接沟通。

（3）害怕被拒绝，这是人的本性。在工作中，有一些想法建议，仔细思考后要敢于提出来，不要因为不敢说出来，而白白延误了好时机。

（4）欠缺适当的沟通技巧。一般行业的从业人员，不用在沟通技巧上耗费太多时间，但必须掌握一些适当的沟通技巧。

小测试

沟通能力测试

回答下列问题，测评你的沟通能力。选择与你的经历最相近的答案，进行如实作答。如果你的回答是"从不"选1，"总是"选4，以此类推。把得分加起来，参考"分析"，评定你的沟通技巧。根据自己的回答找出你在哪些方面仍然需要改进。

选项：1——从不　　2——有时　　3——经常　　4——总是

1. 我适时地把适当的信息传递给合适的人。　　　　　　　　　　　1 2 3 4
2. 在决定该如何沟通前，我认真思考信息内容。　　　　　　　　　1 2 3 4
3. 我表现出自信，讲话时信心十足。　　　　　　　　　　　　　　1 2 3 4
4. 我希望对方就我的沟通提供反馈。　　　　　　　　　　　　　　1 2 3 4
5. 我注意倾听并在回答前检查我的理解是否正确。　　　　　　　　1 2 3 4
6. 评价他人时，我努力排除各种个人成见。　　　　　　　　　　　1 2 3 4
7. 会见他人时，我态度积极、礼貌周到。　　　　　　　　　　　　1 2 3 4
8. 我及时向他人提供他们需要与想要的信息。　　　　　　　　　　1 2 3 4
9. 我会观察周围人的表现并将我的意见反馈给他们。　　　　　　　1 2 3 4
10. 我通过提问了解了他人的想法及他们的工作进展。　　　　　　 1 2 3 4
11. 我通过书面或网络方式（电子邮件、QQ、微信等）要求他人向我提供我需要的相关信息。　　　　　　　　　　　　　　　　　　　　　　　　　　　　1 2 3 4
12. 我运用专业的沟通技巧进行沟通。　　　　　　　　　　　　　 1 2 3 4
13. 我通过所有可以利用的电子媒介进行沟通。　　　　　　　　　 1 2 3 4
14. 我把写议论文的规则应用到人际沟通中去。　　　　　　　　　 1 2 3 4
15. 进行工作中的会见、调查时，我使用有效的记录方法。　　　　 1 2 3 4
16. 写重要函件或文件材料时，在定稿前，我常征求可信赖的批评者的意见。　1 2 3 4
17. 我运用快速阅读技巧来提高工作、学习效率。　　　　　　　　 1 2 3 4
18. 做演讲前，我认真准备并多次试讲。　　　　　　　　　　　　 1 2 3 4
19. 在群体中，我发挥着明显的积极作用。　　　　　　　　　　　 1 2 3 4
20. 我进行的一些需要多部门、多人员协调的工作常能顺利完成。　 1 2 3 4
21. 我用软性和硬性方式说服他人接受我的观点。　　　　　　　　 1 2 3 4
22. 谈话前我已经对谈话内容进行了深入研究，并熟知对方的需要。　1 2 3 4
23. 我写的报告结构合理，内容准确、简明、清晰。　　　　　　　 1 2 3 4
24. 提出观点前，我进行了彻底的调查。　　　　　　　　　　　　 1 2 3 4

25. 我努力了解有关听众对组织的看法。	1	2	3	4
26. 我认真考虑其他更擅长某项工作的人员帮助我解决相关问题。	1	2	3	4
27. 我与其他部门工作人员进行有益的接触。	1	2	3	4
28. 我确保与同事思想一致地协同工作。	1	2	3	4
29. 我交给同事的工作是以明确的目标为基础的。	1	2	3	4
30. 我把定期与他人沟通看作重要工作。	1	2	3	4
31. 我积极接受并回应来自他人的反馈。	1	2	3	4
32. 我确定了沟通目标,并且不允许任何行为阻碍这一目标的实现。	1	2	3	4

做完自我测评题目,把各题得分加起来,然后通过阅读相应评语,检查你的表现。无论你的分数有多高,一定要记住:永远有改进的余地。检查一下你在哪一方面做得较差,找到实用的建议和提示以改进沟通技巧。

32~64:你不能有效地沟通,要倾听意见,努力从失败中吸取教训。

65~95:你在沟通方面表现一般,要针对弱点,努力提高。

96~128:你能很好地沟通,但仍要继续提高沟通能力。

小实训

模拟初次见面

见面的头3分钟是你留给他人第一印象最重要的时间段。在一个会议或培训刚开始的时候,如何让大家熟悉起来,是关系会议或培训是否成功的关键,下面的小游戏就可以用于消除大家的陌生感。

时间:20分钟。

场地:教室。

道具:姓名牌。

一、游戏程序和规则

1. 第一步

(1)给每一个人都做一个姓名牌。

(2)让每位同学在进入教室之前,先在名册上核对一下自己的姓名,然后给他一个别人的姓名牌。

(3)等所有人到齐之后,要求所有人在3分钟之内找到姓名牌上的人,同时向该人做自我介绍。

2. 第二步

(1)主持人作自我介绍,然后告诉大家:"很高兴来到这儿!"

(2)主持人快速绕教室走一圈,问:"如果你今天不在这儿,你会在做什么不情愿做的事情呢?"

(3)众人逐个回答。

注意让问答保持在一个轻松活泼的氛围之内。

二、相关讨论

当你在寻找你拿到的姓名牌上的人的时候,你是不是也同时认识了很多其他的人?参与这个游戏,你是不是感觉大家的距离近了很多?

三、总结

(1)主持人一定要注意保持一个积极、幽默的态度,以便让大家迅速地消除腼腆等情绪,这有助于促进大家积极发言。

(2)如果没有调动起大家的情绪,没有积极举手回答问题的人的话,主持人可以有意识地挑选同学进行回答,以调动气氛。

项目九

自我沟通

 知识点

- 理解自我沟通的方法、特点及类型
- 掌握自我沟通的概念及作用
- 掌握自我沟通的方式、作用和过程
- 自我认知、情绪管理、自我修炼

 技能目标

- 能够识别自我沟通的障碍
- 能够利用自我认知技能制订高速铁路客运服务人员的职业规划
- 能够运用情绪管理方法对高速铁路客运服务人员进行情绪调整

▶ 本项目知识结构导图

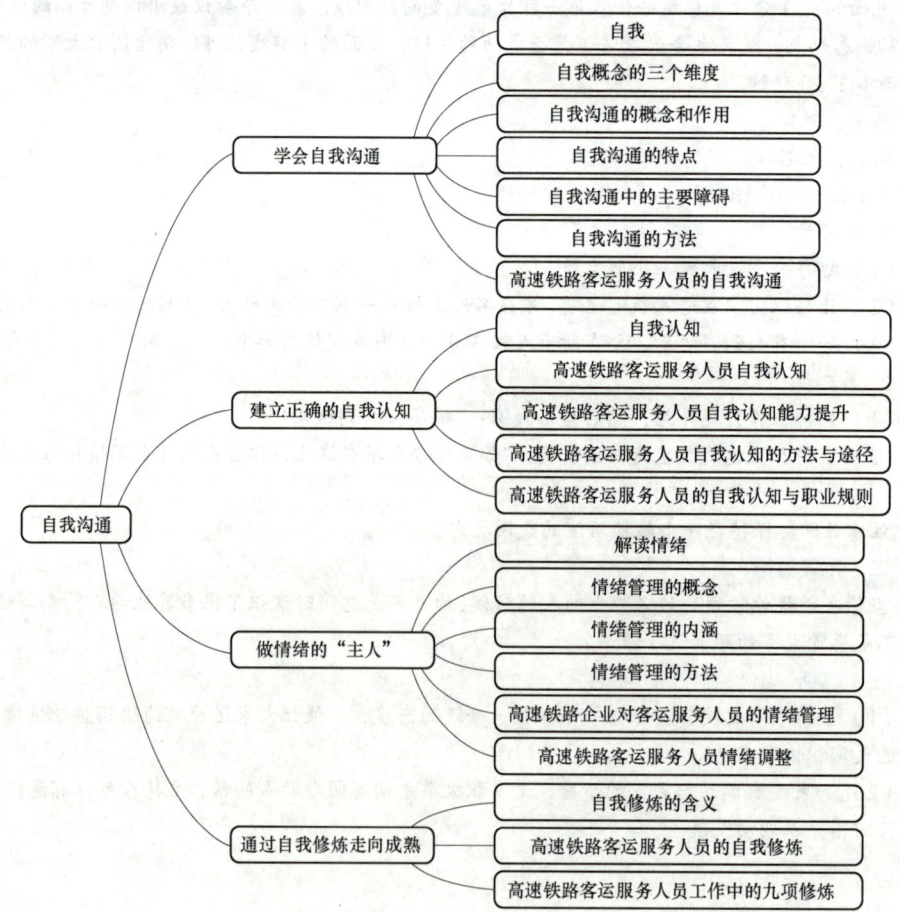

122

任务一　学会自我沟通

一、自我

自我,即一个人对自身存在的体验,一个人通过经验、反省和他人的反馈,会逐步加深对自身的了解。自我是一个有机的认知体系,由态度、情感、信仰和价值观等组成。

二、自我概念的三个维度

自我概念的三个维度:反映评价、社会比较和自我感觉。

1. 反映评价

反映评价就是人们从他人那里得到的有关自己的信息。

如果年轻的时候常得到肯定的评价,你就会有一个良好的自我概念。如果这种评价是否定的,你的自我概念就可能会很糟糕。例如,在学期开始时,老师对一个学生说,你行,你一定会成为一个好学生,这位学生听了以后常常以好好学习作为心理暗示;如果老师说你以后没有什么发展,这位学生可能会消极起来,觉得反正自己不行,懒惰一点也无所谓。

2. 社会比较

在工作和生活中,人们往往将自己与他人进行比较来确定衡量自己的标准,这就是在做社会比较。

例如考试卷子发下来,许多人会问一下自己的同桌是多少分数,自己的朋友是多少分数;走上社会,又和同事比,比谁收入高,谁生活得更好;当自己有了孩子,就比谁的孩子学习好;当担任领导管理一个单位时,就和其他单位比;等等。无论什么人从出生到长大,从家庭到社会,从学习到工作,都是在社会比较中发展和充实自我的。

3. 自我感觉

在年少时,对自己的认识大多来自人们对自己的反应。然而,在生活的某一时刻,你开始用你自己的方式来看待自己,这种看待自己的方式被称为自我感觉。

如果从成功的经历中获得自信,自我感觉就会变得更好,自我概念就会改进。例如,通过自己的能力安排好一次愉快的旅行,自我感觉就非常好。

三、自我沟通的概念和作用

1. 自我沟通的概念

自我沟通也称内向沟通,即信息发送者和信息接收者为同一个行为主体,自行发出信息,自行传递信息,自我接收和理解信息。

2. 自我沟通的作用

自我沟通是一切沟通的基石,现代社会快速的生活节奏让很多人每天都忙于和客户沟通、和同事沟通,闲暇时间则忙着陪伴家人,可能鲜有自我沟通的时间。"知人者智,自知者明",只有自我沟通顺畅,才能真正做到人生的豁达,也才能真正和他人和谐相处。

(1)要说服他人,首先要说服自己。内心真正认同当下所为的积极意义与价值,方能心甘情愿地自觉为之。

(2)自我沟通技能的进一步开发与提升是成功职场人士的基本素质。

（3）以内在沟通解决外在问题。自我沟通是内在和外在得到统一的联结点。

在工作和生活中重视自我沟通的价值，更好地进行自我沟通，会拓宽生命的宽度，让自己的生命更有品质。生活品质在很大程度上取决于沟通能力。要想跟别人顺畅沟通，必须先学会跟自己沟通。良好的自我沟通能力有助于掌控自己的情绪和心态，积极的心态能够影响行动，有效行动可以改变命运。掌控自己的命运，获得成功的人生，必须从自我沟通开始。

想实现卓越的人生，必须自己掌握自己的心境和情绪。遇到困境，要学会自我沟通，尽快排解自己消极、负面的情绪。

小案例

小李和小张是某校高铁乘务专业的同班同学。毕业后，小李进入车站候车室工作，小张则成为一名乘务员。七年后，小李被提拔为候车室值班班长，小张被提拔为列车长。小李一直认为自己能力一般，对于这次被提拔感到十分欣喜，决定继续努力以争取更好的成绩。而小张在校期间对所学专业很感兴趣，成绩优秀，工作后也十分努力，对于七年后，才成为列车长，认为是失败和挫折，感到懊恼、沮丧，但也决定继续努力，做出更多成绩。这个案例说的是个人的自我满足水平并不简单地取决于其获得多大的成功，还取决于个人的抱负水平，以及如何解释成功对于个人的意义。

四、自我沟通的特点

自我沟通的过程与一般人际沟通具有相似性，但在具体要素和程序上有其自身的特点。

（1）主体和客体同一性。自我沟通中的"我"同时承担信息编码和解码功能。

（2）自我沟通的目的是说服自己。自我沟通经常在自我原本认知和现实外部需求出现冲突时发生。

（3）沟通过程连续。自我沟通时，信息输出、接收、反应和反馈几乎同时进行，也同时结束，这些基本活动之间没有明显的时间分隔。

（4）沟通媒体来自"我"本身。自我沟通渠道可以是语言、文字，也可以是自我心理暗示。

五、自我沟通中的主要障碍

与人际沟通相比，自我沟通容易被人所忽视，所以在自我沟通的过程中常常会出现自我认识的盲区和未知区。

约哈里窗这个概念最初是由美国社会心理学界在 20 世纪 50 年代针对如何提高人际交往的成功率而提出来的，用来解释自我和公众沟通关系的动态变化。此理论被引入到人际交往心理学、管理学等领域。约哈里窗如图 9-1 所示，它将人的心灵想象成一扇窗，其中的 4 个区域分别代表个人特征中与沟通有关的部分。

	自知	自不知
人知	区域一 开放区	区域二 盲点区
人不知	区域三 隐秘区	区域四 未知区

图 9-1　约哈里窗

（1）区域一——开放区：自己知道、他人也知道的信息。

（2）区域二——盲点区：他人知道而自己不知道的信息。

（3）区域三——隐秘区：自己知道而他人不知道的信息，这些信息有的是知识性的、经验性的，有的则是创造性思维的结果。

（4）区域四——未知区：自己不知道、他人也不知道的信息，其是潜意识、潜在需要。这是一个大小难以确定的潜在区域。

约哈里窗各区域的范围不是静止的而是动态的，人们可以通过内、外部的努力改变约哈里窗4个区域的分布。当人们开放、隐秘的信息变大了，那么其盲点和未知的信息相对就变小了。盲点、未知这些制约和影响人们潜能发挥的因素，必须依据全新的团队互动式学习方法，理性而大胆地应用反问、回应、分享等手段，才可以不断冲破人们内心的阻力，使个人和组织思维中的盲点越来越少，未知充分披露，从而达到个人素质提升和组织效率提高的目的。

约哈里窗理论有助于人们发现盲点、开发潜能。

✉ 小案例

同一乘务组不同乘务员偶尔会产生矛盾，如果不妥善解决，问题就会复杂化。

某铁路局集团公司京广高铁乘务组乘务员大陈和小赵是同事，发生矛盾后，两人吵了起来，小赵向领导提出更换乘务组的要求。

乘务长分别找两人谈心。问他们愿不愿做团结协作的好同事，想不想共同为旅客服务，共同参与高速铁路大发展的历史进程。两人都进行了有效的自我沟通，运用约哈里窗理论，认识自己的不足，找出对方的优点，重新成为好同事。

六、自我沟通的方法

学会自我沟通，在工作和生活中重视自我沟通的价值，更好地学会和自己相处，将拓宽生命的宽度，让自己的生命更有品质！

自我沟通可能是人们长期忽略却亟待了解的。完美生活来自完美的自我沟通，从呱呱坠地开始，我们就开始自我沟通的旅程，学习认识自己的父母，在家族谱系中寻找自我的人生定位。祖先是自我沟通时间轴的开端，家族则是自我沟通的空间坐标的开始。长大后，我们从更大的时间和空间上确认自己的位置和角色，从与同辈的比较中寻找自己的位置，从工作分工中寻找自我的价值所在。可以说我们时时都在与自我沟通，那么如何让自我沟通更有效、更为自己所用呢？

（1）遇到任何问题、状况与事情时，不要怨天尤人，怪别人甚至怪"老天无眼"，而是要冷静下来，做自我审视与沟通。

（2）自我沟通的首要条件在于认知，认知自己的不足、前方的障碍、所受的限制。

（3）在充分认知自己的基础上，再用心去感觉、去体会、去感悟，使自己的心胸打开，增加自我沟通的内在动力。

（4）"心动不如马上行动"，当自己内心的动力增强后，即刻就要付诸实践，充分发挥自我沟通的作用。

（5）良好的自我沟通能力不可能一蹴而就，必须持续不断，一次又一次地修炼，不可心急，必须一步一步来，方能实现自我沟通的良好效果。

> **小案例**
>
> 某铁路乘务员公寓位于高速铁路枢纽城市,规模较大,每天入住的乘务员非常多。由于公寓楼层较多,所以电梯不会很快到达,值乘高峰期的时候,一些乘务员往往等得不耐烦,便会连续按电梯按钮,有时即便已看见按钮灯亮起,也不停止。许多乘务员觉得只有不停地按,电梯才会来,因此电梯按钮的更换频率很高。公寓管理部门在电梯门边安装了一面大镜子。这面镜子可以让乘务员看见自己的"猴急样",所以只要他们站到镜子前,就会马上变得有礼貌,一个个都成了"绅士淑女"。其实这面大镜子无意中起到了自我沟通的作用。它让人们看到了自我,和镜子中的自我进行沟通和比对,对自我进行定位,然后依据这个定位,人们会改变自己的行为方式,提高个人素养。

七、高速铁路客运服务人员的自我沟通

高速铁路客运服务人员的自我沟通是指高速铁路客运服务人员在服务工作中面向自己的沟通,是个人在客运服务过程中接收外部信息并在自身内部传递、理解、处理信息活动的过程。自我沟通实现了"主我"和"客我"之间的信息交流。自我沟通是其他一切沟通的基础。自我沟通能力也是高速铁路客运服务人员的一项必备能力。

1. 高速铁路客运服务人员自我沟通的方法

高速铁路客运服务人员掌握自我沟通的技巧,在实际的客运服务工作中,可以达到事半功倍的效果。

高速铁路客运服务人员自我沟通的方法主要有受众法、信息法、媒体法等。

1)受众法

受众法就是高速铁路客运服务人员进行自我认知。

2)信息法

信息法就是通过相关学习,寻找各种依据和道理对自我进行说服,这种信息可能来自自身的思考,也可能来自他人(有经验的资深高速铁路客运服务人员或其他有丰富高速铁路客运服务经验的人)的传授和从书本中学来的知识。

3)媒体法

媒体法是指每个个体(高速铁路客运服务人员)根据自己的特点选择相应的沟通渠道。例如,有的人通过写日记的方式表达自己的感情;有的人通过冥思苦想的方式来排解情绪;有的人借助书中的人物来发泄自己的矛盾心态,这些都是不同个体进行自我沟通的渠道和方法。

高速铁路客运服务人员应根据个体的心理、生理特点,以及所处的高速铁路客运服务工作环境,选择最佳的沟通方式。

2. 高速铁路客运服务人员自我沟通能力的提升

高速铁路客运服务人员在工作和生活中要重视自我沟通能力的提升,更好地与自我相处。高速铁路客运服务人员自我沟通能力的好坏,直接影响高速铁路客运服务工作的质量,良好的自我沟通能让自我满意,领导满意,旅客满意,能拓宽生命的宽度,让自己的生命更有品质!高速铁路客运服务人员可以从以下方面提升自我沟通能力。

1)自我认知

本项目任务二将对自我认知进行具体介绍。

2)情绪管理

本项目任务三将对情绪管理进行具体介绍。

3）自我修炼

本项目任务四将对自我修炼进行具体介绍。

📧 小案例

一位列车长的做法

李莎莎当列车长 11 年，管理过的班组有数十个，朝夕相处的乘务人员有几百人。她认为列车长要多和乘务员交流，学会当一名倾听者，利用当班巡视车厢的机会在乘务员值班室坐一坐，与每位乘务员聊聊天，在掌握了乘务员的思想动态的同时，也掌握了工作的全局。李莎莎认为列车长不是高高在上的，自己也是从乘务员做起的，要学会调解乘务员之间的矛盾，而不是纵容和挑拨。班组稳定是列车长努力的结果，班组混乱也是列车长管理的失责。

任务二　建立正确的自我认知

📧 小案例

他该怎么办

云宏，在某企业工作 11 年，现在是该企业的销售部经理。11 年来他一直非常勤奋，孜孜不倦。每天加班加到最晚，工作身先士卒，达不到预期业绩誓不罢休。然而云宏一直有一个性格特点，就是脾气特别不好，动辄向下属发脾气，还常常抱怨其他部门的同事合作度不够。私底下，云宏也常常觉得自己很累，偶尔跟好友闲谈的时候也常常提出疑问："我这样的生活到底值不值得？"云宏很迷惘，但不敢做很大的调整，因为他觉得自己现在拥有的一切，都是通过这样的生活方式得到的。更令云宏头痛的是，他的儿子有时候很怕陌生人，有时候会在学校跟同学打架，常常因为注意力无法集中、欠交作业等问题而受到老师的批评。云宏对此感到非常焦虑，他知道儿子是受自己的情绪和性格影响了，才会变成这样。

一、自我认知

1. 自我认知的概念

自我认知指的是对自己的洞察和理解，包括自我觉察和自我评价。自我觉察是指对自己的思维和意向等方面的觉察；自我评价是指对自己的想法、期望、行为及人格特征的判断与评估。自我认知是自我调节的重要条件。

个体对自我的觉察，或者说意识的形成，是来源于个体被外界环境刺激后，经由记忆和思想产生的反应，因此，在形成记忆之前，个体是不会有自我意识的。如果说记忆是一切思想的基础，那自我认识就是个人对环境的反应。当一个人的记忆和思想达到一定程度后，比如出现了完全来自大脑的思维和想象力，个体的自我意识会更加强烈。我存在、我需要、我想要的想法，不断地通过思维和想象力，加强个体对自我的认知，直到个体有机生命体的结束。故自我认知从大脑记忆力产生开始，伴随记忆力的消失而消失，其是一个不断发展的过程。

个体对于自我的存在，行为和心理的认知会有一个发展的过程，刚开始是比较模糊的，所以儿童会经常出于好奇心而做一些危险的事情。儿童的自我意识是比较朦胧的，只有经过不断地试错，以及学习和思考后，对于自我肌体的存在感才会渐渐成熟，随后才会对各种行为进行有意识的区分，得出哪些行为是危险的，哪些行为是安全的结论，再决定是否要实施。在这一系列行为之后才会产生对自我心理的认知。一般来说，一个人的思维和想象力达到一定程度后才能具备察觉自我心理变化的能力。个体开始区分个人肌体行为和心理行为的差异是自我心理认知的开始。

2. 自我认知的作用

自我认知是一种比较高级的认知能力。对于受教育程度低，或者智力水平低的人而言，也许其终身也不具备自我认知的能力。而对于有些人，其能够准确地运用自我认知能力。心理认知一般来说是一个无限的过程，因为心理活动本身是无限的，它会跟随个人经历和记忆，以及思想和想象力的发展而不断地发展。出现和前一阶段不同的心理活动后，个体对自我的心理认知常常会有一个总结和重新调整的过程。

自我认知的超越状态在于个体认识到自己整个思维和记忆的状况，并能够对自己的心理活动进行控制，从而达到一种忘我的境地或者无我的境地。在这一状态中，这个自我已经认识到我是谁，我和我的思想、记忆的关系。于是这个自我很可能被抛弃或者被摆放到一个特定的位置或空间，可以全面观察自己的心理状态和整个自我的运作情况并有控制能力。从觉察自我，了解自我的性质和运作方式，到抛弃自我以达到无我，是一个超越的过程。生命体的死亡则是自我认知的停止。

如果一个人不能正确地认识自我，看不到自我的优点，觉得处处不如别人，就会产生自卑心理，丧失信心，做事畏缩不前，相反，如果一个人过高地估计自己，也会骄傲自大、盲目乐观，导致工作的失误，因此，恰当地认识自己能够克服这些不切实际的想法，在生活中找到适合自己的位置。

自我认知的核心是自我意识，或叫自我，是个体对自己存在的觉察，包括对自己的行为和心理状态的认知。

3. 自我意识

自我意识是对自己身心活动的觉察，具体包括认识自己的生理状况（如身高、体重、体态等）、心理特征（如兴趣、能力、气质、性格等），以及自己与他人的关系（如自己与周围人们相处的关系，自己在集体中的位置与作用等）。

广义的自我意识指人对自己的属性、状态、行为、意识活动的认识和体验，以及对自身的情感和行为进行调节、控制的过程。

自我意识是一个人对自己的认识和评价，包括对自己心理倾向、个性心理特征和心理过程的认识与评价。正是由于人具有自我意识，才有自我控制和调节，使自己形成完整的个性。

自我意识是人对自己身心状态及对自己同客观世界的关系的意识。自我意识包括三个层次：对自己及其状态的认识；对自己肢体活动状态的认识；对自己思维、情感、意志等心理活动的认识。自我意识不仅是人脑对主体自身的意识与反映，而且人的发展离不开周围环境，特别是人与人之间关系的制约和影响，所以自我意识也反映人与周围现实之间的关系。自我意识是人类特有的反映形式，是人的心理区别于动物心理的一大特征。

自我意识在个体发展中有十分重要的作用。首先，自我意识是认识外界客观事物的条件。一个人如果无法认识自己，也无法把自己与周围相区别时，他就不可能认识外界的客观事物。其次，自我意识是人具有自觉性、自控力的前提，其对自我教育有推动作用。人只有意识到自己是谁，应该做什么的时候，才会自觉、自律地去行动。一个人意识到自己的长处和不足，就有助于他发扬优点，克服缺点，取得积极的自我教育效果。最后，自我意识是改造自身主观因素的途径，它使人能不断地自我监督、自我修炼、自我完善。综上所述，自我意识对人的个性形成尤为重要。

自我意识主要包括以下三种心理机制。

1）自我认识

自我认识是主观自我对客观自我的认识与评价，是自己对自己身心特征的认识，自我评价是在自我认识基础上对自己作出的某种判断。正确的自我评价，对个人的心理和行为有较大影响。如果个体对自身的估计与社会上其他人对自己的客观评价过于悬殊，就会使个体与周围人们之间的关系失去平衡，产生矛盾，时间一长，将会形成稳定的心理特征——自满或自卑，这将不利于个人的心理健康。自我认识在自我意识系统中具有基础地位，属于自我意识中"知"的范畴，其内容广泛，涉及自身的各个方面。进行自我认识训练，重点应放在三个方面：第一，能认识到自己的身体特征和生理状况；第二，能认识到自己在集体和社会中的地位及作用；第三，能认识到内心的心理活动及其特征。自我评价是自我意识发展的主要成分和主要标志，是在认识自己的行为和活动的基础上产生的，是通过社会比较而实现的。由于多数人自我评价能力不强，往往不是过高就是过低，因此，要提高我们的自我评价能力，就应学会与同伴进行比较，通过比较做出评价。还应学会借助别人的评价来进行自我评价，学会用一分为二的观点评价自己。由于自我评价是自我认识中的核心成分，它直接制约着自我体验和自我调控，所以，进行自我意识训练，重点应放在自我评价能力的提高上。

2）自我体验

自我体验是主体对自身的认识而引发的内心情感体验，是主观的我对客观的我所持有的一种态度，如自信、自卑、自尊、自满、内疚、羞耻等都是自我体验。自我体验往往与自我认知、自我评价有关，也和自己对社会的规范、价值标准的认识有关，良好的自我体验有助于自我监控的发展。进行自我体验训练，就是要让自己有自尊感、自信感和自豪感，不自卑、不自傲、不自满，随着年龄增长懂得因做了错事而感到内疚，因做了坏事而感到羞耻。

3）自我监控

自我监控是自己对自身行为与思想言语的控制，具体表现为两个方面：一是发动作用；二是制止作用，也就是支配某一行为，抑制与该行为无关或有碍于该行为进行的行为。进行自我认知、自我体验训练的目的是进行自我监控，调节自己的行为，使行为符合群体规范，符合社会道德要求，通过自我监控调节自己的认识活动，提高学习效率。提高自我监控能力的重点应放在促使一个转变上，即由外控制向内控制转变。一个人自我约束能力较低时，常常在外界压力下被动地从事实践活动，例如只有教师要求做完作业后检查，你才会进行检查，针对这种现象，你应学会如何借助外部压力，发展自我监控能力。

二、高速铁路客运服务人员自我认知

高速铁路客运服务人员的工作对象是旅客，在客运服务工作中要处理各种涉及旅客的事务，要明确自己的角色定位，培养自我认知意识，在工作中加强自我建设。

高速铁路客运服务人员自我认知是指高速铁路客运服务人员对自己的洞察和理解，也就是高速铁路客运服务人员在客运服务工作中的自我觉察，在处理相关问题、事件中对自我行为和心理状态的了解。高速铁路客运服务人员正确认识自我，实事求是地评价自己，是自我调节和人格完善的重要前提，也是做好客运服务工作的重要前提。

三、高速铁路客运服务人员自我认知能力提升

每一位高速铁路客运服务人员都希望通过对自己的深入了解，在心理素质和言谈举止方面得到进一步的提升和改善，使自己的客运服务工作质量得到进一步提高。

提升自我认知的有效方法比较多，但是我们必须认识到自我认知是一个非常复杂而又模糊的概念，因为人很复杂，也时刻在变化，本书介绍一些提升自我认知能力的方法。不论用什么方法提升自我认知能力，都无法速成，都需要长期努力。

（1）人们往往难以做到正确地进行自我认知。自我认知简单来说就是一个人对自己的了解程度。我们总觉得我们了解自己多过别人，因为自己是不会和自己说谎的，自己最了解自己，然而自己对自己的看法往往带有很多主观色彩，难以做到客观。

（2）我们的自我认知会受限于我们的视角。比如此刻你应该注意不到自己的脚掌是什么感觉，可是当读完了这句话之后你肯定能清楚地感觉到自己脚掌的存在。人的意识像手电筒一样，照到哪里我们才注意到哪里，而人的内心又是很复杂的，像一个漆黑的房间，我们永远无法照亮每一个角落。

自我认知度高的人，并不会比其他人"照亮"得更多，但却更熟悉自己。就好像在自己的房间里，有时候就算伸手不见五指，也能大致了解身边的物品，而身处一个陌生的房间里时就做不到这一点。

（3）有的时候我们对自己的认识是混乱的，支离破碎的，就好像我们对刚认识的朋友一样，只能通过只言片语来判断。

一个人的一生必然是有很多内在的逻辑和规律，了解这些规律能解开我们的很多困惑，从而带来安全感和方向感。了解自己多一些，能够更全面地理解问题与挑战，也能做出更周全的反应。

（4）自我认知度的高低也会受到我们的欲望和目标的影响。有时候我们并不是不了解自己，而是出于某些原因拒绝关注自己，了解自己。一个害怕被责备的下属为了维持与上级的关系而牺牲个人心灵成长的需要，并不意味着他不知道自己想要什么，只是生活当中很多时候我们不得不总是把聚光灯对着别人，所以对自己一无所知。

（5）我们和别人相处，如果了解对方，那么就更容易信任和理解对方，更愿意与对方合作。同样，我们也需要和自己相处，个人和自己的关系，其实也是一个人际关系，是英文里 I 和 me 的关系。

（6）自我认知度高的人会更自信，自信是信任自己，是相信自己。不自信的人，往往不能准确地认识自己。

（7）自我认知度高的人会更有安全感，因为他会更清楚地知道出现问题和挫折的时候，自己做了些什么，哪些行为对事情的结果有影响。有些人脾气不好，自我认知能力又差，意识不到自己待人接物的方式很有问题，所以老是和别人闹矛盾然后被嫌弃，还反过来怪别人。这样的状况反复几次，一个人便很难在任何关系里有安全感，会觉得这个世界似乎都是讨厌自己的。

（8）自我认知度高的人对自己的人生有更好的规划，更有方向感。缺乏自我认知，就好比自驾游没有目的地，只是看哪条路不堵车就往哪里走，到了最后自己都不知道走到哪里去了。了解自己的需求、目标、追求，知道自己喜欢什么、讨厌什么，都是自我认知的一部分。

（9）自我认知度高的人能带来更好的自我照顾，或者说"自爱"。我们往往喜欢指责不是特别熟悉的人，给他们贴标签，但是对于我们非常熟悉的人，比如子女，心里面总会多一分

宽容，"他就是这样的人"。对于我们自己，如果不了解自己，也会很容易产生自责和负罪感，但如果知道自己的"优劣好坏"，接纳自己的不完美和不足，就不会时刻感到挫败了。

素质拓展

写一篇个人成长史

1. 划分人生阶段

将自己已有的经历划分为 6 个阶段。每一个阶段用一个重要的事件或者时间点来界定。第一个阶段从出生开始，最后一个阶段一直持续到现在。

2. 罗列重要事件

在每个阶段中找出三件对你影响最大的事件。这些事件对你的情感、性格、生活轨迹、人际关系有重要的影响。

建议关注这样一些事件：生活轨迹变化的转折点，重大的失败或意外，重要的决定，情感上冲击很大的事件，记忆深刻的事件。

罗列这 18 个事件本身可能就是个挑战，有的需要努力回忆，有的需要去询问他人。

3. 分析事件

针对每一个事件，都需要回答以下几个问题。

（1）这个事件给我带来了哪些认知和想法上的变化？

（2）这个事件给我带来了哪些情感上的冲击或者影响？

（3）这个事件和现在的我有什么关系？换句话说，这个事件如何塑造了今天的我？

4. 收获

这份"作业"可能会写得很长，长到超过你的预期。写的过程中你可能会哭、会笑、会感慨。你可能需要他人帮助你回忆，但不要给他人看你的"作业"，因为只有你自己才能看的情况下，你才能最诚实。

这份"作业"最终能达到什么效果，因人而异。第一，写作过程中的思考就会让自己非常受益，一边写一边思考，看清了很多以往忽略的或者误解的问题。第二，写完之后，整个人有一种"觉醒"的感觉，而且这种感觉，以及带来的思考，会持续影响自己很长时间。第三，可能有些事情写出来后会让自己不舒服，但是短时间的不舒服换来的是长期的内心的平静。第四，对自己的理解会变得非常宽广，甚至会看到自己所处的历史和社会环境给自己带来的影响。

四、高速铁路客运服务人员自我认知的方法与途径

正确认识自我指一个人对自我的认识要与自我的实际情况相符合，它包括两个方面的含义。① 正确、全面认识自己的特点和长处。② 正确认识自我与社会、个人与集体的关系。认识到个人的成长离不开集体，自我的人生价值主要在于对社会的贡献。

人总是在不断地发展变化的，因此，我们需要不断更新、不断完善对自己的认识，这样才能使自己变得更好和更完美，而要正确认识自己，我们就必须用全面的、发展的眼光看待自己。① 全面认识自己，我们既要认识自己的外在形象，如外貌、衣着、举止、风度、谈吐，又要认识自己的内在素质，如学识、心理、道德、能力等。一个人的美应是外在的美与内在的美的和谐统一，内在的美对外在的美起促进作用。② 全面认识自己，我们既要看到自己的优点和长处，又要看到自己的缺点和不足，因为，我们每个人的外在形象和内在素质都有自己的优势，也有自己的不足，正所谓"金无足赤，人无完人"，我们每个人都有自己的缺点，但同时每个人也都有自己的"闪光点"。我们应该多关注自己的优点和长处，即使自己可能有

很多不足，也要用欣赏的眼光来看自己。只有先看得起自己，才能正确认识自己。面对纷繁复杂的世界，如果你把目光都集中在痛苦、烦恼上，生命就会黯然失色；如果你把目光都转移到快乐之中，你将会得到幸福。同样的道理，面对自己，如果你只看到自己的缺点、不足，你将会悲观失望，停步不前；如果你能看到自己的优点、长处，你将会充满信心，迎接生活的挑战。同样，如果我们只看到自己的优点，看不到自己的不足，"看自己一朵花，看别人豆腐渣"，用自己的长处比别人的短处，我们就会沾沾自喜，骄傲自大，停步不前，甚至会倒退，因此，为了全面认识自己，我们既要看到自己的优点和长处，又要看到自己的缺点和不足。

③ 事物总是发展变化的，没有一成不变的事物。俗话说"士别三日，当刮目相看"，我们每个人也都是在不断发展变化的，我们的优点和缺点也不是一成不变的，因此，我们必须用发展的眼光看自己，及时发现自己的优点和缺点，通过自己的努力，争取变缺点为优点，通过不断改正自己的缺点来完善自己。

高速铁路客运服务人员自我认知的途径如下。

（1）通过自我观察认识自己。在高速铁路乘务工作中通过自我观察来认识自己。

（2）在与乘务组的领导、工作伙伴和旅客的接触、交流和比较中认识自我。要正视现实，实事求是，全面客观地看待自己，用发展的眼光看待自己。要正确认识自己，我们必须做一个有心人，经常反省自己在日常生活中的点滴表现，总结自己是一个什么样的人，找出自己的优点和缺点。自我观察是自己教育自己、自我提高的重要途径。自我观察主要包括三个方面。① 自身外表和体质状况的观察，包括外貌、风度和健康状况等方面的观察。② 自我形象的观察，主要是对自己在所生活的集体中的位置和作用、公共生活中的举止表现及社会适应能力等的观察。③ 自己的精神世界的观察，包括对自己的道德水平、智力水平、能力、性格、兴趣、爱好、特长等方面的观察。

（3）通过他人了解自己。从乘务组的领导、工作伙伴和旅客对自己的态度和评价中认识自己。大文豪苏轼写道："不识庐山真面目，只缘身在此山中。"认识自己有时候的确比较难，一般来说，当局者迷，旁观者清，周围的人对我们的态度和评价能帮助我们认识自己、了解自己。我们要尊重他人对自己的评价，冷静地分析。对于他人对自己的评价我们既不能盲目认同，也不能忽视。

在生活中我们要用变化和发展的眼光看待自己，看待他人。

小提示

完善自我的途径

- 注重人格培养：智慧力、道德力、意志力。
- 努力获取新知：直接、间接。
- 改变心智模式：开放心灵、摆脱"路径依赖"。
- 培养积极心态：正视客观现实、调控个人情绪。
- 勇于挑战自我：充分认识不足、确定改进目标、加强时间管理。

五、高速铁路客运服务人员的自我认知与职业规划

在工作中，有的人对自己的职业规划非常重视，有的人却茫然地度过每一天，由于自我认知的差距，一段时间后，这两种人会在相同的岗位上形成鲜明的对比，那么高速铁路客运服务人员怎样才能对自己有清晰的认知，并制订清晰合理的行动计划呢？

项目九 自我沟通

1. 明确自己的工作目标

如果你不清楚自己到底想做什么，不清楚自己何去何从，不清楚自己每天辛苦工作到底为了什么，请花上一个星期，一个月甚至半年的时间，好好想想自己在追求什么，比如说我想成为一流的高速铁路客运服务人员、我想成为高速铁路列车的乘务长、我想成为高速铁路车站的值班站长，等等。

2. 分析自己身边的机遇

思考自己所处乘务组的环境或者自己所处的乘务服务岗位是什么情况，比如说自己所在铁路局集团有限公司的企业文化非常鼓励个人创新，比如说乘务组未来可能会存在我所追求的职位空缺，比如说乘务组至今仍有很多未能解决的问题，我要努力将其解决。这些都是你身边的机遇，千万要记住你身边的机遇在很大程度上会决定你在这个乘务组能"走多远"，不要让自己处于一个"死胡同"中。

3. 分析自己身边的威胁

这里所说的"威胁"不是一个贬义词，而是让你更清晰地认识你周围的环境，比如说同样的工作岗位，比自己优秀的人都非常努力，自己很难在群体中出类拔萃，比如说你自己本身非常优秀，但背后却有人对自己"使坏"。比如说后继者都是潜力股，如果自己不努力，很有可能被后来者所替代。要清楚地认识威胁，并通过自身能力的提高来消除这些威胁。

4. 分析自己的优势

在一张纸上，明确地写出自己具有什么优点，比如说自己的学历比他人高，自己的专业理论知识扎实，自己有某个方面的特长。清楚认识自己的优势，才能扬其所长。

5. 分析自己的劣势

和分析自己的优势一样，用一张纸清晰地列出自己的不足之处，记住如实描述，不要自己骗自己，比如说执行力不够且爱拖延，比如说口才不好，比如说容易情绪化。清楚地认识自己的劣势，才能着手改进。

6. 制订具体的行动计划

进行了以上自我分析之后，就应该制订具体的改进措施，特别是针对自己的不足，一定要抓紧时间弥补。你身边的机会说不定哪天就会降临在自己身上，千万不要因为自己存在某个劣势，而与机会擦肩而过。

⇨ 小提示

（1）自我认知，关键在于对自己坦诚。
（2）自我分析完成之后一定要记住执行、执行、再执行。

沟通小故事（一）

正确地认识自己

一只驮着圣骨的驴子，一路上看见人们都朝着他顶礼膜拜，不由洋洋自得，把这些礼拜都看作献给自己的。有个行人说："尊敬的驴先生，您太虚荣了，您难道不觉得所有的礼拜都是给圣骨的吗？"驴一听，十分生气，于是摇晃着身子，要把圣骨从自己身上摇下来。这个时候，惊慌的人们将圣骨安置到另一只听话的驴子身上，而给了这只驴一顿皮鞭。

启示：

人要明白自己是谁，冷静地对待各种赞美，也许环绕在自己周围的一些光环是因为自己所在的平台，而非自己的能力。

沟通小故事（二）

别盯着缺点不放

有一个哲人给朋友看了一幅画：白纸中画了个黑色圆点。然后哲人问他的朋友看见了什么，所有的朋友异口同声地回答说："一个黑点。"哲人笑笑说："只说对了极少部分，其实画中最大的部分是空白，而不是黑点。"这个黑点恰似人的缺点，盯住自己的缺点不放，你就会成为一个十分自卑的人，不敢放手去做自己想做的事情；盯住别人的缺点不放，你就会失去世界上所有的朋友，不敢开怀去和朋友来往。

启示：发现别人的缺点实在是一件容易的事情，但别人的缺点往往只是个小黑点，不要夸大别人的缺点，进而全面否定别人。

任务三　做情绪的"主人"

小案例

接 纳 自 己

有一位自小就患脑性麻痹的病人，脑性麻痹夺去了她肢体的平衡感。然而，她没有让这些外在的痛苦击败自己内在奋斗的精神，她坦然面对，终于获得了艺术博士学位，她用她的手当画笔，以色彩告诉人"寰宇之力与美"，并活出了"生命的色彩"。在一次演讲中，全场的听众都被她不能控制自己的肢体动作震慑住了。一个孩子小声地问："从小就长成这个样子，请问你怎么看你自己？""我只看我所有的，不看我所没有的。"沉静片刻，现场掌声响起。

自我接纳是一个人健康成长的前提。一个人如果不接纳自己，连自己的问题都不敢正视。那他怎么可能成长？有了自我接纳，有了不断自我完善的动机和行为，总有一天，自我就会得到发展，得到完善，所以，自我接纳是成功的起点。

一、解读情绪

1. "情"为何物

情绪是人各种感觉、思想和行为的一种综合的心理和生理状态，是因外界刺激所产生的心理反应及附带的生理反应。我们平时比较常见的情绪，事实上都是个人的主观体验和感受，常常与心情、气质、性格、性情及环境等因素有关。

"情"即通常所说的感情、心情、性情。心理学把短暂而强烈的感情叫作情绪；把稳定、持久的感情叫作情感。情绪、情感也常通用，两者通称感情。情绪状态有几种特殊的形式：心境是持久而淡漠的状态，激情是强烈、短暂的状态，应激是在生命或精神处于受威胁情景时出现的状态。

2. 情绪的种类

从心理学的角度来看，情绪是身体对行为的可能性乃至必然性的反应，以及在生理反应上的评价和体验。通常情绪包括喜、怒、忧、思、悲、恐、惊七种。这些情绪的表现也可以加以归纳，如喜会表现为手舞足蹈，怒可能是咬牙切齿，忧则茶饭不思，悲会痛心疾首……

行为在身体动作上表现得越强烈，就说明其情绪的强度越大。

情绪分为以下四类。

（1）将快乐、愤怒、恐惧、悲哀视为最基本或最原始的情绪。

（2）与感觉刺激有关的情绪包括疼痛、厌恶、轻快。这类情绪可以是愉快的，也可以是不愉快的。

（3）与自我评价有关的情绪，包括成功与失败、骄傲与羞耻、内疚与悔恨等，这些情绪取决于一个人对自身行为与客观行为标准关系的知觉。

（4）与他人有关的情绪，发生在人与人之间的情绪种类似乎无限繁多，按照积极的与消极的维度，可以把它们分为"爱"与"恨"两大类。

二、情绪管理的概念

情绪管理要求善于掌握自我，善于调制、调节情绪，对生活中的矛盾和负面事件引起的反应能合理地排解，能以乐观的态度、幽默的情趣及时地缓解紧张的心理状态。

在管理学中，情绪管理也指通过研究个体和群体对自身情绪和他人情绪的认识，培养驾驭情绪的能力，并由此产生良好的管理效果。现代职场中，人们均将情商及自我情绪管理视为领导力的重要组成部分。

情绪管理是指通过研究个体和群体对自身情绪和他人情绪的认识、协调、引导、互动和控制，充分挖掘和培植个体和群体的情商、培养驾驭情绪的能力，从而确保个体和群体保持良好的情绪状态，并由此产生良好的管理效果。

三、情绪管理的内涵

情绪管理是用心理学的方法有意识地缓解或激发情绪，以保持适当的情绪体验与行为反应，避免或缓解不当的情绪与行为反应，其具体包括认知调适、合理宣泄、积极防御、理智控制、及时求助等方式。

四、情绪管理的方法

1. 心理暗示法

心理暗示法就是个人通过语言、形象、想象等方式，对自身施加影响的心理过程。这个概念最初由法国医师库埃于1920年提出，他的名言是"我每天在各方面都变得越来越好"。自我暗示分积极自我暗示与消极自我暗示。积极自我暗示，在不知不觉中对自己的意志、心理，以及生理状态产生影响，积极的自我暗示令我们保持好的心情、乐观的情绪、强大的自信心，从而调动人的内在积极因素，发挥主观能动性。心理学上所讲的"皮格马利翁效应"也称期望效应，就是指积极的自我暗示。而消极的自我暗示会强化我们个性中的弱点，唤醒我们潜藏在心灵深处的自卑、怯懦、嫉妒等，从而影响情绪。

与此同时，我们可以利用语言的指导和暗示作用，来调适和放松心理的紧张状态，使不良情绪得到缓解。心理学的实验表明，当个人静坐时，默默地说"勃然大怒""暴跳如雷""气死我了"等语句时心跳会加剧，呼吸也会加快，仿佛真的发起怒来。相反，如果默念"喜笑颜开""兴高采烈""把人乐坏了"之类的语句，那么他心中也会产生一种乐滋滋的体验。由此可见，言语活动既能唤起人们愉快的体验，也能唤起人们不愉快的体验；既能引起某种情绪反应，也能抑制某种情绪反应。当我们在生活中遇到情绪问题时，我们应当充分利用语言的作用，用内部语言或书面语言对自身进行暗示，缓解不良情绪，保持心理平衡。比如默想或用笔在纸上写出下列词语："冷静""三思而后行""制怒""镇定"，等等。实践证明，这种暗示对人的不良情绪和行为有奇妙的影响和调控作用，既可以松弛过分紧张的情绪，又可用来激励自己。

2. 注意力转移法

注意力转移法就是把注意力从引起不良情绪反应的刺激情境，转移到其他事物上去或从事其他活动的自我调节方法。当出现情绪不佳的情况时，要把注意力转移到使自己感兴趣的事情上去，如：外出散步、看看电影、看看电视、读读书、打打球、下盘棋，甚至找朋友聊天，换换环境等，这些都有助于使情绪平静下来，在活动中找到新的快乐。这种方法，一方面中止了不良刺激源的作用，防止了不良情绪的泛化、蔓延；另一方面，通过参与新的活动，特别是自己感兴趣的活动从而达到增进积极的情绪体验的目的。

3. 适度宣泄法

过分压抑只会使情绪困扰加重，而适度宣泄则可以把不良情绪释放出来，从而使紧张情绪得以缓解、放松。遇有不良情绪时，最简单的办法就是"宣泄"。宣泄一般是在无人处，或在知心朋友间进行的，其采取的形式或是用过激的言辞抨击、抱怨恼怒的对象；或是尽情地向至亲好友倾诉自己认为的不平和委屈等，一旦发泄完毕，心情也就随之平静下来；或是通过体育运动、体力劳动等方式来尽情发泄；或是到空旷的山林原野，大声呼喊，发泄胸中怨气。必须指出，在采用宣泄法来调节自己的不良情绪时，必须增强自制力，不要随便发泄不满或者不愉快的情绪，要采取正确的方式，选择适当的场合和对象，以免引起不良后果。

4. 自我安慰法

当一个人遇有不幸或挫折时，为了避免精神上的痛苦或不安，可以找一种合乎内心需要的理由来说明或辩解。如为失败找一个冠冕堂皇的理由，用以安慰自己，或强调自己所有的东西都是好的，以此冲淡内心的不安与痛苦。这种方法，对于帮助人们在大的挫折面前接受现实，保护自己，避免精神崩溃是很有益处的，因此，当人们遇到情绪问题时，经常用"胜败乃兵家常事""坏事变好事"等词语来进行自我安慰，以摆脱烦恼，化解矛盾冲突，消除焦虑和失望，达到自我激励，总结经验，吸取教训之目的。

5. 交往调节法

某些不良情绪常常是由人际关系矛盾和人际交往障碍引起的，因此，当我们遇到不顺心、不如意的事，有了烦恼时，能主动地找亲朋好友交往、谈心，比一个人独处胡思乱想、自怨自艾要好得多。在情绪不稳定的时候，找人谈一谈，具有缓和、抚慰、稳定情绪的作用。另外，人际交往还有助于交流思想、沟通情感，增强自己战胜不良情绪的信心和勇气，能更理智地去对待不良情绪。

6. 情绪升华法

升华是改变不为社会所接受的动机和欲望，而使之符合社会规范和时代要求，是对消极情绪的一种高水平的宣泄，是将消极情感引导到对人、对己、对社会都有利的方向去。如一同学因失恋而痛苦万分，但他没有因此而消沉，而是把注意力转移到学习中，立志做生活的强者，证明自己的能力。

在上述方法都失效的情况下，不要灰心，可以通过更长一段时间的调节让自己恢复平静，也可以去找心理医生进行咨询、倾诉，在心理医生的指导、帮助下，克服不良情绪。

五、高速铁路企业对客运服务人员的情绪管理

在高速铁路企业中，管理者如果不能很好地进行高速铁路客运服务人员的情绪管理，将

会导致高速铁路企业客运服务工作效率低下，从而影响企业的发展。做好高速铁路客运服务人员情绪管理的方法如下。

1. 建设企业文化，理顺组织情绪

在现代企业管理中，企业文化已经逐渐成为新的组织规范。事实上，企业文化对员工不仅具有一种强有力的号召力和凝聚力，而且对员工的情绪调节起着重要作用。一般而言，员工从进入企业的那一刻起便开始寻求对企业的认同感，如果企业文化中有一个员工愿意为之奋斗的愿景使命，一种被员工认同的价值观和企业精神，那么这个企业就能够激励员工超越个人情感，以高度一致的情绪去达成企业的目标愿景。

2. 开放沟通渠道，引导员工情绪

积极的期望可以促使员工向好的方向发展，员工得到的信任与支持越多，也会将这种正向、良好的情绪带到工作中，并能将这种情绪传递给更多的人。企业管理者必须营造良好的交流沟通渠道，让员工的情绪得到及时的交流与宣泄，在企业管理中如果交流沟通渠道受阻，员工的情绪得不到及时的引导，这种情绪会逐步蔓延，影响到整个团队。

3. 匹配工作条件，杜绝消极情绪

工作环境等工作条件因素对员工的情绪会产生很大影响，在实际工作中，企业管理者需要将工作条件与工作性质进行匹配，从而避免员工产生消极情绪。例如高速铁路车站的客运服务工作具有强烈的不确定性，非常强调员工的团队合作能力，因此，其工作环境应设计成开放式结构，以利于团队成员间的交流。

4. 传授情绪知识，增强员工理解

情绪知识在决定人们的行为结果时可能起到调节作用。情绪知识是员工服从企业决定的关键因素，企业管理者可以通过有针对性的"情绪知识"培训，增强员工对企业管理实践的理解能力，激发员工的工作热情以适应组织的需要。

5. 营造情绪氛围，提升个体感受

每个企业都有一定的氛围，表现为组织情绪，如愉快的工作氛围、沉闷的工作氛围、复杂的人际关系等。组织情绪会影响员工的工作效率和心情，甚至会成为一个员工是否留在企业的原因。整个组织的情绪氛围会影响和改变员工的情绪，尽管员工和组织的情绪是相互影响的，但是组织对个体的影响力量要比个体对整个组织的影响力量大，因此，从企业发展的角度来看，企业管理者必须营造良好的组织情绪氛围。

六、高速铁路客运服务人员情绪调整

许多时候，我们认为自己心情不好，所以表情沮丧、说话无力、走路时耷拉着脑袋，也就是说：心理影响身体。可是，反过来也是成立的，身体会影响心理。当我们表现出快乐的，充满信心与活力的表情、动作时，我们的心情也就会随之改变。

（1）微笑。微笑是带来身体与心灵健康的良药。张开你的嘴角，开始笑对生活吧。微笑与快乐是不需要理由的，快乐是一种习惯，而不是一个结果。

（2）抬头挺胸，深呼吸。如果你垂头丧气，那是你的行为在告诉你自己，你失败了。从现在开始，抬起你的头，昂首挺胸，眼光坚定就是在用行动宣告：我是成功者。这个简单的动作会让你更有信心。

（3）做事速度快20%。加快你行动的速度。行动，快速行动，将带来力量与信心。

（4）说话大声。你有权发言，你的声音是独特的，现在，让大家听到你的声音。深呼吸，开始对自己说：我喜欢我自己。提升说话的音量，带着信心去与人沟通。

（5）正视对方的眼睛，说话简洁有力。有的人说话时眼光东摇西摆，说明其对眼前的人没有兴趣或者自身缺乏信心。正视别人，简单、有力地说出你的想法。第一次也许不尽如人意，多尝试几次，你就会感觉到信心如潮水般涌来。

小提示

好情绪使人变美

幽默超脱，青春常驻。
排遣宣泄，吸纳美好。
学会宽容，海阔天空。
弱化转移，宁静豁达。

小案例

别人做错事或说话态度差，或许是他一贯的习惯，或许是他现在心情不好，但是我们没有必要因此而破坏自己的心情。生气是用别人的过失来惩罚自己！

1. 莫娅妮跑步

乘务员莫娅妮每次生气和人起争执的时候，就会绕着客运段的围墙跑步，跑步时她问自己已经有多长时间没有锻炼身体了，把时间用来锻炼身体还是用来生气，哪一个更划算，跑着跑着她就不再生气了。

2. 我该让谁来决定我的行动

列车长陈江和乘务员段强在动车组上值乘，陈江礼貌地向某位旅客说了声"您好"，但这位旅客冷脸相对，一言不发。

段强问陈江："这位旅客态度很差，你为什么还是对他微笑？"陈江回答："为什么我要让他的表现决定我的行为呢？"

启示：人与人之间常常因为一些无法释怀的坚持，而造成永远的伤害。如果我们都能从自己做起，宽容地看待他人，一定能收到许多意想不到的结果。给别人开启一扇窗，也就是让自己看到更完整的天空。

3. 自乱阵脚

在高速铁路列车上，乘务员张涛对一名吃瓜子的旅客说："先生，让你不要乱丢瓜子壳，你听到了吗？你听到了吗？"

"听到了！"旅客回答。

见旅客仍在不停乱丢瓜子壳，张涛控制不住自己的情绪，暴跳如雷，开始咆哮。

其他旅客对张涛投来异样的目光，张涛因情绪的失控让自己乱了章法。

启示：生活中，面对不同的环境、不同的人，有时候采用何种手段不是关键，而保持好自己的情绪才是至关重要的。

每个人都有自己的情绪，而情绪是一种很缥缈的东西，有时缥缈得让人捉摸不定，但是，不管如何缥缈，你都要想办法将它捏得紧紧的，因为这关系到你是否能理智地处理问题。

有时候，掌控不住情绪，不管三七二十一发泄一通，结果搞得场面十分难堪。生活中，每个人都难免会碰到"擦枪走火"的状况，但是，理智的人会将情绪马上"收回来"。

情绪处理得好，可以将阻力化为助力，帮你"解危化险"。情绪若处理得不好，便容易被激怒，产生一些非理性的言行举止，轻则误事受挫，重则违法乱纪。

任务四　通过自我修炼走向成熟

一、自我修炼的含义

自我修炼就是准确认识自己，发挥优势，控制弱点，更好地欣赏自己，发挥自己的长处，弥补自己的短板，完善自己性格的过程。

二、高速铁路客运服务人员的自我修炼

1. 高速铁路客运服务人员自我修炼体系的构建

1）人生原则

人生原则，可细分为以下方面：人生观，即要做什么样的人；价值观，即对待他人、对待事业、对待名利的态度等。

2）现实价值观

我们生活在价值观多元化的时代，不同的价值观决定你将做出什么样的行为，决定你愿意和什么样的人交往，决定你是哪一类人。我们要对这些不同的价值观做独立的分析与评判，以便做出取舍。找出那些与自己的人生原则一致的价值观，组成一个统一的体系，用以激励自我，成就自己的理想。现实生活中的价值观纷繁复杂，每个人都生活在多种价值观环境中，因此，自然会受到多方面的影响。不同价值观的冲突，是内心矛盾、痛苦的根源。价值观的选择和整合是一个长期的过程。

2. 构建及运用自我修炼体系的五项原则

1）简洁

用于做自我暗示的句子要简洁、明了，这样易于回想。

对一个人传递积极的期望，就会使他进步得更快，发展得更好，反之，向一个人传递消极的期望则会使他自暴自弃，放弃努力。当我们对某件事物有非常强烈的期望的时候，我们所期望的事物常会出现。

2）多用正面积极的词汇

如果你想说："不能再消沉下去了！"不妨换为："要奋发进取！"如果想说："改变落后的现状！"不妨换为："力争上游！"

3）可行性

你所表达的意思一定是你可以做到的，你所确定的目标不会被轻易否定，使用带渐进意味的词是个好办法，如"我一定能做得更好""我会越来越健康""天天向上"等。

4）形象化

默诵或朗读自我激励的语句时，要在脑海里想象目标情景；很多目标可能转换成图画，要将它展示出来；不管是语句还是图示或画面，最好把它贴在你经常看的地方。

5）注入感情

你要从内心认同并相信你所确定的目标。当你朗诵（或默诵）自我激励的语句时要把感情投入进去，否则"光动嘴不动心"是不会有结果的。注入情感，才能起长久的、强有力的行为导向作用。

> **小分享**
>
> 自我修炼，才能不断走向成熟
>
>   在人的一生中，会遇到许许多多的人和事，比如名利、贪心、虚荣、嫉妒，等等。它们中有些是负担，应该果断地删除！就像计算机中的垃圾文件一样，及时删除，操作系统才能顺利工作。人生，就是一步一步走，一步一步扔。走出来的是路，扔掉的是包袱。这样，路就会越走越长，心就会越走越静。
>   内心深处是坚定还是脆弱，导致了不同的人生轨迹。生命的真谛，在于理解成功，善待磨难，坚定生活的信念，拓展生命的范围，要从容地面对和洒脱地放下，去认识生命的深刻和丰富，去承担生命的追问、选择、秩序。
>   修炼自己的表情，让它神采飞扬；修炼自己的行为，让它规范专业；修炼自己的学识，让它丰富多彩；修炼自己的脾气，让它受人喜爱；修炼自己的个性，让它鲜明唯美；修炼自己的心灵，让它平和美丽；修炼自己的气质，让它超凡脱俗；修炼自己的灵魂，让它崇高圣洁；修炼自己的人生，让它快乐幸福。
>   幸福，没有捷径，也不可能完美无瑕。幸福，其实很简单，平静地呼吸，仔细地聆听，微笑着生活；有人爱，有事做，有所期待；不慌乱，不迷茫。在人生道路上，走一步，有一步的风景；进一步，有一步的欣喜；退一步，有一步的心境。
>   做事不必过分期待，坚持不必太执着；要学会放下，放下不切实际的期待，放下没有结果的执着。要学会珍惜当下的幸福。

三、高速铁路客运服务人员工作中的九项修炼

高速铁路客运服务人员要想工作出色，事业有成，就必须进行以下 9 项修炼。

1. 第 1 项修炼：耐得住性子

耐得住性子指的是忍耐，社会对高速铁路客运服务人员的忍耐力要求较之其他人员更高。忍耐是坚忍和能耐的简称。高速铁路客运服务人员在工作中不会忍耐，不可能会有能耐。工作中有很多事，需要忍；工作中有很多苦，需要忍；工作中有许多痛，需要忍；工作中有很多话，需要忍；工作中有很多气，需要忍。忍是一种眼光，忍是一种胸怀，忍是一种领悟，忍是一种工作的技巧，忍是一种智慧。

在工作中，不要乱发脾气，更不要轻易生气，生气也是对自己的一种惩罚和否定，学会控制自己的情绪，学会制怒；不要任性，接受艰巨的任务不要烦躁，处理重要的事情更要拒绝浮躁，要耐得住工作中的寂寞，更要忍得住工作中的孤独，一个人沉得住气才能成大事、成大器。因为再简单的工作也能做得出彩，再烦琐的工作也能做出成就，所以说，要想获得成长，需要有坚持不懈的耐性；要想取得胜利，需要有持之以恒的耐心；要想获得成功，需要有非同寻常的耐力。

2. 第 2 项修炼：顶得住压力

做任何工作都会有压力，尤其是高速铁路客运服务人员的工作压力更大，追求大发展就会有大的压力，只求小成就就只有小的压力。可以毫不夸张地说，没有压力，我们将一事无成；而有了压力，就会使我们进步。压力能让人成长，压力更是追求成功的动力，所以说，压力很折磨人，但更磨炼人。不要害怕和逃避工作中的压力，敢于接受压力的人会变得成熟，学会减少压力的人会获得成长，懂得卸载压力的人能取得成就，能否学会接受压力、减少压力、卸载压力，也是检验一个人能否成功的标准之一。从另一种角度来看，压力就是一种挑

战。人的一生要面对很多挑战，如果每一次面对挑战，我们都止步不前，那么我们将会碌碌无为。作为高速铁路客运服务人员，在面对压力的时候，不能退却，而应勇敢地去面对，并且战胜它、征服它。

3. 第 3 项修炼：挡得住诱惑

在高速铁路客运服务工作中经常会遇到各种诱惑，如果控制不住自己的欲望，就有可能犯错误。人最大的敌人是自己，最难战胜的也是自己，控制人的物质欲望有利于磨炼自己的意志。有些人总是挡不住诱惑，经常为私心所扰，为名利所累，为物欲所惑。

诱惑是无形的陷阱，诱惑越大，陷阱越深。知道自己不能做什么，比知道自己能做什么更有智慧。

有些人把名利看得很重，干点工作就要回报，有点成绩就想得到提拔，得不到晋升就有失落感；有的人把谋得一官半职当作一种荣耀，他们总以捞取"政绩"为出发点，不惜弄虚作假、糊弄领导。

有不少人为了名誉、利益，给自己扣上了锁链；为了情欲、美色，给自己套上了枷锁。总之，各种各样的欲望，不断加重了自己的负荷，导致自己误入歧途，不能自拔，甚至会锒铛入狱。

贪心不足蛇吞象。名利面前，贪欲终会使人丧失理性，缺乏判断力。他们自以为自己能力无限，可以为所欲为，却不知法网恢恢，疏而不漏，最终必定会落得个身败名裂的下场。

高速铁路客运服务人员要正确看待金钱、权力与荣耀。始终保持头脑清醒的人，会顺利成长，日臻成熟，也能不断取得成绩，最终获得应有的成就。古往今来，凡成大事者，都能很好地主宰自己的欲望。做人是成事之道，人品则是谋事之基。

4. 第 4 项修炼：扛得住困难

在高速铁路客运服务工作中不会总是一帆风顺的，难免会有坎坷、泪水、困难。要想成才，就要扛得住困难。人人都会遭遇困难和险阻，战胜它们则会成功，不能战胜它们必定会失败。人只要不被困难打倒，就一定能打倒困难。人生就是这样，面对困难，往后退一步就会更难，若再退一步就会被困住。

困难对天才是块垫脚石，对能干的人是财富，对弱者才是万丈深渊。困难是一把双刃剑，一面割出你的鲜血，一面又为你掘出新的希望。

现在的不如意、逆境、挫折乃至苦难都是你的财富！要学会在困境中激励自己。人们常说，苦难是最好的大学。古今中外，凡成大器者，很多都是从苦难中走过来的。面对困难，一旦我们经受了各种考验与锤炼，"百炼成钢"，就能成就非凡的意志和能力。困难并不可怕，可怕的是你把它看成结局而不是过程。

千难万险只会让你更强大，困难是强大的源头，是奋斗的激素，强大很多时候是困难催生出来的。在困难面前要么倒下，要么挺住，只要能挺住，就能置之死地而后生，最终迎来成功。

5. 第 5 项修炼：经得起折腾

在高速铁路客运服务工作中，总有一些人不能体会领导的良苦用心，总把责任当折磨。很多时候，领导给你的责任其实都是善意的，是因为他欣赏你、看重你。应认真把握每次被领导严格要求的机会，深入分析失误的原因，并在下一次加以改正，时间长了你就会发现自己的能力在渐渐提高。

在高速铁路客运服务工作中不要怕折腾，事实上，反复折腾就是在坚持不懈地磨炼自己。

有时候，不要害怕旅客的"折腾"，因为有旅客愿意"折腾"你，是一种幸福，就怕你连被"折腾"的资格都没有。

不要抱怨眼前的事情总是那么烦琐，不要抱怨自己总是重复那些机械化的动作，而是要问自己到底花了几分心力。

要想成为工作班组的核心骨干，就要经得起"折腾"，因为骨干是"折腾"出来的。不经历"折腾"，就得不到锻炼，得不到锻炼就不可能体现自己独特的价值，没有价值的人是不能成为骨干的。

在高速铁路客运服务工作中，一旦给自己设限，你就没有了敢于"折腾"的勇气和动力。你若想取得巨大的成功，就要树立远大的目标，克服自我设限，突破自我，敢于"折腾"。工作中不自我设限，个人事业的发展就会大有潜力。

"折腾"是一种体验，亲身体验是最深刻的智慧。工作实践是高速铁路客运服务人员最好的学校，旅客是最好的老师。

6. 第 6 项修炼：担得起责任

做好高速铁路客运服务工作需要尽职尽责，要担得起责任。

凡事要以身作则，出现了错误，不要想着推诿责任，不要先责备别人，要先反省自己，学会多责己，少怨人，甚至不怨人。能做到以责人之心责己，以恕己之心恕人，必然能够事事想在前、干在前，而不是畏首畏尾、临阵退缩；必然能够表里如一、言行一致，而不是阳奉阴违、自行其是；必然能够精益求精、一丝不苟，而不是敷衍塞责、草草应付；必然能够甘于牺牲、乐于奉献，而不是私利当头、争名逐利。

敢于负责，才能奋发有为，但凡有大成就的人，都有一个共同的特点，那就是强烈的责任感。正因为有这种责任感，他们的能力才能不断提高，平台也才能不断扩大。具备担当意识和责任感的高速铁路客运服务人员，必然会在工作中获得更多的发展机会。

敢于担当，才能大有作为。面临大事与难事，可以看出一个人的担当；面临顺境与逆境，可以看出一个人的气度。

7. 第 7 项修炼：丢得起面子

高速铁路客运服务人员中也有个别人看不起一些基础性的工作，他们认为从事基础性工作的人是"卑微"的。其实，这种对"卑微"的认识，充满了虚假性。劳动是没有贵贱之分的。没有卑微的劳动，只有卑微的心灵。把自己看得太重的人，总觉得全世界都在和自己作对，他们害怕"丢脸"，却没有想到：干这样一些看起来似乎丢脸的"卑微"的小事，恰恰是你在工作班组能立足、在客运服务领域能发展的前提。

能看淡面子的人拥有非同寻常的胸襟和肚量，有着良好的修养，为人处世充满着智慧。能放得下架子的人，凡事以身作则，事必躬亲、身体力行、躬行实践，以做好工作为首要之大事，这样的人值得尊敬。

永远要记住：不是每个人在刚工作时，都能有高起点。成功需要积累和磨炼。做好身边的小事，才能担当大任。丢掉虚假的"卑微观"，就是丢掉无用的"面子观"，只有这样，才能创造优异的工作业绩。

面子是自己给自己的，不是别人给的。害怕丢面子会让自己丢一辈子的面子，害怕失败会失败一辈子！

当一个人需要外在的排场为自己撑起脸面和威严时，排场越大，越显出他的器量狭小和见识短浅；而越是谦卑地低下自己的头颅，背后所蕴藏的，往往是宽宏的器量和深远的见识。一个人的器量与见识，决定着其个人成就的大小，甚至事业的成败。

8. 第 8 项修炼：受得了批评

善于接受上级领导和旅客的批评、敢于面对打击并努力纠正自己缺点和不足的人会取得双赢的结局：首先是赢得了自己的成长，工作起来会更加得心应手；同时也赢得了领导的器重。

有的高速铁路客运服务人员自以为是，不善于接受别人的意见和批评，不敢面对打击，最终无法改正自己的弱点，从而无法取得成功。

那些善于接受批评，敢于面对打击，把挫折当作锻炼，把挫败当作磨炼，抵抗得住质疑，坚持到最后的人，往往就是那些获得他人瞩目的人。一个不断战胜自己，不断用成功回击别人质疑的人，才是真正的强者。

梦想着成功的人比比皆是，上天不可能让每个人都成功，因此失败和挫折就是淘汰掉一部分人的最好方法。批评让人成长，勤奋助人成才，在挫折与失败面前，只有那些善于接受批评、敢于面对打击、勇于改善自我的人才有可能获得别人无法企及的成绩。

9. 第 9 项修炼：改得了错误

在高速铁路客运服务工作中不可能不犯错误，但有些人却总是想方设法掩饰自己的错误，这样的人最终会被自己所犯的错误拖累，相反，正确地面对错误，然后认真改正，则能减少错误的发生。

改正自己不足的人是聪明的人，因为聪明的人看得懂自己错在哪里，错了就会改。改正自己缺点的人可以算得上是精明的人，因为精明的人知道自己在哪里会犯错，会让自己少犯错。改正自己所有错误的人可以算得上是高明的人，因为高明的人看得远，他能经常检查自己是不是又自负了，又骄傲了，又看不起别人了，他会对自己不满，对自己不满的人，才能圆满，才能很好地控制自己不犯错。

要改正错误，就要多思、多想、多听、多看、谨言、慎行。我们在做事之前要先想后果，要先往远处想，谨慎再谨慎，以求避免对他人的伤害，减少自己将来的悔恨。

简而言之，在高速铁路客运服务工作中，严谨、严格地要求自己做好以上 9 项自我修炼，就能成就卓越的自我！

人生不是一场物质的盛宴，而是一次灵魂的修炼，要使它在谢幕之时比开幕之初更为高尚。

小分享（一）

突破心智，进行自我修炼

专心打造自己，让自己成为一个优秀的人，一个有用的人，一个独立的人，比什么都重要。

无论是学习、生活还是工作，心智模式和思维模式在很大程度上会影响我们。自我管理、精力管理及效率管理的问题，其实归根到底是要突破心智，进行自我修炼。

我们究竟应该如何突破心智，更好地进行自我修炼呢？

我们可以从以下几个方面来进行提高。

一、要有提升自我管理的意识

我们能够管理和掌控的只有我们自己，我们只能进行循序渐进的自我管理。如果一个人可以学会自我管理的话，那么他会很高效，也会收获更多的东西。

自我管理中的精力管理和效率管理会使我们收获更多的东西。比如可以更自由地安排自己的事情。很多时候，自我管理不是督促我们去做更多的事情，而是不断地告诉我们要不断地提升自己的价值，做一些高价值的事情。

行动建议： 强化自我管理能力。

规划、行动、反思改进是自我管理的三要素。这三个要素可以使我们在生活和学习中能够更好地去做更多的事情，也可以接触更多的朋友，完成更有价值的工作。

二、不断积累

自我管理能力的提高靠积累，要深信积累的力量。

有一句话是这样讲的："量变引起质变"，这就是积累的过程。当然对于青年学生来说，还有一个好的地方就是可以用成长和习惯来做积累，也就是每天进步"一点点"。

行动建议： 重视习惯的养成。

不妨用 21 天时间来养成一个习惯。也就是说，定一个目标，在 21 天里养成，然后每天都来记录自己完成的进度，在这个过程中可以进行目标的调整，还可以不断地挑战自己。或许这就是每天进步"一点点"的有效途径。

三、运用心智，获得解放

一个人的心智就是其过往获得的一切知识及经验的总和（包括基于这些知识和经验造就的思考方法、思考模式）。

无论正向还是反向，心智一旦开启，就会不断自我积累，自我过滤，直至根深蒂固。

很多时候我们的思维模式和心智模式是比较重要的，并且这也影响着我们的成长和发展。一个人成长、发展的关键在于心智，因此我们要多多开启心智，从而更好地修炼自己和完善自己。

行动建议： 习惯在路上行走。

这里的在路上行走指的是读书、写作、实践，也就是像那句话说的："心和身总有一个要在路上。"这样的方式不仅可以使得我们开启自己的大脑，还可以锻炼身体，还能够结识更多的朋友。所以在这里建议大家养成读书、写作的习惯，当然也包括实践。

四、越早醒悟越好，越早准备越好

万事皆可提前准备，万事皆需提前准备。

拖延的人并非不做事——他们做事，甚至做很多事。拖延的人也并非不努力——他们花很长时间去做事，但做的只是很简单的事。他们每次回避困难的时候，往往已经给自己找了许多的借口。

我们没有完成的事情，我们失败过的事情，回过头来仔细研究才发现只是我们不懂得准备，只是因为我们没有做好前期工作。懂，很重要，动，更重要，因此我们要在正确理解的基础上快速行动起来。

行动建议： 提前一天完成计划中的事情。

无论是工作还是生活，都要趁早去规划。我们要懂得真正地学会规划自己的生活和工作。同时，我们也要习惯提前准备，很多事情，在规划之后我们不妨来践行一下，提前一天完成计划。这样在工作和学习中我们才能够得到高价值的回报。

五、学习是投资回报率最高的行为

任何知识的获取，都是不可逆的。

学习最重要的起点是：起码学会一种技能。

如果想要进行系统的学习，那么读书会好一点；如果想要进行碎片化的学习和快捷的学习，那么通过网络学习会好一点；如果想要更快速地学习，那么向别人学习是再好不过了。如果想要有所收获，那么学习就是最好的方式。在学习和生活的过程中我们一定要不断地去修炼自己的学习能力。

行动建议： 熟练使用各种工具提升自己的学习能力。

通过读书、上网等方式进行学习，从而更好地打造属于自己的最具核心竞争力的学习能力。

六、学会把自己的时间切分为"时间片"

要把自己的时间安排好，推荐运用日程安排表法，即以日历为样板，建立相应的 Excel 表格，然后在表格里填上自己所要规划的事情，可以从月初开始填入，然后不断地完善。

对于大块时间，我们安排好之后，其实也就是把自己的时间切分为"时间片"，如何打造一个不一样的时间片就成了我们学习和修炼的最重要的问题。我们除了要拥有制定时间预算的能力之外，还要练就自己的专注力。

行动建议：练就自己的专注力。

专注力会使我们在很短的时间里有高效的输出，也能够使我们在短时间里不断地在自己需要处理的各个事项里进行快速切换。可以随身携带一本书，在公交车上，或者任何吵闹的地方看书，能够看进去的时候也就是自己的专注力练成功的时候。

以上就是在突破心智和自我修炼的时候所常用的六招，希望大家在自我修炼的路上能够获得更多的经验。

小分享（二）

生活中有各种各样的镜子，有真实存在的镜子，还有每个人心中的镜子，有人在岁月的流逝中，照见了容颜的改变；有人在人生的戏剧中照见了真正的自我；但也有人出于自卑不愿面对或不能面对自己。

要想战胜别人，必须战胜自己，修正错误；要想评论别人，首先对自己要有个评判；要想了解别人，必须首先了解自己。只有这样，才能有自知之明，才能认识自我。

以人为镜，首先要能认识自己，做到自鉴、自省、自重、自励。以别人的优缺点为镜，以别人的得失成败为镜，从中可以汲取很多的养料，一个善于学习的人，到处都可以找到学习的镜子。我们应该善于以人为镜，修正错误，趋向完美。每个人都应树立起一面明镜，不断完善自己。

职场人士需要一面心灵的镜子，用自己"照"自己，用别人"照"自己，时刻告诉自己处于什么状态。

小分享（三）

现代心理学认为："激励"是调动人的主观能动性和开发有效潜能的最重要手段，正如成语故事中的勾践，明确的复仇兴国目标使他在任何艰难困苦之中都能坚持到底，最终雪耻兴国，名垂千古。

一个没有受过激励的人，仅能发挥其能力的 20%～30%，而当他受到激励时，其能力可发挥至 80%～90%，即一个人在经过充分的激励后，所发挥的能力相当于激励前的 3～4 倍。

所以一个人在其他方面都具备的情况下，为确保成功的概率，激励的作用是不可忽视的，其中包括外在的激励和内在的激励。如果二者都有的话，事情成功的可能性就大大增加了。

自我激励公式：

$$M = V \times E$$

M 指个体从事某项活动积极性的大小，称为激励水平。

V 指人们对某一目标的重视程度与评价水平，即人们在主观上认为奖酬价值的大小，即效价。

E 指某一特别行为会导致一个预期结果的概率，即期望值。

该公式指出了人们的努力行为与其所获得最终奖酬之间的因果关系，说明了激励过程是以选择合适的行为达到最终的奖酬目标的过程。

要想获得较大的激励，根据这个公式，我们可以从这两个方面入手：首先是弄清楚所要做的事情对于自己的重要性，其次就是要弄明白做某件事情成功的可能性有多大。我们应该对前者多下功夫，换句话说，我们要把事情对于自己的重要性彻底弄明白，尽可能把它的数值做大，对于后者即便成功的可能性小，但由于前者足够大，从而使结果成为一个可观的数值。

小分享（四）

如何进行自我激励

六个自我激励的"黄金"步骤。

（1）你要在心里，将你希望达到的目标数字化。例如"我要做到很少的投诉"是没有用的；你必须确定投诉量具体低于多少。

（2）确定你将会付出什么努力与多少代价去换取你所要达到的目标，世界上是没有不劳而获的事情的。

（3）规定一个固定的日期，一定要在这个日期之前把你要求的目标实现。因为没有时间表，你的船永远不会"泊岸"。

（4）拟定一个实现你理想的可行性计划，并马上进行。你要习惯"行动"，不要再停留于"空想"之中。

（5）将以上四点清楚地写下来。

（6）不妨每天两次，大声朗诵你写的计划的内容。一次在晚上就寝之前，另一次在早上起床之后。

➯ 小分享（五）

高速铁路列车长修炼手册

确保高速铁路运输安全，为旅客提供安全、高效、便捷、优质的服务是每一位高速铁路列车乘务员应尽的责任和义务。如何才能成为一名合格的高速铁路列车乘务员？答案是业务学习！唯有具备过硬的职业技能及素养，方能将各项工作落到实处。

高速铁路列车乘务员表面上光鲜亮丽，但他们的工作并不轻松。高速铁路列车乘务员需要深入学习铁路的文化理念，了解铁路的发展背景，还需要掌握许多的技术知识，了解旅客的需求，在旅途中向旅客提供舒适、安全的乘车环境。乘务员提高乘务服务质量的关键是什么？首先是个人的文化修养，其次是对岗位工作重要性的认识，乘务员只有对乘务工作有了正确认识，才能向旅客提供优质的服务。

列车长作为铁路系统基层领导，通过带领包乘班组全体职工，做好本职工作，激发职工积极性和工作热情，为旅客服务，并能够及时妥善处理列车上的突发事件。

亲情关怀是服务的理念，旅客是服务的主体，每一名乘务员是服务的载体。如何成为一名领导信任的列车长？如何成为一名职工支持、拥护的列车长？如何成为一名旅客称赞的列车长？这就要求我们不但要有强烈的责任心、出色的业务能力，更为重要的是还要有对班组职工无微不至的关怀和对旅客的爱护。

一个有凝聚力、能战斗的班组的形成，必须依靠公正、公平、公开的奖惩考核方式。只有在公正的奖惩制度的约束下，才能更好地激发职工的工作热情，使他们全身心地投入工作。同时，通过各种学习会、返乘会、民主生活会，同职工谈心、交流，使之畅所欲言，进而创造良好的氛围，使每个人把班组当成家。

班组建设涉及各个方面，职工思想稳定，工作热情高涨，是开展工作的第一步。提高职工业务水平，提升业务技能，是开展工作的第二步，在此基础上，定期开展业务技能竞赛，以创造一个人人争先的良好氛围。

班组建设的目的是将服务定位在"视旅客需要为第一"的基础上，把满足旅客需要作为服务工作的根本出发点和落脚点，并针对旅客需要的不断变化，调整自身的服务标准、服务方式、服务内容。实施品牌战略，打造铁路列车的特色服务品牌。要通过多种方式获知旅客的需求信号，主动发现服务机会，并提供及时、恰当、满意的服务，以满足旅客的高期望值。还要创造新的服务"品牌"，引导、教育和鼓励乘务员积极适应旅客需求的层次性、多样化，不断完善和创造"预测式""提示性""品位化"等个性化服务模式，使旅客享受越来越高质量的服务。通过提供差异化的特色服务来满足不同层次旅客的不同需求，实现列车服务向"主随客变"的方向转变。

➯ 小总结

（1）在了解自我含义的基础上，进一步理解自我沟通的概念和类型，并通过了解自我沟通的特点来辨析自我沟通的障碍，重点掌握自我沟通的方法。

（2）重点掌握高速铁路客运服务人员自我沟通的概念，熟练掌握高速铁路客运服务人员自我沟通的方法和技巧。

（3）重点掌握高速铁路客运服务人员自我认知的相关知识，熟练掌握高速铁路客运服务人员认识自我的方法、途径及原则。

（4）掌握情绪知识，了解情绪管理的概念及内涵，重点掌握高速铁路客运服务人员情绪管理的方法，努力提升情绪控制能力。

（5）了解自我修炼的含义，掌握高速铁路客运服务人员自我修炼体系的建立途径，重点掌握高速铁路客运服务人员的"九项修炼"知识。

小测试

测一测你的沟通能力

自我沟通能力测试题

1. 我能根据不同对象的特点提供合适的建议或指导。
2. 当我劝告他人时，更注重帮助他们反思自身存在的问题。
3. 当我给他人提供反馈意见，甚至是逆耳的意见时，能坚持诚恳的态度。
4. 当我与他人讨论问题时，始终能就事论事，而非针对个人。
5. 当我批评或指出他人的不足时，能以客观的标准为基础。
6. 当我纠正某人的行为后，我们的关系常能得到加强。
7. 在我与他人沟通时，我会激发出对方的自我价值和自尊意识。
8. 即使我并不赞同，我也能对他人的观点表现出诚挚的兴趣。
9. 我不会对比我权力小或拥有信息少的人表现出高人一等的姿态。
10. 在与自己有不同观点的人讨论时，我将努力找出双方的某些共同点。
11. 我的反馈是明确而直接指向问题关键的，尽量避免泛泛而谈或含糊不清。
12. 我能以平等的方式与对方沟通，避免在交谈中让对方感到被动。
13. 我以"我认为"而不是"他们认为"的方式表示对自己的观点负责。
14. 讨论问题时，我通常更关注自己对问题的理解，而不是直接提建议。
15. 我有意识地与同事和朋友进行定期或不定期的、私人的会谈。

自我沟通能力测试评价标准：

非常不同意/不符合（1分）；不同意/不符合（2分）；

比较不同意/不符合（3分）；比较同意/符合（4分）；

同意/符合（5分）；非常同意/非常符合（6分）

自我评价：

如果你的总分是80~90分，那么你具有优秀的沟通能力。

如果你的总分是70~79分，那么你的沟通能力略高于平均水平，有些地方尚需提高。

如果你的总分是70分以下，那么你需要严格地训练你的沟通能力。

可以选择得分最低的6项，作为沟通能力提高的重点。

项目十

人 际 沟 通

 知识点

- 人际沟通和高速铁路客运服务人员人际沟通的相关理论
- 高速铁路客运服务人员与工作对象沟通、倾听与分享的方法和技巧

 技能目标

- 能够识别高速铁路客运服务人员人际沟通中的障碍
- 能够通过有效的训练方法使相关技能得到提升

▶ 本项目知识结构导图

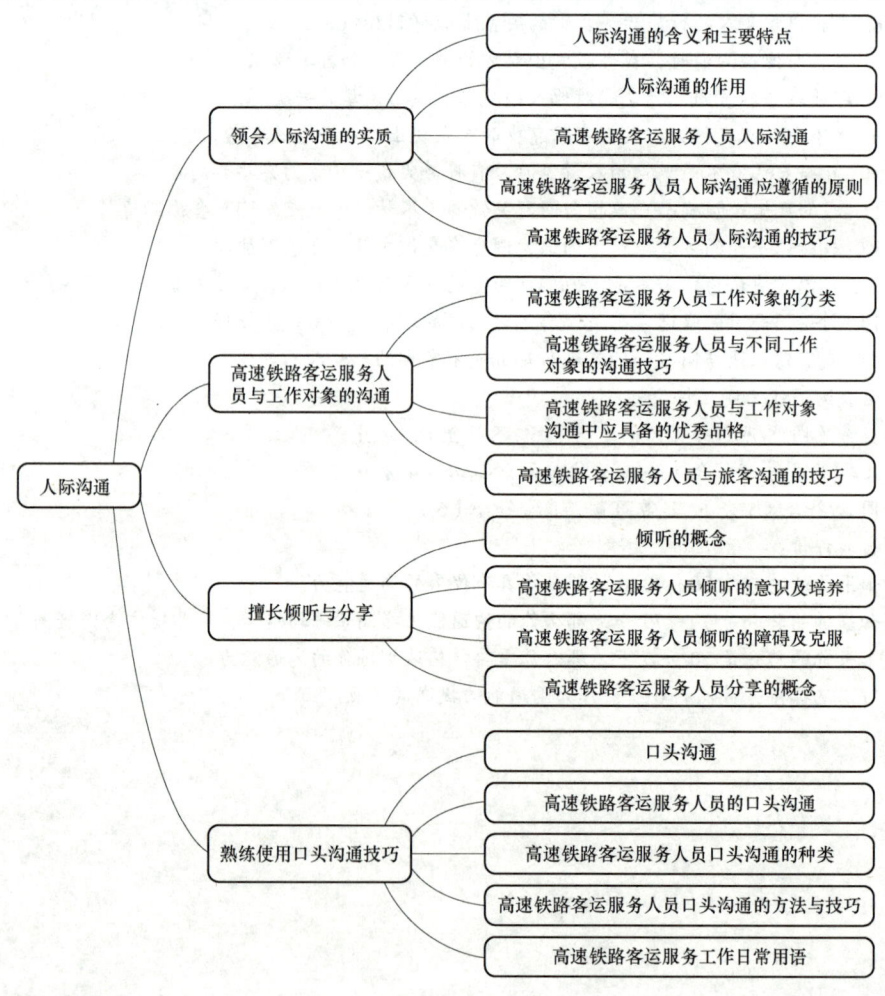

项目十 人际沟通

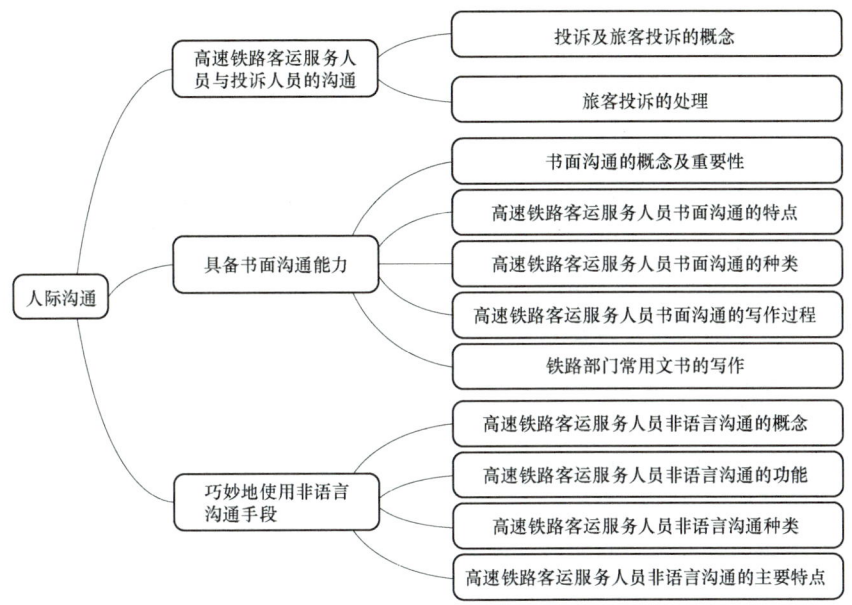

任务一 领会人际沟通的实质

一、人际沟通的含义和主要特点

（1）人际沟通的含义是指人与人之间在共同活动中彼此交流思想、感情和知识等的过程。它是沟通的一种主要形式，主要通过语言、非语言（表情、手势、体态及社交距离等）手段来实现。

（2）把人的观念、思想、情感等看作信息，把人际沟通看作信息交流的过程，这种观点可以说是迈出了很有意义的一步，其用信息论的观点来解释人际沟通的整个过程，但是，在方法论上却不能认为这种观点是正确的，因为这种观点忽略了人际沟通的某些重要特点。人际沟通有以下特点。

① 人际沟通不同于两套设备间的简单"信息传输"，其中每一个个体都是积极的主体。也就是说，人际沟通中的每一个参加者都要求对方具有积极性，不能把沟通伙伴看成某种客体，因此在沟通过程中，信息发出者必须判定对方的情况，分析他的动机、目的、态度等，并预期从对方的回答中得到新信息。人际沟通的过程不是简单的"信息传输"，而是一种信息的积极交流。

② 人们之间的信息交流不同于设备之间的信息交流，沟通双方借助符号系统相互影响。人与人的交流是以改变对方行为为目的的。

③ 信息交流只有在发送信息和接收信息的人掌握统一的编码和译码系统的情况下才能实现。这个法则用一般的话说，就是要使用双方都熟悉的同种语言或非语言说话。

④ 人际沟通可能产生完全特殊的沟通障碍。这些障碍与某些沟通渠道的弱点，以及编码、译码的差错无关，而是社会性的和心理性的障碍。

二、人际沟通的作用

人际沟通是人际关系的前提和条件，人际关系是人际沟通的基础，两者的关系是相辅相成的。人际沟通在社会生活中具有重大意义。人们只有通过沟通，才能相互影响、相互了解，才能达到行动上的协调一致，实现共同的目标。

人际沟通的作用主要体现在以下几方面。

（1）人际沟通是人们适应环境、适应社会的必要条件。沟通是人与人之间发生相互联系的最主要的形式。通过信息沟通，我们了解周围的许多情况，哪些是有利的，哪些是不利的，从而及时调整我们的行为，使我们的目标得以实现。同时，通过与他人进行比较，了解他人对自己的态度和评价，可以使我们更正确地了解和认识自己，提高自我意识水平。

（2）人际沟通具有心理保健功能，有助于保持人们的心理健康，能促进良好个性的形成。人际沟通是人类最基本的社会需要之一，同时也是人们同外界保持联系的重要途径。通过沟通，保证了个人的安全感，增强了人与人之间的亲密感。如果沟通的需要得不到满足，就会影响个人的身心健康，因此，人际沟通对于个人来说是不可缺少的行为。保持人与人之间充分的情感和思想交流，能使人心情舒畅，起到心理保健的作用；而与他人沟通不充分的人，往往有更多的烦恼和难以排除的苦闷。

（3）人际沟通是心理发展的动力，提供了人们身心发展所必需的信息资源。通过人际沟通，人与人之间交流各种各样的信息、知识、经验、思想和情感等，为个体提供了大量的社会性刺激，从而保证了个体社会性意识的形成与发展。婴儿一出生就通过与父母的沟通获得生理和心理的满足。随着年龄的增长，个人与他人沟通的范围日益广阔，接受各种社会思想，形成一定的道德体系，逐渐完成了各个年龄阶段的人生发展课题，社会意识由低级向高级迈进，形成了健全的人格特征以适应复杂的社会生活。

（4）人际沟通有促进信息交换，实现有效决策的功能。人类是决策者，无时无刻不在做决策，有时可能是靠自己就能进行决策，有时却是和别人商量后一起做出决策。沟通满足了决策过程中的两个功能，即信息交换与影响他人。正确和适时的信息是做有效决策之"钥"。我们经由沟通来获得许多信息，而我们也借助沟通来影响他人决策。

（5）人际沟通是营造高效工作团队的重要条件。人类得以生存、发展的一个主要条件是人与人之间能够通过沟通建立各种关系，相互分工，相互协作，协调一致，实现目标。同样，在我们为某一事业奋斗的过程中，也需要努力与他人合作。一个人的能力是有限的，且各有其擅长的一面，也有其不足的一面，这就需要把个人的知识、专长和经验融合在一起，构建一个高效的工作团队，才能获得成功。这一目标只有通过人们的相互沟通才能实现。人际沟通有助于提高部门领导整合差异、缓解压力、处理冲突的技巧。

人际沟通也有积极和消极之分。良好的、积极的人际沟通有助于人们保持心理的健康；不良的、消极的沟通会破坏心理平衡，造成心理冲突，给人的生活、工作带来不利的影响，因此，我们对沟通的内容和方式应该进行主动性的选择，提高自己的沟通质量。

小分享

当你听到别人说话时，真的能听懂他说的意思吗？如果不懂，就请听别人说完吧。"听的艺术"：① 听话不要听一半；② 不要把自己的意思，投射到别人所说的话上。

三、高速铁路客运服务人员人际沟通

高速铁路客运服务人员人际沟通最核心的内容是高速铁路客运服务人员与旅客之间的信

息交流，也就是高速铁路客运服务人员和旅客在共同活动中彼此交流各种观念、思想和感情的过程。这种交流主要通过高速铁路客运服务人员的言语、表情、手势、体态及社交距离等来表示。

高速铁路客运服务工作从本质上来说，代表的是一种人际交往关系。作为"列车、车站的工作人员"，需要拥有一个正面的、积极的心态，用现在流行的话说，就是要表现出"正能量"。高速铁路客运服务人员的态度在为旅客服务过程中占了首要地位，我们可以试着换位思考一下，从旅客的角度出发，如果我是旅客，我希望可以得到一个什么样的服务？每一个高速铁路客运服务人员都要学会说话的艺术，善于跟普通旅客沟通、跟老年旅客沟通、跟儿童旅客沟通，以及跟情绪不稳定的旅客等特殊旅客沟通。面对不同的旅客，应该使用不同的语言技巧。同时，我们的笑容也是为旅客服务时的强大"武器"，没有人喜欢受到冷漠的对待，没有人喜欢呆板无趣的教条式的对话，凡事要"请"字当头，多说"谢谢"。你对待旅客的态度，旅客是可以感受到的，在为旅客服务的时候，用心感受一下，你会发现，旅客其实也有着"可爱"的一面，他们也会跟你说，"谢谢，你辛苦了"。不得不说，听到这句话的时候，心里非常感动，自己的辛苦付出原来旅客都看在眼里，是被理解和被认可的，这种喜悦相信很多高速铁路客运服务人员都体会过。

高速铁路客运服务人员为旅客服务的时候，需要多一份责任感，用我们的爱心、包容心、同情心和耐心，把旅客当作我们的家人和朋友，当他跟你说需要帮助的时候，我们可以很热情地回应："好的，您稍等，我马上来！"让旅客感受到家人般的关怀，无形中提升了旅客的满意度。

立岗迎客时、引导旅客入座时、巡视车厢时、提供餐饮时、到站前告知时间与温度、道别时等，都是跟旅客沟通的良机，乘务人员知冷知热的一句话，都可以让旅客为乘务服务加分。

学会说话，恰到好处地说话，巧妙地运用语言技巧，在工作中锻炼提升服务能力，一定可以为旅客带来更好的服务感受，为旅客打造一个和谐、温馨的旅途氛围，有力地提升服务品质，提高旅客对乘务服务的满意度。

四、高速铁路客运服务人员人际沟通应遵循的原则

1. 平等的原则

高速铁路客运服务人员人际沟通要遵循平等的原则。平等原则是相对的、现实的，人都有友爱与受人尊重的需要，同样高速铁路客运服务人员与旅客的有效人际沟通也是建立在平等原则基础上的，高速铁路客运服务人员与旅客需要相互尊重，需要相互的平等对待，在礼仪面前人人应该平等。无论是公务还是私交，不论职务高低，不论家资贫富，都没有高低贵贱之分，要以朋友的身份进行交往，才能融洽。平等，是人与人之间建立情感的基础，只有以平等的姿态出现，不盛气凌人，不高人一等，给别人以充分的尊重，才有可能形成人与人之间的心理相容，产生愉悦、满足的心境，形成和谐的人际交往关系。

2. 包容的原则

包容即高速铁路客运服务人员与旅客之间的融洽关系，在与旅客相处时要宽容、忍让。包容表现在对工作对象的理解、关怀和喜爱上。在高速铁路客运服务人员人际交往中由于各自成长环境、道德修养、个性特征等差异的存在，沟通和交往中出现认识不一致或因误会、不理解而产生矛盾是不可避免的，这就要求工作中遵循包容原则，理解旅客，在非原则性问题上不斤斤计较，而且在旅客明显对自己有误解的时候，也能以德报怨，求同存异。所谓"君

子和而不同，小人同而不和"，君子不但要成人之美，更要有容人之德。求同存异、互学互补、处理好竞争与相容的关系，才能更好地完成客运服务工作。

3. 互利的原则

互利指高速铁路客运服务人员与旅客的交往要互惠互利，可表现为双方关系的相互依存，通过物质、能量、精神、感情的交换而使各自的需要得到满足。人际沟通是一种双向行为，只有单方获得好处的人际交往是不能长久的。互利原则要求我们了解旅客的价值观倾向，多关心、多帮助旅客，尽量让旅客的得大于失，从而维持和发展与旅客的良好关系。互利原则，既包括物质方面的，也包括精神方面的，但互助互惠并不是等价交换，更不是庸俗的交易，而是一种自觉自愿的相互付出、相互奉献。既要考虑双方的共同价值和共同利益，满足共同的心理需要，又要促进相互间的联系，深化双方的感情。

4. 信用的原则

信用指高速铁路客运服务人员诚实、不欺骗、遵守诺言，进而取得旅客的信任。与守信用的人交往有一种安全感，与言而无信的人交往内心充满焦虑和怀疑。一个心地坦诚、纯洁无私的人受到大家的欢迎，那种矫饰、伪装、抑制自己的真情，闪烁其词，敷衍搪塞的人是难以获得美好的感情的。当然，高速铁路客运服务人员也应该看到社会环境，人际关系的复杂性。真诚是高速铁路客运服务人员人际交往的第一要素，但并不是唯一要素。

除了上述这些高速铁路客运服务人员人际沟通的基本原则外，还要注意和旅客保持适度距离，不要过于亲近，要虚心听取不同意见，不要好为人师，要自尊自爱，不要热衷于接受旅客的馈赠等。

五、高速铁路客运服务人员人际沟通的技巧

沟通是人与人之间进行信息交流的必要手段，每一个社会人都离不开沟通，高速铁路客运服务人员在工作中更离不开人际沟通。作为一名高速铁路客运服务人员，要为工作对象（旅客）提供良好的服务，就要与旅客进行有效的沟通。

沟通是一门学问、一门艺术，良好的沟通技巧能让高速铁路客运服务人员与旅客产生很好的共情，增进高速铁路客运服务人员与旅客的互相了解，让双方在心情舒畅中达成共识。在高速铁路客运服务人员人际沟通中，我们应该注意到一点：沟通不是简单的你+我=我+你，即在沟通中，如果双方没有共鸣，你说你的，我说我的，其结果必然是不欢而散。

有些人无论在生活中，还是在工作中，人际关系都处理得非常和谐，这是因为他们掌握了有效的沟通技巧。关于有效沟通，有很多研究和分析的资料，这里，我们总结几条实用、有效的高速铁路客运服务人员人际沟通技巧。

（1）从沟通要素构成的角度看，人际沟通一般包括三个方面：沟通的内容，即文字；沟通的语调和语速，即声音；沟通中的行为姿态，即肢体语言。这三者的比例为文字占7%，声音占48%，行为姿态占45%。同样的文字，在不同的声音和行为下，表现的效果是截然不同的。所以有效的沟通应该更好地融合这三者。作为高速铁路客运服务人员，在与旅客进行有效人际沟通的过程中，更要把语言、声音和肢体语言有效地融合。

（2）从心理学角度看，人际沟通包括意识和潜意识层面，而且意识只占1%，潜意识占99%。高速铁路客运服务人员有效的人际沟通必然是在潜意识层面上，有感情、真诚地与旅客沟通。

（3）高速铁路客运服务人员在人际沟通中要进行"身份确认"，针对不同的沟通对象，如

项目十 人际沟通

工作班组领导、同事、旅客等,即使是相同的人际沟通内容,也要采取不同的声音和行为姿态。

(4)高速铁路客运服务人员在人际沟通中可以通过重复对方沟通中的关键词,甚至能把对方的关键词语经过自己的修饰后,回馈给旅客。这会让他们觉得他的沟通得到了你的认可与肯定。

(5)高速铁路客运服务人员人际沟通中的倾听很重要,倾听不是简单听就可以了,需要你把沟通的内容、意思进行全面把握。例如,有很多高速铁路客运服务人员在与旅客进行人际沟通中有时会不等对方把话说完,就急于表达自己的想法,结果有可能无法达到深层次的共鸣。

(6)高速铁路客运服务人员在工作中可以使用"先跟后带"的技巧。"先跟后带"是指,即使你的观点和旅客的观点是有差异的,在沟通中也应该先让对方感觉到你是理解他的,然后再通过语言和内容的诱导抛出你的观点。

✉ 小案例

诸葛亮的沟通艺术

三国时期,孙权和刘备是一对既联合又斗争的盟友,主要体现在周瑜和诸葛亮的既联合又斗争上。在联合抗曹取得胜利后,因为荆州的问题两家闹起了别扭。诸葛亮用计"三气周瑜",结果周瑜丧命。东吴上下对诸葛亮恨之入骨,决心要杀死诸葛亮为周瑜报仇,孙刘两家的盟友关系也遭受严峻的考验。为了不使两家分裂并结仇,诸葛亮亲自到柴桑为周瑜吊孝。刘备君臣坚决劝阻,认为诸葛亮一去必然要被东吴杀害,有去无回。诸葛亮说服众人,过江去东吴。到达柴桑之后,鲁肃礼貌地接待了他。诸葛亮到了灵堂,读完祭文就伏地而哭,情真意切,流泪不止,一口一个"周都督",一口一个"周贤弟",一边诉说两人联合抗曹的谋略,一边长叹周瑜一死没有了共同谋划之人,似乎这个世界上只有周瑜是他唯一的知己了。这令所有在场的人都非常感动,就连周瑜的夫人小乔也动摇了。人们对周瑜是不是诸葛亮气死的都产生了疑问,甚至认为周瑜之死是他自己心胸太狭窄造成的。

诸葛亮之所以能取得这样的沟通效果,是因为他的"三寸不烂之舌"和真诚的态度。所以在为人处世上,说话的态度一定要认真、诚恳。只有认真、诚恳,才能使人相信;只有使人相信,才能达到预期的沟通效果。

任务二 高速铁路客运服务人员与工作对象的沟通

一、高速铁路客运服务人员工作对象的分类

高速铁路客运服务人员的工作对象即客运服务中面对的对象,主要是指广大的旅客。旅客各不相同,为了更好地做好高速铁路客运服务工作,提高高速铁路客运服务质量,熟悉旅客的分类极为重要。旅客的分类是一个很复杂的问题,可以从不同的角度对旅客进行分类。如:按气质分类,按能力分类,也可从自然构成、社会构成、身份构成及旅行要求和旅行目的等方面来对旅客进行分类。本书仅从性格上,对旅客进行分类。

1. 急躁型旅客

急躁型旅客的性格特征:对人热情、感情外露、说话直率而快,这种类型的旅客容易激动,通常喜欢与人争论问题。他们对服务的评价易走极端。他们在旅行中较为粗心,经常丢东西。

2. 活泼型旅客

活泼型旅客的性格特征：活泼好动，反应快，理解力强，显得聪明伶俐。他们动作敏捷、灵活、多变。旅行中他们对人热情大方，喜欢与人交往和聊天，喜欢打听各种新闻。他们情感外露，并且变化多端，经常处于愉快的心境之中。

3. 稳重型旅客

稳重型旅客的性格特征：喜欢清静的环境，很少主动与他人交往，交谈起来很少滔滔不绝和大声说笑，情感很少外露，自制能力很强，做事总是不慌不忙，力求稳妥，很少打扰别人。他们反应慢，希望别人讲话慢些或重复几次，自己讲话也慢条斯理，显得深思熟虑。他们的注意力比较稳定，对新环境不易适应，但一旦适应了又对乘坐过的列车或打过交道的服务人员产生留恋之感。

4. 忧郁型旅客

忧郁型旅客的性格特征：感情很少向外流露，心里有事一般不愿对别人讲。旅行中表现为性情孤僻、不合群、沉默寡言，不喜欢在公共场合与人交往和聊天。这类旅客对事情体验深刻，自尊心强，很敏感，好猜疑，想象力丰富。他们在遇到困难或挫折时，会表现得非常痛苦，如丢失东西，或与人发生纠纷后会长时间不能平静。他们行动迟缓、反应慢。

二、高速铁路客运服务人员与不同工作对象的沟通技巧

大致了解客运服务工作对象的性格特征后，接下来的工作就是根据旅客不同的性格特征，采用不同的沟通方式，提高工作水平。

1. 针对急躁型旅客的沟通技巧

在沟通工作中，对于急躁型旅客，言谈要注意谦让，不要激怒他们，不要计较他们有时不顾后果的冲动言语，一旦出现矛盾，应当尽量回避。随时提醒他们别乱扔、乱放和丢失东西。

2. 针对活泼型旅客的沟通技巧

在服务工作中，对于活泼型旅客，同他们交往时，尽量满足他们在交往时爱讲话的特点。旅行中高速铁路客运服务人员应主动向他们介绍车站和列车设施，以及各地风光和特产，以满足他们喜欢交流的心理。

3. 针对稳重型旅客的沟通技巧

在服务工作中，对于稳重型旅客，应当注意讲话的速度，重点内容适当重复一下。一般不要过多地与他们交谈。如需交谈，应尽量简单明了，不要滔滔不绝，以免他们反感。

4. 针对忧郁型旅客的沟通技巧

在服务工作中，对于忧郁型旅客，应当十分尊重，与他们交流要清楚、明了、和蔼可亲。尽量少在他们面前谈话，绝对不要与他们开玩笑，以免产生误会和猜疑。当他们遗失物品、生病时，应当给予特别的关心和帮助，想办法安慰他们，使之感到温暖。

以上旅客分类与沟通技巧，仅仅针对客运服务工作中所面对的旅客的共性心理特征。实际上，旅客的心理活动除受自身条件制约外，还受客观事物的影响，所以在客运服务工作中，既要掌握旅客的共性心理，又要探索和理解旅客的个性心理，这样才能避免服务的片面性和盲目性，才能提供更加主动、更有针对性的服务，才能真正提高我们的客运服务水平。

三、高速铁路客运服务人员与工作对象沟通中应具备的优秀品格

客运服务在本质上是一种高速铁路客运服务人员人际交往关系,这种关系由服务者与被服务者和服务环境三元素组成,其中,服务者是影响服务质量的最主动、最积极的因素,其能力和素质的高低对服务水平具有决定性的作用。具有良好的素质和能力的服务者可以在服务过程中营造令人愉快的氛围,使服务三元素之间的关系达到和谐统一,这种和谐统一的美就是优质服务。优质服务需要具有优秀个人素质和能力的服务人员,而素质是个人品格、性格、文化等相关因素的综合反映,其中品格是决定个人素质的关键因素。高速铁路客运服务人员应具有以下个人品格:责任心、爱心、包容心、同情心和耐心。

1. 优秀的高速铁路客运服务人员应具备的第一种品格——责任心

通俗地说:责任心就是一个人自觉地把分内的事情做好。客运服务工作既是服务工作,也是安全工作,既关系到班组服务水平的高低,更关系旅客生命和国家财产安全,客运服务工作至关重要,需要高速铁路客运服务人员以高度的责任心认真对待,可以说,责任心是一名优秀高速铁路客运服务人员应该具备的最基本素质。同时,高速铁路客运服务的构成和高速铁路客运服务工作的特点也要求高速铁路客运服务人员必须具有高度的责任心。每个高速铁路客运服务人员要以高度的责任心自觉地履行自己的职责,做好分内的工作,高速铁路客运服务人员要相互配合,为优质服务打好基础。另外,服务工作灵活性较强的特点也决定了优秀的服务有赖于强烈的责任心。完成客运服务规定的程序只是高速铁路客运服务工作最基本的一步,真正优秀的服务需要高速铁路客运服务人员发挥主观能动性,竭力满足旅客的合理需求,甚至在旅客开口之前提供服务,这样的要求,没有高度的责任心是不可能做到的。

2. 优秀的高速铁路客运服务人员应具备的第二种品格——爱心

爱心,首先是对高速铁路客运服务工作本身的热爱,热爱服务工作的人都知道,看似轻松的客运服务工作,实际是非常劳累和枯燥的工作,如果没有建立对客运服务工作深刻理解基础上的热爱,就很难长久地保持对这份工作的激情,具体地说,对客运服务工作的热爱就是要甘于平凡、乐于助人,要能够从枯燥的工作中,认识到简单的动作对于千百万旅客生命和国家财产的重要性,从繁复累赘的客运服务中感受到人性的美好,从日复一日的迎来送往中体会到人与人之间的尊重,从而真正理解客运服务工作的意义。有对客运服务工作的热爱,才能吸引高速铁路客运服务人员积极探索服务工作的有关技巧,激发他们的工作热情,克服工作中的各种困难,对客运服务工作本身的热爱是高速铁路客运服务人员做好服务的原动力。

爱心是对旅客的友善,服务是人际交往,优质服务是愉快的人际交往,是美好情感在人与人之间的共鸣,而爱心是美好情感的基础。高速铁路客运服务人员作为"高速铁路客运服务"这种特殊人际交往过程的主体,应把握住交往过程的主动权,用对旅客的爱心来营造优质服务的氛围。一个优秀的高速铁路客运服务人员,首先应该是一个与人为善、充满爱心的人,以爱心为基础的服务才是真诚的服务。没有真挚的爱心,只依靠技能、技巧来服务旅客的高速铁路客运服务人员,永远不可能真正留住旅客,也就不可能成为一名优秀的高速铁路客运服务人员。

爱心是对工作伙伴的体贴。高速铁路客运服务工作需要高速铁路客运服务人员相互配合,没有良好的合作就不可能有完美的服务。作为高速铁路客运服务人员、要相互关照,及时沟通,彼此谅解,要多替别人着想,尽量给他人提供方便。俗话说:"予人方便,予己方便。"

孔子也曾说过:"己所不欲,勿施于人。"优秀的高速铁路客运服务人员对于这些做人的道理一定有深刻的认识。

3. 优秀高速铁路客运服务人员的第三种品格——包容心

优秀的高速铁路客运服务人员一定是一个可以包容旅客或同事"过失"的人,高速铁路客运服务人员和旅客的关系是一种特殊的人际关系。"旅客"作为普通受服务者,其言行遵守法律、法规便可,而高速铁路客运服务人员除了必须遵守法律、法规之外,还要遵守铁路制度、职业操守、社会公德,甚至还要对旅客的感受负责,因此,这种人际关系没有"公平"可言。旅客作为相对的"自由人"可以在法律、法规允许的范围内,在自己的道德认知水平上提出需求,宣泄个人的情绪,这些需求和情绪完全可能超出普通人的心理承受范围,给别人带来伤害,而高速铁路客运服务人员却必须包容这些一般人难以忍受的言行,要具有超过普通人对伤害的接受度,这就考验着高速铁路客运服务人员的包容心。

具有包容心是高速铁路客运服务人员的职业需要,同时也是高速铁路客运服务人员自我保护的需要,包容不是简单的忍受,而是理解、同情、练达、包涵。从事高速铁路客运服务工作,遭受旅客带来的"不公"是避免不了的事,我们必须包容这些"不公",并将其化为顺理成章的理由,才不会给自己的身心造成伤害,才可以始终如一地坚持对这份工作的理解和热爱。包容心不仅可以化解高速铁路客运服务人员与旅客之间的不快,还能化解高速铁路客运服务人员工作和生活中的负面情绪,保持阳光心态,在任何时候都快乐而积极地为旅客服务。

4. 优秀高速铁路客运服务人员的第四种品格——同情心

同情在一切内在的道德和尊严中为最高的美德。同情心就是当他人有困难或遭到不幸时,自己的内心世界产生的一种不好受、怜悯,进而想在道义上、方法上或物质上帮助他人解决困难的内心感受,是感人之所感,甚至是人与人之间的一种"心灵感应"。如果把爱心比喻成宽广的大海,同情心就是那海面上朵朵美丽的浪花,蔚蓝的海面令人平静,而洁白的浪花使人激动。高速铁路客运服务工作面对的旅客来自天南海北,他们有着不同的背景和经历,当他们聚集在列车、车站特殊的空间里,会有各种不同的心理感受。一般来说,前往陌生的异地或很少乘坐高速铁路列车出行的旅客希望得到高速铁路客运服务人员不动声色的及时指点,来化解紧张的情绪和茫然的感觉,生病的旅客需要特别的关照和问候来克服病痛和不安,无人陪伴独自出行的旅客需要更多的陪伴来抵御陌生环境的孤独感,老年旅客需要及时的帮助,以避免手脚不便造成的困扰和尴尬。富有同情心的高速铁路客运服务人员能够从旅客的举止言行中敏锐地察觉到不同的旅客的困难和需求,及时提供细心的、周到的、有针对性的服务。富有同情心的高速铁路客运服务人员能够很好地展示优质服务的魅力,从而使服务工作达到令人"动心"的效果。

5. 优质高速铁路客运服务人员的第五种品格——耐心

耐心是在工作中化解矛盾的一种重要素质。首先,优质服务是服务三元素共同营造的和谐统一的美好境界,在服务的三元素之中最难把握的就是服务对象——旅客的情绪和举动。要使旅客在旅行中愉快、自愿地配合我们的工作,需要我们不厌其烦地关心和满足他们的合理需求,及时化解出现的问题和矛盾,努力营造一种积极的氛围来感染旅客。尤其是在列车运行过程中,旅客情绪激动的情况下,更需要以极大的耐心来安慰或感动他们。

耐心也是使高速铁路客运服务人员把"职业要求"转化为"职业素质"的一种力量。从新入职的高速铁路客运服务人员到优秀的高速铁路客运服务人员,每个人都有一段距离需要跨越,这期间必须有这样或那样的困难和阻力,能否最终跨越则需要客运服务人员保持足够的耐心,只有耐得住辛苦、委屈、压抑、枯燥和诱惑力的人才能获得成功。所以,要想成为一名优秀的高速铁路客运服务人员，就必须在日常的工作、生活和学习中持之以恒地磨炼自己，反复地总结、思考，坚持不懈地努力。

优秀个人品格的培养是高速铁路企业文化建设中不可忽视的一部分，高速铁路企业职工思想政治工作要注重对高速铁路客运服务人员的个人品格培养，帮助每个高速铁路客运服务人员在思想认识上正本清源，向着好的标准看齐。

➡ 小提示

高速铁路客运服务人员与工作对象进行沟通的小技巧

文明用语，用心服务。
真诚沟通，随机应变。
微笑耐心，将心比心。
换位思考，考虑周全。
报站及时，细心提示。
了解周边，为人乐观。
乐于助人，热情开朗。
不怕吃苦，与人为善。

四、高速铁路客运服务人员与旅客沟通的技巧

1. 交谈时用词要恰当、灵活

在为旅客服务时，要避免交谈中出现令人感到尴尬或忌讳的字词，面对不同层次的旅客，服务语言也要有所不同，要保证说出来的话能够通俗易懂。

2. 态度诚恳、亲切

在与旅客交谈时，首先要把握"以旅客为中心"的原则，态度诚恳。与旅客交谈时还要注意使用礼貌用语，如"请""谢谢""对不起""打扰了"等。

3. 声音要温柔、动听

高速铁路客运服务人员作为服务工作者，说话发音要准确，吐字要清晰、自然，声音要温柔、大方。高速铁路客运服务人员的声音应根据自身条件的不同来寻找适合自己的语调和音量，不要一味地追求温柔、动听，过于温柔、动听反而会让旅客感到不舒服。

4. 体态语要谦逊、亲和

体态语是声音语言的辅助表达工具，能够帮助声音语言更好地传递情感信息。谦虚、善意的体态语会让旅客感觉受到尊重，和蔼可亲的体态语让旅客有回家的感觉。

5. 巧妙使用商讨式语气

商讨式语气是高速铁路客运服务人员在进行沟通时经常用到的一种交谈方式。用商讨的语气与旅客交谈，让旅客得到充分的尊重，使其能配合或协助完成一些事项。在使用商讨方式交谈时，一定要注意意思的表达，不要让旅客理解为"他说的重要，我说的就不重要"，应先肯定商讨的对象，然后再提出需要商讨的问题，要让旅客受到尊重的同时觉得自己也做了件助人为乐的好事。

6. 善于使用征求式语气

征求式语气是高速铁路客运服务人员在服务工作中最常用到的。在向旅客提出要求时，高速铁路客运服务人员用征求意见的口气去询问，语气温柔和蔼，会让旅客感到自己得到了

应有的尊重，自然也就会配合高速铁路客运服务人员的工作。征求式的语气常用于需要旅客配合工作的情况，询问时，高速铁路客运服务人员要灵活机动，如果效果不好，应当更换交谈方式，不要生搬硬套地只用一种交谈方式，以免造成与旅客关系的恶化，不利于事情的解决。

7. 适时使用恳求式语气

恳求式语气一般用于高速铁路客运服务人员处于弱势时，通过"以情动人"，缓解对方的情绪。

8. 注意使用委婉式语气

高速铁路客运服务人员在服务过程中，常会遇见一些不能直接劝解的问题，对于此类问题，可以用委婉的语气与旅客交谈。对于无理取闹的旅客，高速铁路客运服务人员需要有更多的耐心，用委婉的语气对其进行劝导。

任务三　擅长倾听与分享

小案例

倾听，也是一种尊重

经朋友介绍，汽车销售员李子枫去拜访一位曾经买过他们公司汽车的大企业经理。见面时，李子枫照例先递上自己的名片："您好，我是汽车公司的销售员，我叫……"才说了不到几个字，就被客户以十分不友好的口气打断了，客户开始抱怨，讲述当初买车时的种种不快，如服务态度不好、报价不实、交接车的时间等待过久等。

客户在喋喋不休地数落着汽车公司及当初提供汽车销售服务的销售员时，李子枫只好静静地站在一旁，认真地倾听，一句话也不说。终于，那位客户把以前所有的怨气都一股脑儿地吐光了。当他稍微休息了一下时，才发现眼前的这个销售员好像很陌生。于是，他有点不好意思地对李子枫说："小伙子，贵姓呀？现在有没有一些好一点的车型？拿一份目录来给我看看，给我介绍介绍吧。"当李子枫离开时，已经兴奋得几乎想跳起来，因为他手上拿着两辆汽车的订单。从李子枫拿出商品目录到那位客户决定购买，整个过程中，李子枫说的话加起来不超过十句。汽车交易拍板的关键，由那位客户道出来了，他说："我是看到你非常实在，有诚意又很尊重我，所以我才向你买车的。"

一、倾听的概念

倾听，属于有效沟通的重要组成部分，倾听的作用是求得思想达成一致和感情的通畅。狭义的倾听是指凭借听觉器官接收言语信息，进而通过思维活动达到认知、理解的全过程；广义的倾听包括文字交流等方式。倾听的主体是听者，而倾诉的主体是诉说者。两者"一唱一和"有排解矛盾或者宣泄感情等作用。倾听者作为真挚的朋友或者辅导者，要虚心、善意地为诉说者排忧解难。

倾听不是简单地用耳朵来听，它也是一门艺术。倾听不仅要用耳朵来听说话者的言辞，还需要一个人全身心地去感受对方在谈话过程中表达的语言信息和非语言信息。

倾听是高速铁路客运服务人员在客运服务工作中，与旅客进行有效人际沟通的前提，是高速铁路客运服务人员接收旅客口头语言信息，确定旅客讲话的含义以做出正确反应的过程。

二、高速铁路客运服务人员倾听的意识及培养

1. 高速铁路客运服务人员倾听的过程

高速铁路客运服务人员倾听是一个在客运服务工作中的能动性的过程，是高速铁路客运服务人员在客运服务工作中对感知到的信息经过加工处理后能动地反映自己思想的过程，高速铁路客运服务人员倾听的过程大致可分为准确感知、正确选择、有序组织、合理解释或理解四个阶段。这四个阶段相互联系、相互影响，任何一个阶段出现问题，高速铁路客运服务人员的倾听都可能是无效的。作为高速铁路客运服务人员（信息接收者）要注意仔细地倾听，倾听是一种完整地获取有效信息的方法。倾听包含了四层意思，即听到、注意、理解、记住，高速铁路客运服务人员倾听的过程包括接收旅客发出的信息、选择性地注意、赋予信息正确的含义、记忆信息。

（1）在与旅客沟通时不要急于表达自己的意见，要礼貌地请旅客先发表意见。以身体稍稍倾斜面向旅客的姿态，来表示你在尊重并聆听旅客讲话。

（2）高速铁路客运服务人员要暂时放弃自己的好恶，尽量"放空"自己，才能听进旅客的话。不要轻易打断旅客的话，要让旅客把事情叙述完整，感情表达清楚，不满发泄出来。在倾听过程中，用简单的肢体语言（微笑、点头）来表示你紧跟着旅客的思路。

（3）在倾听后不要急于否定旅客，不要匆忙下任何结论，这种做法是非常危险的，有时候会制造误会，要给予自己时间去思考和判断。

2. 高速铁路客运服务人员倾听的类型

按照倾听的目的，高速铁路客运服务人员倾听分为：获取有效信息式倾听、质疑式倾听、移情式倾听、享乐式倾听。所谓移情式倾听是在倾听中设法从旅客的观点来理解他们的感受，并把这些情感反馈回去。

按照倾听的专心程度，高速铁路客运服务人员倾听分为：投入型倾听、字面理解型倾听、随意型倾听、假专心型倾听、心不在焉型倾听。假专心型的倾听者在沟通过程中不做任何努力，因此所获得的信息毫无价值，不能解决旅客提出的问题，也无法满足旅客的诉求。

人们在听别人说话时，注意的程度由浅入深可以分为六个层次，以此为据，我们把高速铁路客运服务人员倾听分为以下六个层次。

（1）第一层：心不在焉。知道对方在说话，耳朵也听见了声音，但陷入自己的想象或情绪中，眼神凝滞。

（2）第二层：随口应答。条件反射式的随声附和。

（3）第三层：记住"尾巴"。如果说话者反问："你听清我刚才说什么了吗？"听者会重复最末尾的几个字。

（4）第四层：能够回答问题。已听进大脑，记住了内容，被提问能回忆起来。

（5）第五层：能对其他人讲。当我们不放心对方是否记得自己交代的重要信息时，可以让对方重复一遍，或让他说给周围的人听。

（6）第六层：能教别人。当我们要学习某项知识信息时，把自己看成老师而不是学生，就会以最积极的姿态去听，效果也最好。

三、高速铁路客运服务人员倾听的障碍及克服

1. 高速铁路客运服务人员倾听的障碍

（1）高速铁路客运服务人员因语言因素引起的障碍。讲话速度与思考速度的差异：人们

的思维远比讲话的速度快。讲话的低速度和思维的高速度之间的差异给不熟练的倾听者带来麻烦。当讲话者缓慢地叙述着，听讲者的思绪可能走向不同的方向，例如，开始考虑家庭、好友及个人问题等，而不再注意讲话的内容。

（2）旅客（作为倾听者）引起的障碍。体质不佳，身体障碍，如疲惫、疾病会影响有效倾听。上午 7:30—10:30 为人在一天中精力最旺盛的阶段，11:00 至下午 1:00 左右，人的精力处于低谷，人在下午时段的精力平均水平不如在上午时段的精力平均水平高。一般来讲，在精力低潮阶段，疲劳会影响有效倾听。除了疲劳，疾病也会减弱一个人的倾听能力。当一个人患重感冒就很难成为专注的倾听者，也就是说，任何疾病或身体不适都会作为内在干扰而影响倾听。

（3）感情过滤引起的障碍。每个人都会选择自己喜欢听的来听，可以说，在倾听过程中，情感起到了听觉过滤的作用，有时它会导致盲目，而有时它排除了所有的障碍。

（4）心理定式引起的障碍。这主要包括偏见、思想僵化、缺乏信任。

（5）性别差异引起的障碍。男性和女性倾听的态度和方式是不同的。男性和女性在交谈时，双方必须了解这种差异所造成的障碍。

（6）外部因素引起的障碍。外部因素大致有以下几个方面：喧闹声、手机铃声、意外事件、交谈环境、说话者的谈吐举止、说话者的发音特点等。

2. 克服倾听障碍的对策

（1）创造良好的倾听环境。如适宜的时间、适当的地点、平等的氛围等。

（2）提高倾听者的倾听技能。例如完整、准确地接收信息，正确地理解信息，适时、适度地提问，及时给予反馈，防止分散注意力等。

（3）改善讲话者的讲话技巧。

四、高速铁路客运服务人员分享的概念

分享是指与他人一同享受、使用，这种分享可以是精神上的，也可以是物质上的。如让他人分享自己的喜悦，让别人也感觉到自己的感受，或者向别人述说自己的感受。

分享是一种快乐，是我们跳出自己思想的狭隘，让那种思想的碰撞在我们内心深处获得"土壤"，并享用人生无穷的馈赠。分享是一种幸福，一个人的世界很孤独，分享会让心情在充分舒展的气氛中升华。分享是一种源泉，让我们在那种无拘束的表露中互相寻找前进的动力。

高速铁路客运服务人员分享是指在客运服务工作中，在与旅客有效沟通的基础上享受彼此的欢乐，分担彼此的烦恼，在处理高速铁路客运服务工作中的问题或矛盾时进行情感上的沟通，达成共识，共享精神上的愉悦。

分享其实更多的是跟沟通者一起描绘一个美好的未来。分享的目的其实是让高速铁路客运服务人员知而后行，但目前，高速铁路客运服务人员的分享大多还停留在知的层面，一些高速铁路客运服务人员在刚从业的时候总希望将自己所知道的东西分享得越多越好，好让旅客觉得自己有"料"，殊不知这只不过是高速铁路客运服务人员自我感觉良好罢了。其实不在乎到底分享了多少内容，更重要的是分享的针对性，有针对性的分享是提高工作效率的有效手段。

➡ 小分享

分享的重要性

孔融让梨的故事从古流传至今，不仅反映了要尊老爱幼，同时也教育人们学会分享。分享是一种美德。懂得分享的人更能爱自己、爱他人。

分享的障碍大致有以下三点。

（1）对自己没信心。持这种态度的人，能够充分认识到分享的重要性和必要性，也有分享的初衷和愿望，但是对分享缺乏信心，片面地认为分享不是一件容易的事儿，只有那些"大V""大咖"、成功人士才有资格、有能力分享。自己作为一介无名之辈、只有认真倾听的份儿。自己那点墨水拿出来分享，不让人笑掉大牙才怪，何必自取其辱呢？其实，"金无足赤，人无完人"，只要肯挖掘，肯展示，每个人都有自己的闪光点。

（2）对分享有偏见。持这种思想观点的人，认为分享是在浪费精力和时间，与其跟别人分享，还不如省出时间和精力来，集中精力干自己想干、该干的事情。这种观点没有看到分享的潜在价值。

（3）怕自己被超越。持这种思想观点的人，心胸狭隘，认为分享会降低自己对某种资源的"独占性"。

正是"对自己没信心""怕自己被超越"之类的不正确的思想在作怪，禁锢了思想，阻碍了沟通交流，错失了成长的良机，使我们在茫茫人海、芸芸众生中，独自前行，摸索前进，即使最终到达了成功的彼岸，也会付出超长时间的努力。

现实生活中，想分享的人不少，但会分享的人却不多，干好任何一件事情，都要讲究方法和策略，分享也不例外。

① 真正的分享不是"单相思"，需要找准对象才行，有些人，自己分享的热情很高，按捺不住分享的欲望，逢人便说，遇人就讲，以为这才是分享，但为什么其收获不明显呢？究其原因，就是没有找准分享对象。所以，在分享之前，不妨先冷静地思考一下，我们分享的内容是什么，属于哪个领域？适合哪类人群，对象是哪个年龄段的？找准了目标对象和受众之后，再进行有针对性的分享，肯定会引发共鸣，收获多多。

② 真正的分享不是单纯"输出型"的，需要双向互动才行！分享不是单向运动，你说我听，一味地输出，而是一个双向交流互动的过程。分享人在分享的过程中，被分享人也应发表看法，提出意见，反过来对分享人的分享产生促进和影响。从这个意义上讲，分享人既是"输出者"，同时又是"输入者"，他输出的是自己的观点和看法，收获的是被分享者的真知灼见，看似"舍"实则"得"，在相互切磋中实现了共同进步、共同成长、共同提高。

任务四　熟练使用口头沟通技巧

一、口头沟通

1. 口头沟通的概念

所谓口头沟通，是指借助口头语言实现的信息交流，它是日常生活中最常采用的沟通形式，其主要包括口头汇报、讨论、会谈、演讲、电话联系等。

口头沟通也是沟通的种类之一，其与书面沟通相对应。口头沟通通过口头语言形式进行信息交流，例如，座谈讨论、大会发言、演讲辩论、电话会议、双方会谈等，都属于口头沟通的范畴。

2. 口头沟通的优点

（1）能观察对方的反应。

（2）能立刻得到回馈。

（3）有机会补充说明及举例说明。

（4）可以用声音和姿势来加强沟通效果。

（5）能确定沟通是否成功。

（6）有助于建立共识与共鸣。
（7）有助于改善人际关系。

3. 口头沟通的缺陷
（1）通常口说无凭（除非录音）。
（2）效率较低。
（3）不能与太多人双向沟通。
（4）有时会因情绪不佳而说错话。
（5）言多必失。
（6）对不善言辞者不利。

二、高速铁路客运服务人员的口头沟通

口头沟通是一门很大的学问，人与人相处需要口头沟通，我们在工作中与领导、与同事、与旅客，在生活中与家人、与友人和与所有其他接触到的人都会进行口头沟通，可以说，口头沟通无处不在。高速铁路客运服务人员口头沟通与高速铁路客运服务人员书面沟通相对应，是指高速铁路客运服务人员通过口头语言形式与旅客进行信息交流（即高速铁路客运服务人员在客运服务工作中与旅客之间的口头语言交谈）。

三、高速铁路客运服务人员口头沟通的种类

1. 交谈

交谈是高速铁路客运服务人员口头表达活动中最常用的一种方式。高速铁路客运服务人员在乘务工作中需要与旅客进行口头沟通，这是不可缺少的一项语言活动。交谈是以两个人或几个人之间的谈话为基本形式，进行面对面的学习讨论、沟通信息、交流思想、谈心聊天的言语活动。高速铁路客运服务工作中需解决问题时，通常高速铁路客运服务人员与旅客之间以对话为基本沟通形态。

交谈是一门艺术，而且是一门古老的艺术。交谈的艺术性体现在：尽管人人都会，然而效果却不太一样。所谓"酒逢知己千杯少，话不投机半句多"，这正说明了交谈的优劣直接决定着交谈的效果。与人进行一次成功的谈话，不仅能获得知识、信息的收益，而且感情上也会得到很多补偿，会感到一种莫大的享受。交谈是建立良好人际关系的途径，是连接人与人之间思想感情的桥梁，是增进友谊、加强团结的一种动力。"良言一句三冬暖，恶语伤人六月寒"，这说明交谈在交往中的作用是举足轻重的。交谈不仅是人们交流思想的重要手段，而且是人们学习知识、增长才干的重要途径。善于同有思想、有修养的人交谈，就能学到很多有用的知识，"听君一席话，胜读十年书"就是对交谈意义深刻的总结。按照性质和目的的不同，可以将交谈划分为聊天、谈天、问答和洽谈四种类型。

2. 发言

这里说的发言不是事先准备好的发言，而是受到某些事物的刺激或在谈话时联想和诱发出来的，这种发言是临时性的发言。即席发言首先要注意观察周围事物的变化，在认真听取别人发言的基础上，有言可发；其次，要思维敏捷，善于进行逻辑归纳和综合，通过对方的发言，迅速形成体现自己思想脉络的发言提纲；最后，要有广博的知识，占有丰富的材料。

3. 演讲

演讲又叫讲演或演说，是指在公共场所以有声语言为主要手段，以体态语言为辅助手段，针对某个具体问题，鲜明、完整地发表自己的见解和主张，阐明事理或抒发情感，进行宣传

鼓动的一种语言交际活动。根据演讲的目的,可以将演讲分成劝导型、告知型、交流型、比较型、分析型、激励型,也可以分为凭记忆讲、有准备的脱稿讲和照稿宣读等。

(1) 凭记忆讲。这种演讲是将事先写出的稿子,记在脑子里,然后用语言表达出来,这里要讲究记忆的方法,要克服困难,花费相当大的精力用脑子记,这种演讲的优点是眼光始终注视观众,可以观察到观众的表情,不足的是,演讲时精神较为紧张,担心讲错、容易遗忘。

(2) 有准备的脱稿讲。这种演讲不必写稿子,写个提纲就可以了。提纲主要包括论点、事例和必要的数字,其不受书面词句的限制,可避免因记忆错误使演讲出现"卡壳"。有准备的脱稿讲,可较自由地发挥,讲起来也会生动、形象、深刻,这种演讲要认真准备,思维和反应要快,提纲要一目了然,切勿遗失。

(3) 照稿宣读。这种演讲一般适用于重大的会议或技术性很强的会议。口头表达的方式特点,是把主体与客体在时间与空间上紧密结合,讲、听直接见面,随时观察听者的反应,灵活调整内容,调节气氛。如果是对话、讨论、谈话、辩论,则可直接听到对方的意见,进行针对性强的回答。

四、高速铁路客运服务人员口头沟通的方法与技巧

1. 高速铁路客运服务人员口头沟通的基本方法

口头沟通应该注意语言的应用,如幽默的语言可以使自己在人群中更具有感染力,利于交流;又如含蓄的语言可以提升自己在他人眼里的档次,会招来更多关注你的人,有利于交更多的朋友。当然,除此之外还有很多语言都能对自己的人际交往产生这样或那样的影响。另外,场合问题也是不可小视的,如涉及重要事项时就需要用到含蓄的语言以提升自己在旅客眼里的权威性,此时如果用幽默的语言就必定会给旅客一种不被重视的感觉,不利于工作的顺利进行,因此,要成功地与人交谈,使交谈产生更多的收获和乐趣,必须学习一些基本的口头沟通方法。

(1) 选择恰当的时机和地点。
(2) 根据对象选择交谈话题。
(3) 事先了解交谈的内容。
(4) 把握交谈的尺度。
(5) 用眼来"聆听"对方的谈话。
(6) 避免讨论无法讨论的问题。
(7) 善于提问和反馈。

2. 高速铁路客运服务人员口头沟通的基本技巧

高速铁路客运服务人员口头沟通要领:语言是人们传递情感和意愿的媒介,是表达思想和与外界沟通的一种工具。高速铁路客运服务人员与旅客进行语言交流时,应注意掌握好语音、语调、语速,选词要恰当,用语要得体。在提供客运服务时,要求用普通话与旅客进行交流,针对不同的旅客还可以使用方言、手语、外语。高速铁路客运服务人员在客运服务工作中,语言的表达是十分重要的。客运服务过程中的语言运用多以声音语言为主,体态语言为辅。语言的使用也要讲究艺术。高速铁路客运服务人员在与旅客口头沟通时,一定要把握基本技巧。

(1) 态度诚恳、亲切有礼。高速铁路客运服务人员在与旅客交谈时,首先要把握"以旅客为中心"的原则,不要在谈话中多次使用"我"这类人称,以免突出了自己,忽略了旅客。态度诚恳,要"以情动人",虚情假意的语言同样会让人感觉不舒服。与旅客交谈时还要注意使用礼貌用语,如用"请""谢谢""对不起""打扰了"等礼貌用语。

（2）用词要恰当、灵活。交谈时，高速铁路客运服务人员的用词也需要考究。在为旅客服务的同时，要避免交谈中出现令人感到尴尬或避讳的字词，机智灵活，话要想好后再说。面对不同层次的旅客，服务语言也要有所不同，用词选字要根据旅客的接受能力来确定。保证说出来的话能够通俗易懂，不要让旅客觉得"不知所云"。

（3）体态语要谦逊、亲和。体态语是声音语言的辅助表达工具，其能够帮助人们更好地传递情感信息。高速铁路客运服务人员在与旅客交谈时，表情是很重要的。"伸手不打笑脸人"，从高速铁路客运服务人员与旅客谈话时的表情和举止中，旅客可以得到是否被友好对待的信息。谦虚、善意的体态语会让旅客感觉受到尊重，和蔼可亲的体态语让旅客有回家的感觉。

（4）声音要温柔、动听。高速铁路客运服务人员作为服务工作者，说话发音要准确，吐字要清晰、自然，声音要温柔、大方。语调的抑扬顿挫可以让旅客感觉到高速铁路客运服务人员的感情，动听的声音可以增加一定的魅力。高速铁路客运服务人员的声音应根据自身条件的不同来寻找适合自己的语调和音量，不要一味地追求温柔、动听。

小分享

口头表达训练的十三种方法

一、朗读、朗诵

作用：训练口齿的伶俐性。

方法：（1）准备一份当天的报纸；（2）大声地读出来；（3）持续15～30分钟。

二、对镜练习

作用：训练自己的眼神、表情等肢体语言表达能力。

方法：在家中或者办公室对着镜子练习，不要被打断，练习过程中注意自己的语速与表情变化，重复三遍。

三、录音、录像

作用：对自己的演讲进行录音、录像，反复观摩找出问题，并不断改善。看一次自己的演讲录像比上台十次的效果更佳。

方法：录音必须是一次完整的录音，原则上要求先演练再改进，切记不要说错了马上改；录像可方便关注自己的动作与表情是否合理到位。

四、速读练习

作用：锻炼口齿的灵活性。

方法：（1）准备一篇优美的散文；（2）拿字典把文章中不认识的字、不太熟悉的字查出来；（3）开始朗读，第一次朗读速度不要太快；（4）逐步加快，最后达到所能达到的最快速度；（5）读的过程中不要有停顿，吐字要清晰，尽量发声完整，不吞字吞音。

五、卧躺朗读

作用：卧躺式朗读采用腹式呼吸，而腹式呼吸是最好的练声、练气方法，其有利于掌握运气技巧和共鸣技巧，使自己呼吸流畅，声音洪亮，音质动听，具有穿透力。

方法：每天睡觉之前，躺在床上大声地朗读十分钟；每天醒来，先躺在床上唱一段歌，再起来。坚持一至两个月。

六、即兴朗读

作用：增强记忆力、快速理解力和即兴构思能力。

方法：空闲时，随便拿一张报纸或一本书，任意翻到一段，然后一气呵成地读下去。在朗读过程中，能够有意识地上半句看稿子，下半句离开稿子看前面。

七、复述法

作用：这种练习旨在锻炼语言的连贯性及现场即兴构思能力和语言组织能力，如果能面对众人复述还可以锻炼胆量，克服紧张心理。

方法：（1）首先找一位同伴，一起训练，请对方讲一个话题或一个故事；（2）自己先认真倾听，然后再向对方复述一遍；（3）让对方给予反馈，找出自己的优点、缺点；（4）再重复一遍。

八、背诵法

作用：背诵包括背和诵两个部分，即记忆能力的培养和口头表达能力的培养。

方法：尝试去背诵一些经典的文章、优美的词句、经典的语录。时间一长，那些文章字句自然就可以为己所用了。

九、描述法

作用：描述法就是把看到的景、事、物、人用描述性的语言表达出来。描述法可以说是比以上方法更进一步。这里没有现成的演讲稿、散文等作为练习材料，而要自己去组织语言进行描述。因此描述法训练的主要目的在于训练语言组织能力和语言的条理性。

方法：在描述时，要能够抓住特点。语言要清楚、明白，逻辑性强，有一定文采。一定要用描述性的语言，使表达尽量生动、活泼。描述法也有助于提高应用优美词语的能力。

十、模仿法

作用：通过模仿不同的人物，培养人的适应性、个性，以及适当的表情、动作，以提高表达能力。

方法：（1）模仿专家，在生活中找一位播音员、演员等专业人士，把他们的声音录下来，然后进行模仿；（2）角色模仿，比如模仿领导的讲话、模仿律师的答辩等，还可以选择小品中的角色或影视作品中的人物进行模仿；（3）专题模仿，几个好友相聚一处，大家轮流模仿小情节，看谁模仿得最像，此法简单易行，娱乐性好。

十一、讲故事

作用：能帮我们积累大量素材，故事讲得生动、入心，自然就能与听众产生共鸣，培养情感。

方法：故事种类很多，关键是在合适的时间、合适的场合讲合适的故事，如果故事是虚构的，那就要在演讲前多多练习，才能讲出味道。

十二、写日记

作用：写日记是最好的自我沟通方法，每天写上几百字，既整理自己的思路，又能梳理自己的情绪，释放一些不快，缓解压力，还可以锻炼遣词造句的能力。

方法：将脑子闪现出的想法用通俗易懂的方法记下来，或将心中的不快用感性的方式写下来，也可用时间逻辑的方法，记录每天做了什么，然后开口讲出来。

十三、多上台

作用：上台讲是全方位提高口头表达能力的方法，不仅能锻炼胆量，还能训练自己的语言架构能力。

方法：很多人抱怨面向公众讲话的机会很少，其实这是一种误区，例如每次开会，发表一下自己的观点；积极参与团队活动，主动与其他团队成员沟通；甚至召开家庭会议，把家庭也当成练习口才的舞台。总之，不管面对的是谁，把握机会多多练习就好。

五、高速铁路客运服务工作日常用语

（一）常用语

1. 乘车信息用语

旅客们，你们好，为了您下次乘车方便，我把沪宁线路的首末班时间告诉大家，首班时间××，末班车时间××，间隔××分钟。

2. 安全用语

旅客们请注意，车辆在行驶中发生晃动，请您坐稳，以免受伤。

3. 疏导用语

上车请往里走，请旅客们放置好自己的行李物品。

4. 照顾用语

车上人多拥挤，请大家互相照顾一下。

5. 卫生用语

为了保持车厢整洁，请不要将垃圾扔在通道内，车厢两端备有垃圾桶。

（二）必用语

（1）开场语：旅客们，你们好，我是××车乘务员，欢迎乘坐××次列车，本次列车开往××方向。

（2）刚上车的旅客，请准备好车票，配合查票。

（3）车辆启动，下一站是××站。

（4）前面车辆转弯，请站好坐稳。

（5）列车马上到达××站，有下车的旅客，请做好下车准备，随身携带的行李、物品请不要遗忘在车上。

（6）车辆靠站，请注意安全，不要拥挤。

（7）××站到了，请下车，开门请当心，欢迎再次乘坐本次列车。

（8）各位旅客你们好，下站是本次列车的终点站，感谢大家一路上对我们工作的支持与合作，欢迎您再次乘坐。

任务五　高速铁路客运服务人员与投诉人员的沟通

一、投诉及旅客投诉的概念

投诉是指权益被侵害者本人针对涉事组织、涉事人侵犯其合法权益的事实，向涉事组织、新闻媒体及有关国家机关主张自身权利。

旅客投诉是指旅客出行过程中，与高速铁路客运服务人员、运输设备设施、运输流程发生权益争议后，请求旅客权益保护组织调解，要求保护其合法权益的行为。

小分享

处理投诉时和旅客真诚交流

铁路部门作为与人打交道的服务行业，出现投诉在所难免。我们常说一句话：出现投诉并不可怕，可怕的是对待投诉的消极态度。在收到列车晚点广播后，车上的旅客当然很气愤，因为在快节奏的现代社会中，由于晚点，可能失去一个商机，可能要推迟三五个小时才能到达，可能今天所有的安排被全部被打乱了。高速铁路客运服务人员，穿上了铁路制服，就担负了一份责任，为把每一位旅客安全送达目的地，他们辛苦着、努力着。

被旅客投诉，这是很正常的事情。应当理性面对，如果是工作不到位，自然要接受批评，加以改进；如果并非自身的原因，做好宣传解释工作也是应该的。要正确面对媒体监督。旅客经常会向媒体投诉，一些媒体也进行过失实报道。铁路部门要主动做好与媒体的沟通，引导他们实事求是地报道。要做好预案，懂得如何面对旅客投诉，比如制订赔偿制度，统一解释口径，等等。如果没有预案，那么应对投诉确实会被动。总的来讲，面对旅客投诉，要坚持以事实为原则，合法合理地处理。同时要做好舆论引导工作，也许某些不负责任的媒体报道，在一定范围内会对铁路部门造成一些负面的影响，但是谣言总是经不起真理与事实的检验。认真、实事求是的态度，才能赢得公众的理解、支持!

随着社会的发展,高速铁路必将是运输市场的宠儿,但也要通过旅客的慧眼去发现问题,用旅客的视角找出高速铁路忽略的细节,促使服务程序和细节更加完美。

二、旅客投诉的处理

随着服务经济时代的到来,运输服务业的竞争日趋激烈,人们对服务的认识越来越深入,越来越多的旅客开始注重保护自身权益,他们在享受优质服务的同时,对服务的期望值也越来越高,对于不断提升服务形象的高速铁路运输企业而言,满足旅客日益增长的期望值越来越困难,有效地处理好旅客的投诉,把旅客的不满转化为旅客的满意,保持他们对高速铁路的信任和喜爱,使高速铁路能在运输市场竞争中赢得优势,已成为高速铁路客运服务工作的重要内容之一。

1. 投诉产生的原因

1)铁路运输企业自身的原因

例如当旅客来车站购票乘车时,遇以下情况,极易产生旅客投诉。

(1)运能不足,无票可购(春运、暑运、黄金周期间)。

(2)售票窗口开设不足,造成旅客排长队,久候生怨。

(3)硬件设施的不足,例如无自动售票机(窗口取异地票会产生异地取票费)或自动售票机数量较少、售票窗口与旅客站立位置间的距离较远(递送钱、票时不方便)、话筒效果较差(导致售票员与旅客间产生误会从而导致投诉)。

2)高速铁路客运服务人员的原因

旅客一般针对高速铁路客运服务人员的服务态度进行投诉。

(1)不负责任的行为,例如旅客咨询有无车票时,售票员不进行电脑查询,单凭主观印象来回答旅客;当旅客咨询列车时刻时,乘务员给旅客说个大概时间;遇旅客取票时,有异地票时不告知旅客要收取异地取票费;不问清行李的归属,直接挪动,让旅客产生反感情绪。

(2)冷冰冰的服务态度,例如当旅客咨询相关问题时,高速铁路客运服务人员面无表情、语气生硬、动作粗鲁。

(3)爱理不理的接待方式,例如当旅客需要帮助时,高速铁路客运服务人员还是自顾自地做别的事,或将旅客的提问、要求置之不理,或"有一句没一句"地回答旅客的提问和要求。

(4)工作失误,不积极处理、纠正,甚至将过失强加于旅客,例如乘车日期、席别、到站发售错误,却让旅客自己去改签或退票;由于不熟悉乘务业务,给旅客的旅行造成不便,等等。

(5)与旅客发生争吵,遇纠纷时,出言不逊、不够礼貌、冷嘲热讽、与旅客"对骂"。

3)旅客自身原因

(1)自身失误,例如旅客自己误购车票后,无法弥补过错,就会故意找茬刁难售票员,若我们工作人员处理不当就会产生投诉。

(2)情绪的发泄,旅客若在别的地方遭遇不公待遇,乘车时,若所提要求无法得到满足,极可能采取一系列的行动来发泄其不满情绪,例如通过投诉把自己的烦恼、怒气和怨气发泄出来,以维持其心理上的平衡。

（3）掩盖问题，例如旅客有逃票或携带违禁品等不符合法律、法规规定的行为时，以投诉相威胁。

2. 处理投诉的方法和技巧

1）处理投诉的方法

（1）第一步：做好接待旅客投诉的心理准备。

① 要有"旅客总是对的"的意识。即使旅客错了，也要把"对"让给旅客，只有这样，才能减少与旅客的对抗情绪。

② 理性看待投诉。只要是服务行业，就会无法避免地遇到消费者的抱怨和投诉事件，即使是最优秀的服务企业，也不能保证永远不会受到投诉。我国高速铁路发展的历史不长，与服务相对接的各项标准、规章还在不断完善和补充之中，新服务理念的树立还需要一个过程，因此，在服务的过程中引起旅客投诉是正常的，因旅客投诉而引发恐惧感，是不成熟的表现。对旅客投诉必须有一个清醒的认识，这样才能更好、更有效地改进服务工作，提升服务质量。

对待旅客的投诉不要"山雨欲来风满楼"，要以积极的心态面对，要懂得旅客的投诉能帮助提高服务质量，不断完善和改进服务制度和措施。同时，旅客的投诉也能提高高速铁路客运服务人员处理问题、解决问题的能力。

③ 掌握和判断旅客投诉的三种心态。

a）求发泄型：旅客遇到令人气愤的事，心有怨气，不吐不快，于是投诉。

b）求尊重型：旅客投诉就是为了挽回面子，求得尊重，即使我们没有过错，旅客为显示自己的身份，在同行的朋友或旅客面前"表现"，就会投诉。

c）求补偿型：有些旅客无论对错或问题大小，都要进行投诉，其真实的目的并不在于解决问题本身，也不在于求得发泄和尊重，而在于求得补偿，尽管他可能一再强调"这并不是钱的问题"，但其真实目的还是要求赔偿。

（2）第二步：把握好处理投诉的五个原则。

① 旅客至上的原则。

接到旅客投诉，首先要站在旅客的立场上考虑问题，要有"应该是我们的工作没有做好，给旅客带来了麻烦"的心理准备，同时还要相信，旅客的正常投诉总是有他一定的理由，这是一个非常重要的服务观念，有了这种观念，高速铁路客运服务人员才能用平和的心态处理旅客的抱怨，并且会对旅客的正常投诉行为给予感谢。

旅客至上的原则，要求高速铁路客运服务人员对进行投诉的旅客施以最高的礼遇，而不能有丝毫的怠慢和无礼。例如，高速铁路客运服务人员语气生硬地说："多大的事，喊啥喊？""我们就是这样的车况，有钱坐飞机呀！"等，这种说话的腔调，旅客不投诉才怪呢！

② 承担责任的原则。

很多高速铁路客运服务人员面对旅客投诉的第一反应是："我是不是真的错了""如果旅客向上投诉，我应该怎么解释"。一旦有了这种想法和解决问题的习惯，高速铁路客运服务人员在接到旅客投诉时会把自己放在旅客的对立面。往往第一句话就会说："如果真是我的错，我一定改正并帮助您解决。"这看似很有礼貌，但却是一个十分糟糕的开头，因为这种说法将自己的角色定位在第三者，而不是代表当事人，同时也不利于缓和旅客激动的情绪。高速铁路客运服务人员必须清楚地认识到：旅客的投诉有时只是想从客运服务人员那里得到心理安慰，寻求受重视的感觉。

面对旅客投诉和不满情绪，高速铁路客运服务人员应首先向旅客道歉并表示愿意承担责任，表明了这种态度，旅客的气就已经消了一半了。

③ 隔离当事人的原则。

隔离当事人原则是指一旦遇到旅客投诉，要尽快做到"两个隔离"，一是将投诉人与身边的其他旅客隔离，以免旅客之间相互影响；二是将投诉人与被投诉人隔离，避免事态进一步恶化。隔离当事人最好的办法是将投诉人带到餐车、无人的软卧包厢或者其他的安静处所，这样一方面显得尊重投诉人，另一方面也能缓和投诉人的情绪。

通常来说，旅客投诉首先找到的是高速铁路客运服务人员，因此，高速铁路客运服务人员要视情况处理，如果旅客反映的情况不是很严重要先自己解决。旅客将问题投诉到上级领导，领导也没有必要将被投诉人员找来，摆出一副"对质"的架势，这样往往会弄巧成拙。

④ 包容旅客的原则。

包容旅客，是指高速铁路客运服务人员对旅客的误解及无故的指责要给予理解的态度，包容旅客的核心是善意的理解。误解本身是一种错误的认识，只要给予旅客善意的理解，误解就会消除。然而，现实中误解的消除并不那么简单，如果高速铁路客运服务人员发现旅客对自己的看法是完全错误的，那么就有辩解和澄清的强烈要求，这种"自我保护"的心理，在双方交往过程中具有排斥和缺乏善意的特点，这也是导致误解上升为冲突的根本原因。

消除误解往往要经过解释、说明的过程才能完成。在高速铁路客运服务过程中，高速铁路客运服务人员作为提供服务的人员，体谅旅客是最起码的道德修养。旅客的投诉并不都是对的，那种"得理不饶人"的解决方法，必将造成双方关系的紧张，不利于问题的解决。如果高速铁路客运服务人员能够体谅旅客的误解，认为谁都会有错的时候，那么就不会以那种"不吃哑巴亏"的态度对待旅客，这样原先的怀疑和误解，以及由此而引起的冲突就能得到及时的解决。

⑤ 息事宁人的原则。

息事宁人的原则，是要求在处理旅客投诉的时候放弃一些自己的观点，避免将事情闹大的原则。换句话说，息事宁人的实质是一种自我利益的牺牲和退让，是较高的道德修养和心理素质的一种表现。它有利于紧张状态的缓和，是避免激化矛盾的基本原则之一，但是，这种妥协并非无原则的，其应该是以不损害企业利益为前提的一种让步。

一名旅客进站候车，车站工作人员让其将随身携带的数个包裹放在安全检查仪上进行检查。检查完毕后不久，这名旅客找到工作人员，称自己少拿了一件行李。车站工作人员称："我刚才上卫生间了，没有见到无人领取的包裹。"一个说少拿一件行李，一个说没见到行李，最后引发了投诉。车站据理力争不让步，于是旅客聘请了律师打这场官司，媒体也进行了跟踪报道。最后，车站输在安全检查处的显眼位置没有"请清点好行李包裹"的文字提示和工作人员擅离工作岗位上。如果车站能够主动承担责任，找到自身存在的问题，将大事化小，做好和解工作，就不会引发这么大的社会影响。

旅客在接受服务过程中的心理状态及需求是不一样的，这就要求我们在工作实践中不断总结和创新。在处理旅客投诉、建议的过程中，要因人、因时、因地制宜，采取不同的策略与技巧，从而不断提高服务质量，提升旅客满意度。

（3）第三步：接待投诉的规范要求。

① 进行自我介绍：如姓名、职务。

② 保持冷静理智，设法消除旅客的怨气：例如当旅客满头大汗到窗口投诉时，可以马上请他到车站办公室或列车长办公席"凉快凉快"，有纸巾时可以适时地递给旅客擦擦汗。如果旅客是电话投诉，那么就可以先问问旅客现在在哪里、是否需要帮助等。

③ 聚精会神地倾听旅客的投诉，让旅客把话说完，切勿胡乱解释或随便打断旅客的讲述。

④ 旅客讲话时，要表现出足够的耐心，绝不随旅客的情绪波动而波动，即使遇到一些故意挑剔、无理取闹的旅客，也不要大声争辩，而要耐心听取意见，以柔克刚，使事态不至于扩大或影响别的旅客，如果旅客在窗口投诉时发生吵闹或喧哗，应将该旅客与别的旅客分开，请其到别的地方进行沟通处理，以免影响其他旅客或造成围观。

⑤ 与旅客讲话时要注意语音的大小和语调的高低。

⑥ 在处理投诉时不必遵循微笑服务的原则，以免旅客认为我们是在"幸灾乐祸"。

⑦ 做好旅客投诉登记。如实记录投诉的内容，被投诉人或部门，旅客的姓名、联系电话，投诉的时间等内容，这样可以使旅客说话速度放慢，同时也使其感受到我们对他的投诉很重视，从而缓解旅客愤怒的情绪。

⑧ 对旅客的心情表示同情、理解，即使旅客反映的情况不完全属实，或者我们没有出错，也不要让旅客感觉不舒服或不愉快。应使旅客感觉受到尊重，从而减少对抗情绪。

⑨ 对旅客反映的问题要立即着手调查和处理，切勿轻易做出权利范围外的许诺。

（4）第四步：处理旅客投诉。

① 接纳投诉后，应做礼节性的道歉（当然也要视实际情况而定）。

② 进行录像回放查询和实地调查，尽量在最短的时间内给旅客以明确的答复。

③ 处理比较严重的旅客投诉，还必须向上级领导汇报。

④ 投诉问题解决后，要向旅客询问其对处理结果是否满意，并要真诚地向旅客致谢，感谢旅客提出的宝贵意见。

⑤ 如果问题当天无法解决，要留下旅客的联系方式，等调查处理后给旅客一个满意的答复。

2）处理投诉的技巧

处理投诉的总原则："先处理感情，后处理事件。"

（1）切不可在旅客面前推卸责任。

在接待和处理旅客投诉时，一些高速铁路客运服务人员自觉或不自觉地推卸责任，殊不知，这样会使旅客更加气愤，导致旧的投诉未解决，又引发旅客新的、更为激烈的投诉，出现投诉的"连环套"。

（2）从倾听开始。

倾听是解决问题的前提。在倾听旅客投诉时，不但要听他表达的内容，还要注意他的语调与音量，这有助于了解客户语言背后的内在情绪。同时，要通过解释与澄清确保你真正了解了旅客的问题。例如，听了旅客反映的情况后，根据自己的理解向旅客解释一遍："王先生，您看我的理解是否正确。您刚才说几天前在上海虹桥站10号窗口买票时要买今天的车票，而售票员却错误地发售了昨天的车票给您，现在造成您无法乘车，要求我们对车票进行处理，请问我的理解对吗？"通过认真倾听，向旅客解释他所表达的意思并请教旅客我们的理解是否正确，向旅客显示我们对他的尊重及真诚地想了解问题的态度，同时也给旅客一个机会去重申他没有表达清楚的地方。

（3）认同客户的感受。

旅客在投诉时会表现出烦恼、失望、泄气、发怒等各种情感。我们不应把这些表现当作是对自己个人的不满。特别是当旅客发怒时，旅客只是把我们当成了倾听对象，旅客的情绪是完全有理由的，是理应得到重视和迅速、合理的解决的。所以要让旅客知道你非常理解他的心情，关心他的问题。仍以上面的售票投诉为例，处理投诉人员可以说，"王先生，对不起让您感到不愉快了，我非常理解您此时的感受。"无论旅客对与错，都要把旅客的错当"对"

来处理，我们只有与旅客的"世界"同步了，才有可能真正了解他的问题，找到最合适的方式与他交流，从而为成功的处理奠定基础。我们有时候会在说道歉时很不舒服，因为这似乎是在承认自己有错。说声"对不起""很抱歉"并不一定表明"我"真的犯了错误，这主要是表明你对旅客不愉快经历的遗憾与同情。不用担心旅客会因得到你的认可而越发强硬，表示认同的话会将旅客的思绪引向关注问题的解决。

（4）表示愿意提供帮助。

"让我看一下该如何帮助您""我很愿意为您解决问题"，正如前面所说，当旅客正在关注问题的解决时，我们体贴地表示乐于提供帮助，自然会让旅客感到安全、有保障，从而进一步消除对立情绪，取而代之的是依赖感。问题澄清了，旅客的对立情绪也就消失了，我们接下来要做的就是为旅客提供解决方案。

（5）解决问题。

① 为旅客提供选择：通常一个问题的解决方案都不是唯一的，给旅客提供选择会让旅客感觉受到尊重，同时，旅客选择的解决方案在实施的时候也会得到旅客的更多认可和配合。

② 诚实地向旅客承诺。能够及时地解决旅客的问题当然最好，但有些问题可能比较复杂或特殊，我们不确信该如何为旅客解决问题时，不要向旅客作任何承诺，而应诚实地告诉旅客情况有点特殊，自己会尽力帮助旅客寻找解决问题的方法，但需要一点时间，然后与旅客约定好回复的时间，一定要确保准时给旅客回复，即使到时仍未帮旅客解决问题，也要准时打电话向旅客解释处理的进展，说明自己所做的努力，并再次与旅客约定回复的时间。

（6）灵活处理。

在不违背相关规定的情况下，一定要积极为旅客着想，不要故意设置障碍，当事情无法处理时，要及时请示上级领导，尽量满足旅客的相关合理需求。

3. 如何避免投诉

在工作中，处理投诉不是目的，而是要通过处理投诉，积累经验，避免今后产生类似投诉，或者减少类似投诉。怎样有效避免或减少投诉呢？可以从以下几个方面着手。

（1）要强化高速铁路客运服务人员的教育培训。一是要强化高速铁路客运服务人员"以旅客满意为中心"的服务意识教育。彻底转换经营理念，调整企业价值取向，由过去的"唯我至上"转化为"服务至上""以旅客满意为中心"。高速铁路客运服务人员要明白"让旅客满意"是铁路发展的生命线，是职工自身价值的体现。二是要强化高速铁路客运服务人员业务技能培训，提高服务质量。通过举办各种业务和服务技能培训班，提高职工业务能力和服务技巧。三是要开展各种劳动竞赛活动，激励各种优质服务人才，带动全体高速铁路客运服务人员提升服务质量（例如增设鼓励奖、委屈奖等奖项）。四是要落实作业标准和规范化服务，减少随意性，进而减少旅客的投诉量。

（2）全面提升服务水平。一是要加强市场调研，根据客流情况，不断提升服务质量，在运能上满足旅客的需要。二是充分发挥电话和网络的作用，多渠道为旅客提供服务信息。三是要加强宣传、引导，向旅客提供透明的铁路运行信息。特别是春运、暑运、节假日运输信息，以及列车大面积晚点、停运等非正常情况信息，对旅客进行宣传、引导显得尤为重要。四是车站、列车要为旅客提供一个优良、温馨、秩序良好的乘车环境，让旅客有宾至如归的感觉，从心理上消除旅客对车站、列车的对立情绪。五是高速铁路客运服务人员要严格执行服务作业标准和服务质量标准，热情、周到地为旅客服务。对重点旅客、弱势群体旅客、有特殊要求的旅客更应提供周到的服务。

（3）把投诉消灭在现场。一是在车站、列车上设置专门的旅客投诉席，能够让旅客在第一时间就能发现投诉的场所，方便旅客投诉。二是认真落实首问首诉负责制，现场每一名高速铁路客运服务人员，对所接手的每一件投诉都有责任处理好，直至旅客满意为止。三是尽量在现场及时解决旅客的投诉，避免因旅客不满意，造成投诉升级。四是对旅客投诉要进行统计分析，查找服务中的"短板"，着力解决相关问题，进而提高整体的服务水平。

总之，旅客投诉为铁路提供了一次改正错误、重新赢得旅客满意的机会。而认真对待旅客投诉，有助于从整体上提高铁路服务旅客的能力，全面提高旅客满意度。高速铁路客运服务人员在工作中，要时刻牢记"人民铁路为人民"的宗旨，认真执行作业标准，认真落实服务质量的有关要求，面带微笑，体现真诚，构筑起旅客信任铁路、选择铁路的桥梁。用自己的行为体现铁路人的真诚与自豪。

面对投诉，表示歉意是必要的，但是不应只有道歉，而是要让旅客明白这件事情为什么会发生，进而相互理解，变得和谐才是处理投诉应该取得的效果。有错没错只知道让工作人员道歉，不仅不能让旅客理解，也会寒了工作人员的心，时间长了责任心也会淡薄，这非常不利于铁路的发展。铁路在对旅客人文关怀的同时，更需要给予工作人员一些人性关怀，例如说句"暖心话"，设置"委屈奖"，在交班会上点名表扬等。

⇦ 小分享

提高铁路客服质量 妥善处理旅客投诉

铁路部门日前下发通知，要求进一步加强铁路客服中心工作，同时还要求加强投诉处理工作，规范业务流程，积极妥善处理旅客投诉。

铁路部门公布了三项便民利民新举措。通过全国铁路客户服务中心网站（www.12306.cn）、电话"12306"等方式，旅客可以查询列车车次、时刻、票价、余票等信息。此外，铁路客服中心还通过自助语音、人工在线和网站（www.12306.cn）的客户信箱等方式，受理旅客的投诉、咨询和建议。

为进一步提高服务质量，铁路部门根据不同时段话务量变化情况，合理安排现有人员班次，实现多种班次相结合，人员数量根据话务量变化情况弹性调整，保证高峰时段接听电话能力。

铁路部门不断强化客服中心人员业务培训，既重视加强客户服务中心人员业务知识、服务标准、表达能力、处理技巧等综合素质的培训，还强调客服中心人员要规范业务流程，积极妥善处理旅客投诉。

任务六　具备书面沟通能力

一、书面沟通的概念及重要性

1. 高速铁路客运服务人员书面沟通的概念

书面沟通是以文字为媒介的信息传递形式，其形式主要包括文件、报告、信件、书面合同等。书面沟通是一种比较经济、正式的沟通方式，沟通的时间一般不长，沟通成本也比较低。

书面沟通方式一般不受场地的限制，因此被我们广泛采用。

高速铁路客运服务人员书面沟通是指以文字为载体，以相关工作为内容，与旅客、领导（列车长等）和工作伙伴进行信息传递的形式。

2. 高速铁路客运服务人员书面沟通的重要性

铁路部门离不开书面沟通，不管是在内部沟通中，还是在外部沟通中，书面沟通都起着举足轻重的作用，其有利于实现组织的战略目标。在铁路企业内部，相关规章制度的制定，岗位工作职责的编写，以及年度计划、年度总结、工作要点、各类工作流程，各种单据等书面沟通形式在管理沟通中占了很大的比重，书面沟通成为铁路内部沟通的主要形式之一。书面沟通在公关宣传、公告旅行事项、发布列车晚点信息等外部沟通方面发挥着正式、权威的特殊作用。高速铁路客运服务人员应熟练掌握书面沟通能力，在客运服务工作中合理运用，这对树立良好的铁路形象，提高客运服务质量至关重要。

二、高速铁路客运服务人员书面沟通的特点

通常，书面沟通更能把你想表达的意思描述出来。书面沟通本质上讲是间接的，这使得其有许多优点。其可以是正式的或非正式的，可长可短，可以使写作人从容地表达自己的意思，词语可以经过仔细推敲，而且还可以不断修改。书面材料是准确而可信的证据，正所谓"白纸黑字"。书面文本可以复制，同时发送给许多人，传达相同的信息。书面材料传达信息的准确性高。

在铁路部门内部，书面沟通是一种重要的沟通方式，但采用书面沟通方式，应注意文字的可读性、规范性，要做到：文字简练；使用规范与熟悉的文字；使用比喻、实例、图表等必须清晰易懂，便于理解；应使用主动语态和陈述句；须逻辑性强，有条理性。

➪ 小提示

书面沟通的特点可以概括为以下几点。
（1）写作人可以从容地表达自己的意思。
（2）书面材料传达信息的准确性高。
（3）书面材料是准确而可信的证据。
（4）书面材料可以不受时空的限制，实现不同时空的沟通。
（5）书面沟通的能力主要表现在对词句的灵活运用、语法结构的贯彻、格式的准确把握等方面。
（6）在特定群体内部约定俗成的规则对书面沟通的影响、限制很大。

三、高速铁路客运服务人员书面沟通的种类

1. 按主体与客体分类

按主体与客体，书面沟通分为写作、阅读。写作是运用语言文字符号反映客观事物、表达思想感情、传递知识信息的创造性脑力劳动过程。在沟通过程中，只有读懂对方的文字，才能在获取信息的基础上利用想象、记忆力等功能正确接收信息发送者的信息，并予以反馈。

2. 按文体分类

按文体书面沟通分为以下几类。

（1）行政公文。中共中央办公厅、国务院办公厅2012年4月16日联合印发了《党政机关公文处理工作条例》（以下简称《条例》）。《条例》规定，党政机关公文有15种，包括决议、决定、命令（令）、公报、公告、通告、意见、通知、通报、报告、请示、批复、议案、函和纪要。

（2）计划类文书。计划类文书是经济活动中使用范围很广的重要文体形式，其主要包括工作计划、战略规划、工作方案、工作安排等。

（3）报告类文书。报告类文书如调查报告、经济活动分析报告、可行性研究报告、纳税查账报告、述职报告等。

（4）法律性文书。法律性文书包括合同书、协议书、诉讼书、招标书、投标书等。

（5）新闻性文书。新闻性文书包括新闻、消息等。

（6）日常事务类文书。日常事务类文书包括信函类文书和条据类文书。信函类文书包括感谢信、慰问信、求职信、介绍信、证明信、请柬、邀请函等，条据类文书包括请假条、留言条、收条、票据等。

⇦ 小提示

书面沟通的准则。

（1）完整。

（2）准确。

（3）清晰。

（4）简洁。

（5）具体。

（6）礼貌。

⇦ 小提示

书面沟通技巧

书面沟通能否实现好的效果，取决于以下几点。

（1）换位思考。

（2）强调积极面，合理处置负面信息。

（3）要在书面沟通中注意书写语气。

（4）突出重点内容。

（5）注重格式排版。

（6）学会插入图表。

四、高速铁路客运服务人员书面沟通的写作过程

高速铁路客运服务人员书面沟通的写作过程与普通写作、应用文写作基本一样，也包括三个环节，即"写前构思—执笔行文—修改完善"。

1. 写前构思

1）明确主旨

遵循国家大政方针，符合法律法规；揭示事物本质，反映客观规律；立足工作实际，体现时代精神。

2）精选材料

主旨明确之后，就要选择真实、典型、新颖的材料来表现它。

3）选择文种

书面沟通所用的文种种类较多，要根据主旨选择恰当的文种。

2. 执笔行文

安排好结构，选择好文种，接下来就是执笔写出初稿了。

3. 修改完善

修改是深化作者认识，提高文章质量的最后环节。通过修改，可使文章进一步完善。

五、铁路部门常用文书的写作

铁路部门常用文书的写作在铁路应用文写作、高速铁路客运组织等课程的教材中有具体介绍，本书不再叙述。

任务七　巧妙地使用非语言沟通手段

一、高速铁路客运服务人员非语言沟通的概念

非语言沟通指的是使用除语言符号以外的各种符号系统，包括形体语言、副语言、沟通环境等来进行沟通。在沟通中，信息的内容部分往往通过语言来表达，而非语言则作为解释内容的框架，来表达信息的其他相关部分。

非语言沟通是不用言辞表达的、为社会所共知的人的属性或行动，这些属性和行动由发出者有目的地发出，由接收者有意识地接收并可进行反馈。

高速铁路客运服务人员非语言沟通又称高速铁路客运服务人员肢体语言沟通，指的是高速铁路客运服务人员与旅客在沟通过程中，不采用语言作为表达意思的工具，而运用其他非语言的方式传递信息。

二、高速铁路客运服务人员非语言沟通的功能

高速铁路客运服务人员非言语沟通的功能就是传递信息、沟通思想、交流感情。

（1）高速铁路客运服务人员使用非言语沟通符号来重复言语所表达的意思起到加深旅客印象的作用。例如高速铁路客运服务人员使用语言沟通时，附带相应的表情和其他非语言符号。

（2）有时候某一方即使没有说话，也可以从其非语言符号上（比如面部表情上）看出他的意思，这时候，非语言符号起到代替语言符号表达意思的作用。

（3）高速铁路客运服务人员非语言沟通作为语言沟通的辅助工具，又作为"伴随语言"，使语言表达更准确、更有力、更生动、更具体。

（4）调整和控制语言，借助高速铁路客运服务人员非语言符号来表示交流沟通中不同阶段的意向，传递自己的意向发生变化的信息。

（5）表达超语言意义，在一些高速铁路客运服务活动场所，非语言要比语言更具有说服力。就像自然人在日常生活中高兴的时候开怀大笑，悲伤的时候失声痛哭一样，高速铁路客运服务人员立岗迎客时的点头微笑，有时比语言沟通更能表达对旅客的欢迎之情。

➡ **小提示**

非语言沟通与语言沟通的区别

非语言沟通和语言沟通相互促进，但它们之间存在明显的区别。

语言沟通

语言沟通从词语发出时开始，它利用声音渠道传递信息，它能对词语进行控制，其是结构化的。

非语言沟通

非语言沟通是连续的，它通过声音、视觉、嗅觉、触觉等多种渠道传递信息，绝大多数是习惯性的和无意识的，其在很大程度上是无结构的，常通过模仿掌握。

三、高速铁路客运服务人员非语言沟通种类

高速铁路客运服务人员非语言沟通一般可以分为动态和静态两种。
（1）静态非语言沟通包括容貌、体态、衣着、服饰及仪表。
（2）动态非语言沟通可根据所使用的符号系统分为四类。
① 动作系统因素：手势、表情等。
② 超语言（额外语言）因素：音质、声波振幅、音调、停顿、流畅、语气、速度等。
③ 时空因素：时间、空间、朝向、距离等。
④ 视觉沟通因素：目光接触等。

四、高速铁路客运服务人员非语言沟通的主要特点

高速铁路客运服务人员只有掌握了非语言沟通的特点，才能提高服务工作质量。

1. 无意识性

例如，与自己不喜欢的人站在一起时，保持的距离比与自己喜欢的人要远些；有心事，不自觉地就给人忧心忡忡的感觉。

没有人可以隐藏秘密，假如他的嘴唇不说话，则他会用指尖说话。一个人的非言语行为是一种对外界刺激的直接反应，基本是下意识的反应。

2. 情境性

与语言沟通一样，非语言沟通也展开于特定的语境中，情境左右着非语言符号的含义。相同的非语言符号，在不同的情境中，会有不同的意义。同样是拍桌子，可能是"拍案而起"，表示怒不可遏；也可能是"拍案叫绝"，表示赞赏至极。

3. 可信性

当某人说他毫不畏惧的时候，他的手却在发抖，那么我们更应该认为他是在害怕。当语言信号与非语言信号所代表的意义不一样时，人们往往相信的是非语言信号所代表的意义。

由于语言信息受理性意识的控制，容易作假，人体语言则不同，人体语言大都发自内心深处，极难压抑和掩盖。

4. 个性化

一个人的肢体语言，同说话人的性格、气质是紧密相关的，爽朗敏捷的人同内向稳重的人的手势和表情肯定是有明显差异的。每个人都有自己独特的肢体语言，它体现了个性特征，人们时常从一个人的形体表现来解读他的个性。

➡️ **小分享**

微笑、宽容是与旅客沟通的润滑剂

一排排穿着红白相间制服的高速铁路列车乘务员，喊着嘹亮的口号，迈着整齐划一的步伐，她们时而文雅地鞠躬，时而灿烂地微笑，每一个动作都那么协调，每一个微笑都那么温暖。在武汉客运段机关大院内，乘务员们正在精神抖擞地进行培训演练，引得周围市民驻足围观。"微笑是具有多重意义的语言。"的确，微笑是一种世界共同的语言，它以自己独特的方式表达出许多美好的内涵——宽容、关切、热情、智慧。"一个人只有懂得用微笑作为语言，才能担当重任。"微笑的力量使人拥有了一种乐观从容的态度，一种宽广的胸怀，一种伟大的精神境界。随着社会的发展，人们的思想观念有了很大的变化，人们享受服务的意识越来越强，客运服务人员与旅客之间的良好互动，为共建和谐社会发

挥了应有的作用。作为窗口服务行业，尤其是对于铁路部门来说，服务，首先就是微笑。如果每一位高速铁路客运服务人员，每天在上岗之前都可以有个愉悦的心情，面带微笑，那么微笑就可以感染每一位旅客，让旅客在旅途后留下美好的回忆。一个微笑可以打破僵局，一个微笑可以化解矛盾，一个微笑可以给人温暖，一个微笑可以拉近彼此之间的距离。希望越来越多的铁路职工能做到微笑服务，通过微笑把欢乐传递给众多的旅客，因为微笑是大爱，微笑是宽容，微笑是与旅客沟通的润滑剂，同样，微笑更是铁路部门的另一种贴心服务。

项目十一

内部沟通

 知识点

- 组织内部沟通及高速铁路客运服务组织内部沟通的含义
- 高速铁路客运服务组织内部沟通的技巧
- 高速铁路客运服务组织内部沟通的目的、形式及改善方法

 技能目标

- 能够熟练掌握高速铁路客运服务组织内部沟通的形式，提升沟通技巧
- 能够识别和掌握高速铁路客运服务组织内部沟通的角色定位

本项目知识结构导图

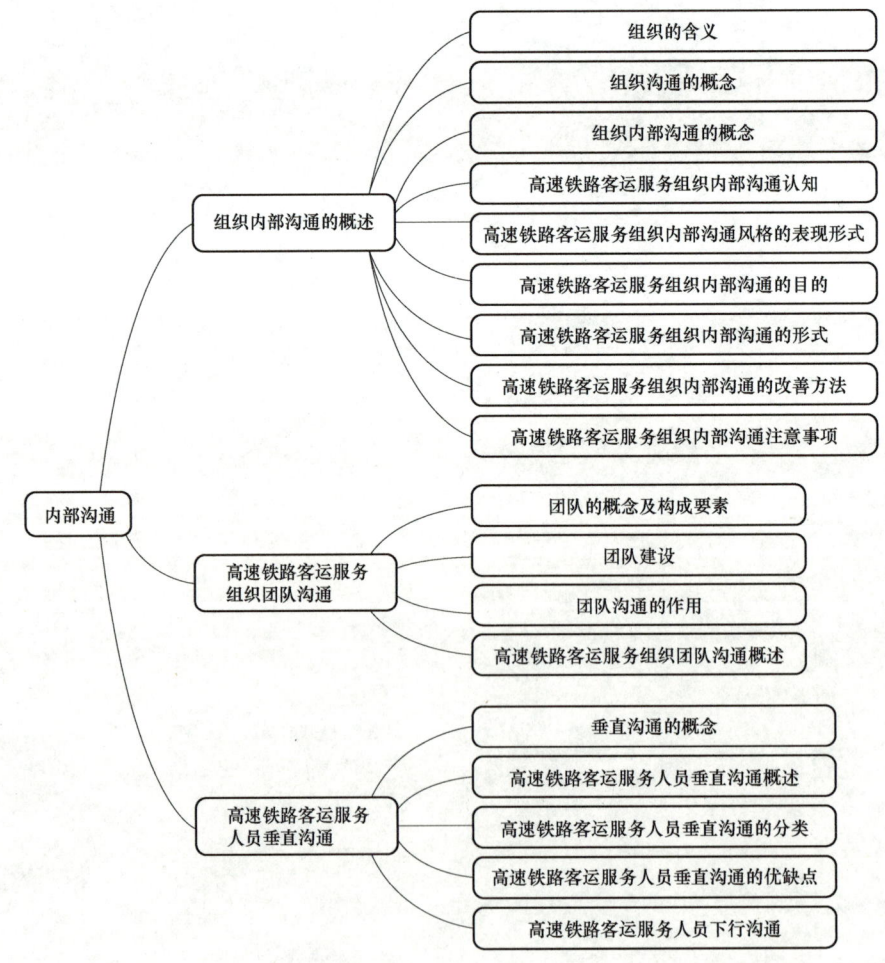

项目十一 内部沟通

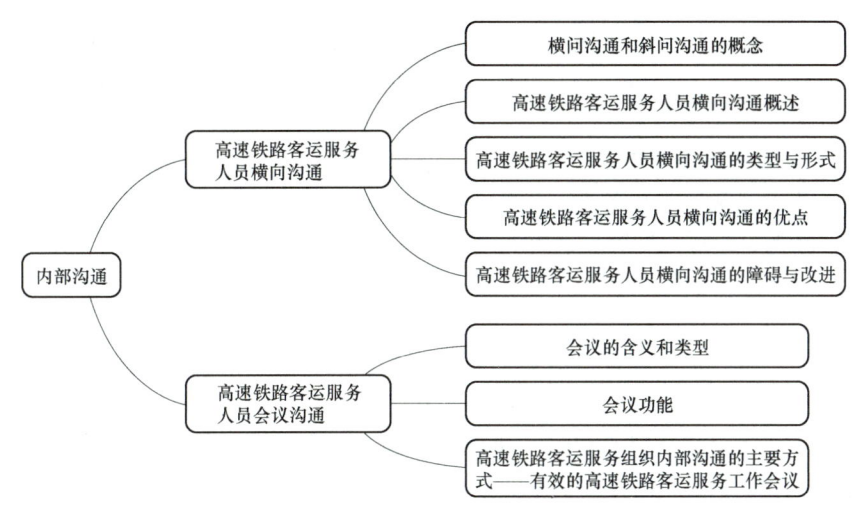

任务一 组织内部沟通的概述

一、组织的含义

从广义上说,组织是指由诸多要素按照一定方式相互联系起来的系统。从狭义上说,组织是指人们为实现一定的目标,互相协作结合而成的集体或团体,如党团组织、工会组织、企业组织、军事组织、乘务组织,等等。狭义的组织是基于人群而言的。在现代社会生活中,组织是人们按照一定的目的、任务和形式组合起来的社会集团,组织不仅是社会的细胞、社会的基本单元,甚至可以说是社会的基础。

从管理学的角度来看,所谓组织,是指这样一个社会实体:具有明确的目标导向和精心设计的结构与有意识的活动系统,同时又同外部环境保持密切的联系。

二、组织沟通的概念

组织沟通是组织内信息的交流与传递。这些信息涉及范围很广,诸如消息、情报、资料、知识、经验、情感、观点、态度,等等。组织沟通一般由沟通来源、沟通传译、沟通信息、沟通渠道、沟通接收、沟通反馈 6 个要素连接而成。组织沟通还可以区分为正式沟通与非正式沟通两大类型。所谓正式沟通,是指通过正式的组织程序所进行的沟通,它是组织沟通的主要形式,一般与组织的结构网络和层次保持一致。正式沟通还可以分为自上而下的沟通、自下而上的沟通和横向沟通,它们同时又是组织内部纵向协调和横向协调的重要手段。非正式沟通指正式组织程序以外的各种沟通渠道,它带有某种感情色彩。良好的组织沟通是协调组织与其成员之间、成员与成员之间,以及组织与组织之间的相互关系、完成组织目标的最重要条件之一。领导者通过有效的组织沟通,可以使组织内部分工合作更加协调一致,使组织更好地适应外部环境,增强应变能力,也可以使组织成员之间、组织之间加深了解,融洽感情,增进友谊,激发斗志,使组织充满活力。

三、组织内部沟通的概念

1. 组织内部沟通的解读

一个组织的沟通效果决定了组织管理效率,在企业的经营管理过程中,如果能做好组织沟通，对促进企业绩效目标的实现将起到事半功倍的效果。畅通而有效的组织沟通，有利于信息在组织内部的充分流动和共享，有利于提高组织工作效率，有利于开展民主管理，实现组织决策的科学性与合理性。

2. 组织内部沟通的重要性

企业在经营管理和日常事务中，由于人与人之间、部门与部门之间缺乏沟通和交流，常常会遇到一些摩擦、矛盾、冲突、误解，这将影响到单位的气氛、员工的士气、组织的效率，使企业难以凝心聚力，人为内耗成本增大，甚至导致企业死亡，因此，企业文化建设的一个主要内容便是沟通。

"企业即人"，每一项经营管理事务都需要人去调研、决策、执行、反馈。人是企业最珍贵的资源，也是最不稳定的资源，人的关键在于开发和整合，因为人是有感情的，有思想的，任何行为无不受到观念和情感的支配。随着人本经济和企业文化管理模式的深入，内部沟通具有日益重要的战略意义，它有利于企业文化氛围的形成，有利于职能部门之间的协作配合；有利于员工共识的实现，形成统一的价值观和强大的凝聚力；有利于满足员工的心理需要，实现自主管理和人本管理；有利于增强员工的主人翁责任感，调动员工参与公司经营管理的积极性和创造性，使人力资源向人力资本转变；有利于保持企业文化网络的畅通和信息资源的共享；有利于建立沟通、学习、交流、协作的奋进平台，打造一支学习型员工队伍。

团队需要沟通，唯有沟通才能减轻摩擦、化解矛盾、消除误解、避免冲突，进而发挥团队管理的最佳效能。市场有起有落，当企业处于不利的市场环境威胁甚至面临危机时，会造成员工士气普遍低落和群体离心力，这时就需要大范围的交流沟通，鼓动员工的战斗精神，激励他们的信心，恢复士气。当企业有重大举措，如领导班子更替、经营战略重大调整、大项目上马、新规章制度出台等，除商业秘密外，事先要尽可能地让更多的员工知情、参与，听听他们的意见，增强员工的主人翁责任感；决策后，要迅速地做出详细的解释说明，排除员工的疑虑，统一认识，坚定信心。由于员工之间的思想观念、价值取向、知识结构、性格气质、思维能力、工作方法等方面的个性差异，必然导致相互不理解、不信任、不合作，造成各自为战的紧张关系。这时需要沟通、疏导，属于思想观念和工作态度的，要进行耐心、细致的说服教育和帮助引导；属于人际关系问题的，要巧妙地去协调、化解矛盾；属于能力问题的，要采取各种措施，尽量不小材大用或大材小用。

沟通无处不在，它是双向互动的，但如果一个组织内部缺乏沟通氛围，其领导者是有很大责任的。沟通能力是领导者应具备的基本素质之一，是管理工作的基本内容。沟通是文化的交流，是情感的共鸣，在价值取向多元化和性格气质个性化的今天，沟通更需要科学的技巧和正确的方法。企业要搞好内部沟通应从以下几点着手。

（1）要通过现代企业文化建设，打破等级制度，树立全员沟通理念，创造人人能沟通、时时能沟通、事事能沟通的良好氛围。

（2）要建立健全有效的沟通渠道。企业领导人、部门主管要带头沟通，有民主作风，定期开展接待日、开展座谈会、开展企业形势通报会、开展联欢活动。尽可能与下属员工多联系，多谈心，增进了解和信任，通过双向交流和信息互动反馈，使内部沟通渠道畅通无阻。也可以通过内部刊物、内部网络系统等形式上情下达、下情上传，做到信息收集制度化，信息内容系统化，信息传递规范化，信息处理网络化。

（3）用同理心进行沟通。遇到沟通障碍时，不管是个人与个人之间还是部门与部门之间，双方要进行批评与自我批评，换位思考，肯定对方的长处，善于倾听各方面的看法和意见，即使自己有理也要谦让三分，不要得理不饶人，要给他人一个改正错误、统一认识的机会，要帮助、辅导对方而不是打击报复对方。企业领导人、部门主管要放下架子、俯下身子；下属要直起脖子、壮起胆子，双方坦诚平等地交流各自的思想和看法。领导的心胸要开阔些，品德要大公无私，不要与下属斤斤计较，工作作风要正派，以自己的人格魅力去为下属带好头、服好务。

（4）公正地解决问题。首先要及时掌握事情的来龙去脉，分析原因，对症下药。当问题出现时，不要急于判定谁是谁非，不要让它扩散传播，应尽可能将其控制在一定范围内，否则只会进一步扩大问题。在解决问题时，要尊重事实，尊重人性和个性差异，要有理、有据、有节，争取双方都能接受，不计前嫌，握手言和。

（5）有效运用手中掌握的企业文化网络。企业文化网络是企业内部一种非正式的联系手段，网络中的人没有等级的界限，他们通过非正式渠道传递并解释企业的各种信息，有机而又无形地把企业的员工联系起来。网络中的人有其特殊的身份和作用，他们一头与企业高层关系密切，一头直接活动在员工之中，可以起到上情下传、下情上传、左右辐射的信息载体作用。

（6）对权力和制度的思考。在现代企业管理中，企业文化和价值理念等软约束力对员工的规范作用已经超越了权力、等级、制度等硬约束力。企业领导人、部门主管要与时俱进地树立以人为本、让员工自主管理的理念，对下属的管理主要体现在工作方向和团队目标上，管理手段体现在文化引导和人格魅力感染上，要合理运用手中的职权。一般情况下，不要过多地干涉员工的"内政"，要学会当教练而不是当家长，信任员工并放权给他们，让他们在企业统一价值理念和整体目标的前提下，放开手脚自主地开展工作，以激励他们的主动性、创造性，锻炼他们独立办事能力，充分发掘他们的潜能；同时要扩大员工的知情权和参与权，不要怕员工超越、取代自己，而在工作上疏远甚至压制他们。在用人上要有公开、公正、平等、择优的竞争机制，打破"论资排辈""平衡照顾"的陋习。分管领导不要搞小帮派、小团伙，不要讲亲疏好恶，安插亲信，排斥异己，要一切为了企业利益，不拘一格用真才，避免大材小用、小材大用，避免"一室二虎"的人才内耗，否则很难营造良好的沟通氛围。

四、高速铁路客运服务组织内部沟通认知

生活中的每一天我们都会与别人交流。沟通是我们工作、生活的润滑剂。沟通是消除隔膜，达成共同愿景、朝着共同目标前进的桥梁和纽带。沟通更是学习、共享的过程，在交流中可以学习彼此的优点和技巧，提高个人修养，不断完善自我。

随着我国运输业的蓬勃发展，运输市场的竞争也日趋激烈，高速铁路客运企业面临的市场环境也日趋复杂，在这种新形势下，为了能够更好地生存和发展，高速铁路客运组织内部也开始借助组织内部沟通的相应手段，畅通组织内部、外部沟通渠道，以达到"内求团结、外求发展"的目的。良好的高速铁路客运服务组织内部沟通成为高速铁路企业内部沟通的重要组成部分，也为企业的生存和发展奠定了基础。

高速铁路客运服务组织内部沟通是指高速铁路客运服务组织内部信息的交流和传递。良好的高速铁路客运服务组织内部沟通是协调高速铁路客运服务组织与高速铁路客运服务人员之间、高速铁路客运服务人员与高速铁路客运服务人员之间，以及高速铁路客运服务组织与高速铁路客运服务组织之间的相互关系，完成组织目标的最重要条件之一。高速铁路客运服务组织通过有效的组织内部沟通，可以使组织内部的分工、合作更加协调一致，使组织更好地适应外部环境，增强应变能力，也可以使组织成员之间、组织之间加深了解，融洽感情，增进友谊，激发斗志，使组织更加充满活力。

五、高速铁路客运服务组织内部沟通风格的表现形式

高速铁路客运服务组织沟通风格受高速铁路客运服务组织文化的影响，大体有三种表现形式。

1. 强势沟通

如果高速铁路客运服务组织的最高领导者是个强势的、独断专行的人，则高速铁路客运服务组织的沟通风格表现为领导者集权力于一身，很少与组织成员进行交流，基本上采取自上而下命令式的沟通方式，不太顾及高速铁路客运服务组织成员的情感和精神需求。

2. 民主沟通

如果高速铁路客运服务组织的最高领导者是个民主的人，则高速铁路客运服务组织的沟通风格表现为上情下达、下情上传的民主式双向有序的沟通。民主型的领导者通过部分授权给高速铁路客运服务组织成员，鼓励高速铁路客运服务组织成员参与管理与决策，调动高速铁路客运服务组织成员的工作积极性。

3. 自由沟通

如果高速铁路客运服务组织的最高领导者是个缺少管理经验但注重沟通的人，则高速铁路客运服务组织的沟通风格表现为鼓励高速铁路客运服务组织成员自由发表言论，但高速铁路客运服务组织沟通缺少有序的管理，导致沟通效果不佳，组织效率低，影响高速铁路客运服务组织目标的实现。

六、高速铁路客运服务组织内部沟通的目的

（1）促进高速铁路客运服务组织目标的实现。
（2）促进高速铁路客运服务组织文化的建设。
（3）促进高速铁路客运服务组织中高速铁路客运服务人员之间的关系。
（4）增强高速铁路客运服务人员的参与度、归属感和荣誉感，以及责任心。
（5）有效的高速铁路客运服务组织文化沟通，利于全体高速铁路客运服务人员了解乘务组织目标、价值观、管理制度等，利于统一全员的思想和行动。

七、高速铁路客运服务组织内部沟通的形式

1. 正式沟通

1）会议

会议包括领导工作例会、中高层领导例会、旅客质询会、乘务组例会、站务班组例会、年会、跨部门或部门内部业务专项讨论会、定期的员工沟通会、演讲会或辩论会等。

2）报告

报告包括年、季、月、周的高速铁路客运服务工作计划与总结、各项高速铁路客运服务工作报表（年、季、月、周、天的工作报表）、各项高速铁路客运服务工作记录（用于工作分析或知识积累）等。

3）调查

调查包括旅客满意度调查、铁路客运市场调查、高速铁路客运服务人员满意度调查等。调查用于了解需求，分析不足。

4）培训

培训包括新入职高速铁路客运服务人员培训、领导者及管理者培训、专业培训、通用技

能培训等，其多以体验式、课堂式、交流研讨会、读书会等形式开展。

5）面谈

面谈包括管理者与高速铁路客运服务人员进行的一对一、一对多、多对多的面谈沟通，有效征求高速铁路客运服务人员的意见，反馈绩效信息，激励高速铁路客运服务人员行为等。

6）书面交流

通过高速铁路客运服务工作流程制度文件，客运段、车务段、车站及相关部门文档管理，邮件系统，内部网络，刊物，展板，纸质文件批复，内部共享服务器，QQ 群，微信群等多种形式，促进信息在组织内部共享、提高管理制度的知悉度，促进知识积累，提升高速铁路客运服务组织管理效率。

2. 非正式

1）团建活动

通过组织高速铁路客运服务团队开展团建活动的方式，促进高速铁路客运服务人员和谐关系的建立，提高高速铁路客运服务团队的效率。

2）节日或相关庆祝活动

通过春节、中秋、国庆等节庆活动，宣传铁路企业文化、增进团队凝聚力；开展线路开通纪念庆典活动、高速铁路客运服务人员家庭日活动等，提高高速铁路客运服务人员对职业的自豪感和归属感。

八、高速铁路客运服务组织内部沟通的改善方法

1. 改变风格

高速铁路客运服务组织高层领导者如果是自上而下的强势沟通风格或是自由无序的沟通风格，则需要改变自己的沟通风格，使更多高速铁路客运服务人员参与组织沟通，并通过有效的沟通管理，促进好的沟通效果的实现。

2. 提高技巧

由人力资源部门组织全体高速铁路客运服务人员进行沟通技巧培训，促进高速铁路客运服务人员沟通能力的提高。

1）改变沟通心态

建立平等、尊重、欣赏、坦诚的沟通心态。

2）清晰和有策略地表达

不同的事情，要采取不同的表达方式。

口语沟通要做到简洁、清晰、对事不对人，注重对方感受；同时多利用身体语言及语音、语调等，以利于对方理解，并产生亲和感。

书面沟通要做到有层次、有条理、学会运用先"图"后"表"再"文字"的表达方式。

3）仔细聆听

专注、耐心、深入地聆听发言者所表达的全部信息，做到多听少说。

4）积极反馈

对信息发送者所表达的信息给予积极的反馈（书面或口语回复、身体语言反馈、概括、重复等）。

3. 建立制度

有效的高速铁路客运服务组织沟通制度，能够规范高速铁路客运服务组织的沟通规则；同时，通过对沟通中不良行为的约束，促进高速铁路客运服务人员行为的一致性，提高组织

沟通的效率与效果。

4. 鼓励优秀

对高速铁路客运服务组织中沟通工作做得好的部门及高速铁路客运服务人员，如对主动提建议者、沟通影响力佳者，给予物质和精神上的奖励，宣传他们的优秀事迹；同时，让他们分享沟通的经验和成果，以促进全体高速铁路客运服务人员提升沟通技巧。

良好的高速铁路客运服务组织沟通氛围，是全体高速铁路客运服务人员共同努力的方向，但关键因素是高速铁路客运服务组织的中、高层管理者，因为他们在高速铁路客运服务组织沟通中起着重要的影响作用。加强高速铁路客运服务组织中、高层管理者的沟通意识，提高其沟通技能，是提升高速铁路客运服务组织沟通效果的关键。

九、高速铁路客运服务组织内部沟通注意事项

（1）高速铁路客运服务人员与班组长（列车长）的沟通。高速铁路客运服务人员要熟悉班组长（列车长）的心理特征，进行正常的心理沟通。与班组长（列车长）交往与同其他人交往一样，都需要进行心理沟通；要服从班组长（列车长）的领导，不要对班组长（列车长）采取抵抗、排斥态度；要敢于指出班组长（列车长）的失误，但不要用逆耳之言；要设身处地地从班组长（列车长）的角度想问题，不要强班组长（列车长）所难；交往要有耐性。

（2）高速铁路客运服务人员与本班组其他服务人员的沟通。高速铁路客运服务人员要讲出自己的内心感受、想法和期望，沟通中出现分歧时，要控制好情绪；不批评、不责备、不攻击、不说教，批评、责备、抱怨、攻击这些都是沟通的大忌，会导致沟通失败；互相尊重，只有给予对方尊重，才能实现有效沟通；绝不要恶言伤人，不说不该说的话，要理性沟通；诚恳、幽默、低调、抚慰也是与本班组其他服务人员沟通的有效方法。

任务二　高速铁路客运服务组织团队沟通

一、团队的概念及构成要素

团队（team）是由基层人员和管理层人员组成的一个共同体，它合理利用每一个成员的知识和技能开展协同工作，解决问题，以实现共同的目标。

团队的构成要素分为目标、人、定位、权限、计划等。团队和群体有着根本性的区别，群体可以向团队过渡。一般根据团队存在的目的和拥有自主权的大小将团队分为五种类型：问题解决型团队、自我管理型团队、多功能型团队、共同目标型团队、正面默契型团队。

二、团队建设

团队建设是指为了实现团队目标及产出最大化而进行的一系列结构设计及人员激励等团队优化行为。

团队建设主要是通过自我管理的小组形式进行，每个小组由一组员工组成，负责一个完整工作过程或其中一部分工作。工作小组成员在一起工作以改进他们的操作水平。

团队建设应该是一个有效的沟通过程。在该过程中，参与者和推进者都应增强互信，坦诚相对。

小分享

团　队　精　神

　　团队精神是大局意识、协作精神和服务精神的集中体现。团队精神的基础是尊重个人的兴趣和成就。其核心是协同合作，最高境界是团队形成向心力、凝聚力，也就是实现个体利益和整体利益的统一，以推动团队的高效率运转。团队精神的形成并不要求团队成员牺牲自我；相反，挥洒个性、表现特长有利于团队成员共同完成团队目标。明确的协作意愿和协作方式产生了真正的内心动力。没有良好的从业心态和奉献精神，就不会有团队精神。

　　另外，团队成员还要很好地沟通和协调，用大家都能接受的方式去解决工作上的问题。当一人说与工作有关的词汇，其他团队成员会清晰地明白且理解为同一个意思。不要轻看语言及文化对人与人之间沟通能力的影响。

　　团队需要团队精神，这是一种文化及感情，其能产生信任和凝聚力。每个团队都期望寻找具有合作精神的成员，但不能保证可以找到。去唤醒人的精神和灵魂，关键是要教成员学会去进行自我评判和承诺，也就是促使成员学会自我管理。

三、团队沟通的作用

团队沟通即工作小组内部发生的所有形式的沟通。其是随着团队这一组织结构的诞生而产生的。

在很早以前，人们就了解到有效群体沟通的巨大作用。

小提示

组织内部人与人的相处之道

（1）了解别人是沟通之道。

你越了解对方，你跟他的沟通就越顺畅。

（2）宽容别人是和睦之道。

如果你只记住别人对你的好，你会感谢全世界所有你认识的人；如果你只记住别人对你的不好，你会恨全世界所有你认识的人。仇恨就是用自己的痛苦来折磨自己，宽容别人就等于宽容自己。

（3）接纳别人是体谅之道。

接纳别人就是要接受别人与自己的不同。

（4）关心别人是友爱之道。

关心别人的人容易得到机会，也容易跟别人建立良好的关系。

四、高速铁路客运服务组织团队沟通概述

高速铁路客运服务组织团队沟通是指高速铁路客运服务班组内部发生的所有形式的沟通。其是随着高速铁路客运服务组织这一组织结构的诞生而产生的。

1. 高速铁路客运服务组织团队沟通影响因素

（1）高速铁路客运服务组织成员的角色分工。积极角色：领导者、创始者、信息搜寻者、协调员、评估者、追随者和旁观者。消极角色：绊脚石、自我标榜者、支配者、逃避者。

（2）高速铁路客运服务组织内成文或默认的规范、惯例。
（3）高速铁路客运服务组织领导者的个人风格。

2. 高速铁路客运服务组织团队沟通技巧

一个优秀的企业，强调的是团队的精诚团结，团队成员之间如何沟通是一门大学问。组织成员之间如果沟通不好，往往会产生矛盾，形成内耗，影响企业的正常运转。高速铁路客运服务组织作为铁路运输行业的一线工作团队，加强团队沟通，提升高速铁路客运服务组织团队沟通技巧尤为重要。为此，我们总结了高速铁路客运服务组织团队沟通技巧的几个方法，供高速铁路客运服务人员借鉴。

1）讲故事法

某公司在 20 世纪 90 年代遇到一些困难，新总裁上任后，经常邀请高级经理们到自己的家里共进晚餐，然后在屋外围着个大火炉，讲述有关该公司的故事。新总裁请这些经理们把不好的故事写下来扔进火里烧掉，用来埋葬该公司历史上的"阴暗"面，只保留那些振奋人心的故事，这极大地鼓舞了经理们的士气。

2）聊天法

罗田是某家族企业第一位家族成员之外的总裁，在长期的职业生涯中，罗田赢得了公司内部许多人士的爱戴。他有 1/3 的时间在公司里度过，常常和公司里的工程师聊天，聊最近的工作，聊生活上的困难；另外还有 1/3 的时间用来走访各地经销商，和他们聊业务，听取他们的意见。

3）制订计划法

某公司是一家"百年老店"。每年，员工都会有一次与人力资源经理或主管经理面谈的机会，员工在上级的帮助下制订个人的发展计划，以跟上公司的业务发展，甚至超越公司的发展步伐。

4）越级报告法

在某公司，总裁的办公室从来没有门，员工受到顶头上司的不公正待遇，或者看到公司的问题，都可以直接提出，还可以越级反映。这种企业文化使得人与人之间相处时，彼此之间都能做到互相尊重，消除了对抗和内讧。

5）参与决策法

某汽车公司每年都要制订一个全年的"员工参与计划"，动员员工参与企业管理。这个举动引发了职工对企业"知遇之恩"的报答热情，使得员工的投入感和合作性不断提高，合理化建议也越来越多，生产成本大大减少。在某新车型投产前，该公司大胆打破了那种"工人只能按图施工"的常规，把设计方案摆出来，请工人们"评头论足"，提意见。工人们提出的各种合理化建议一共有 749 项，经过筛选，采纳了 542 项，其中有两项意见的效果非常显著。以前装配车架和车身，工人得站在一个槽沟里，手拿沉重的扳手，低着头把螺栓拧上螺母。由于工作十分吃力，因而往往干得马马虎虎，影响了汽车质量，有工人说："为什么不能把螺母先装在车架上，让工人站在地上就能拧螺母呢？"这个建议被采纳以后，既减轻了劳动强度，又使质量和效率大为提高；另一位工人建议，在把车身放到底盘上去时，可让装配线先暂停片刻，这样既可以使车身和底盘两部分的工作做好，又能避免发生意外伤害。此建议被采纳后果然达到了预期效果。

6）培养自豪感法

某公司在创业时员工的工资并不高，但员工都很自豪。该公司经常购进一些小物品如帽子等,给参与某些项目的员工每人发一项,使他们觉得工作有附加值。当外人问公司的员工,你在公司的工作怎么样时,员工都会自豪地说,工资很低,但经常会发些东西。

7)口头表扬法

表扬不但被认为是当今企业中最有效的激励办法,事实上也是企业团队中的一种有效的沟通方法。某公司素有"表扬人"的企业文化,创始人如果当面碰上进步快或表现好的员工,便会立即给予口头表扬;如果不在现场,他也会亲自打电话表扬下属。

任务三　高速铁路客运服务人员垂直沟通

一、垂直沟通的概念

垂直沟通是指组织内部高低各个结构层次之间进行的沟通,它有下行沟通和上行沟通两种形式。

二、高速铁路客运服务人员垂直沟通概述

高速铁路客运服务人员作为高速铁路运输行业的中坚力量,是企业重要的人力资源,他们工作在基层,时时处处都需要与各方面沟通。高速铁路客运服务人员垂直沟通是指高速铁路客运服务人员在高低不同的行政架构层次之间进行的沟通。

三、高速铁路客运服务人员垂直沟通的分类

高速铁路客运服务人员垂直沟通分为高速铁路客运服务人员上行沟通和高速铁路客运服务人员下行沟通,两者均属于高速铁路客运服务人员上下级之间的沟通方式。

一般来说,高速铁路客运服务人员下行沟通的速度要快于高速铁路客运服务人员上行沟通的速度,因为高速铁路客运服务人员下行沟通多属于乘务组领导布置任务,而高速铁路客运服务人员上行沟通多属于下属向高速铁路客运服务组织领导反映问题、提出申请和汇报工作。

> **小提示**
>
> 上行沟通的艺术
>
> (1)沟通信息的准确。
> (2)言简意赅。
> (3)思考到位。
> (4)预判准确。
> (5)不拘谨,不放肆。
> (6)了解领导的习惯,观察领导的心情。

四、高速铁路客运服务人员垂直沟通的优缺点

高速铁路客运服务人员垂直沟通的优点是沟通速度快,信息传递准确;高速铁路客运服

务人员垂直沟通是领导者传递其管理理念以影响高速铁路客运服务人员积极工作的主要方式，有时其比其他沟通形式的效果更好。

高速铁路客运服务人员垂直沟通的缺点是如果层次多的时候，信息传递变慢，可能会出现越级沟通和隐瞒事实的现象。

> **小提示**
>
> 下行沟通的艺术
>
> （1）倾听，给予关注，抓住沟通的要点。
> （2）摆事实、讲道理。
> （3）语气平缓，底气充足。
> （4）点到为止。
> （5）戒骄戒躁，有一颗宽容的心。
> （6）坚持原则和底线。

五、高速铁路客运服务人员下行沟通

1. 高速铁路客运服务人员下行沟通的概念和作用

高速铁路客运服务人员下行沟通是指信息的流动是由高速铁路客运服务组织较高层次流向较低层次，高速铁路客运服务人员下行沟通的目的是控制、指示、激励及评估。其形式包括管理政策宣讲、备忘录、任务指派、指示下达等。有效的高速铁路客运服务人员下行沟通并不只是传送命令而已，而应是能让高速铁路客运服务人员了解单位的政策、计划的内容，并获得高速铁路客运服务人员的信赖、支持，同时有助于高速铁路客运服务组织决策和计划的控制，实现高速铁路客运服务组织的目标。

当信息自一方传至另一方时，有些资料会被忽略掉。当信息传经许多人后，每一个传送过程都会造成更多信息的损失，甚至遭扭曲和误解。在高速铁路客运服务组织中，当下行沟通经过许多组织层级时，许多信息会遗失，最后接收者真正能收到的只是一小部分而已。精简组织，减少高速铁路客运服务组织层次，能促进下行沟通的有效开展。

高速铁路客运服务人员下行沟通的作用：让高速铁路客运服务人员知晓高速铁路组织内部重大活动；突出高速铁路客运服务组织对高速铁路客运服务人员的创造力、努力和忠诚度的重视态度；探讨高速铁路客运服务人员在高速铁路客运服务组织中的职责、成就和地位；考察高速铁路客运服务人员所享受的各种福利待遇，以及真正实力；了解有关的社会活动、政府活动和政治事件对高速铁路企业的影响；了解高速铁路企业对社会福利、社会文化发展和教育进步所做的贡献；让高速铁路客运服务人员的家属了解企业致力于营造凝聚力；让新来的高速铁路客运服务人员看到高速铁路企业发展的足迹；让高速铁路客运服务人员了解不同部门发生的各种活动；鼓励高速铁路客运服务人员将高速铁路企业出版物作为各抒己见的途径和外界了解高速铁路企业发展的窗口。

2. 下行沟通的三种主要形式

（1）面谈形式，如口头指示、谈话、电话指示、广播、评估会、咨询会、批评会、小组演示乃至口耳相传的小道消息等。

（2）书面形式，如指南、声明、企业政策、公告、报告、信函、备忘录等。

（3）电子形式，如新闻广播、电话会议、传真、电子邮件、微信群通知等。

高速铁路客运服务人员下行沟通是高速铁路客运服务组织沟通中最重要的沟通方式之一，也是高速铁路客运服务组织沟通中最主要、最能有效提升工作效率，却也是最容易产生无效沟通的环节。

（1）高速铁路客运服务人员下行沟通通常存在的障碍。例如，高速铁路企业发展带来的高速铁路客运服务组织结构的复杂化；高速铁路客运服务组织领导者对沟通的不重视；高速铁路客运服务人员和管理层的隔离和不信任；高速铁路客运服务组织的领导者很少检查自己的沟通技巧；领导者把高速铁路客运服务沟通当作权力的工具；传递中的高速铁路客运服务信息的遗漏和曲解。

（2）高速铁路客运服务人员下行沟通的改进策略。应从高速铁路客运服务组织高层管理者做起，利用多种渠道、使用多种方式进行沟通，具体策略如下。

① 制订高速铁路客运服务人员沟通计划，建立高速铁路客运服务人员沟通制度。
② "精兵简政"，减少组织沟通环节。
③ 坚持例外原则，实现有效授权。
④ 建立有效的高速铁路客运服务沟通反馈机制。
⑤ 采取正确方法，减少抵触和怨恨情绪。
⑥ 利用多种渠道和方式进行沟通。

任务四　高速铁路客运服务人员横向沟通

 小案例

到底哪里出错了

公司产品质量经理吴江让质检员刘小瑛通知下午召开月度质量例会，刘小瑛通知了生产和技术部门。下午销售部门、人事行政部门和财务部门得知要召开月度质量例会，但自己没接到通知，纷纷打电话给吴江兴师问罪，吴江感觉很委屈，他以为是销售、人事和财务部门不愿意参加所以没来，而刘小瑛认为销售、人事和财务部门没必要参加，而且以前月度质量例会销售、人事和财务部门的负责人经常因为有事情中途离开，所以就没有通知他们。会上，吴江的报告才做到一半，采购部门对产品质量部门统计的原材料合格率提出疑问，很快会场热闹起来，车间主任对组装不合格的原因进行了解释，销售部门借机抱怨质量问题引起客户不满给销售带来的压力，财务部门强调产品报废损失严重……中间时不时有人接打电话，还有人离开会议室。2个小时很快过去了，会议室只剩下不到1/3的人，吴江唉声叹气地说："都说质量重要，但真正有几个人重视质量呢？"车间主任接着说："要不我们今天先这样。"吴江缓缓地点了下头。

一、横向沟通和斜向沟通的概念

1. 横向沟通

横向沟通是指发生在同一工作群体的成员之间、同一等级的工作群体之间，以及任何不存在直线权力关系的人员之间的沟通。

管理者每天都要进行大量的横向沟通（或称水平沟通）。横向沟通对于部门间的工作协调是必需的。横向沟通常常是管理层中的主要沟通形式。

因为横向沟通是平级关系的沟通,所以沟通者相互之间的威胁性就小,不会像上下级沟通那样与惩罚发生联系。由于横向沟通大多发生在工作的求助上,所以相互推诿的情况就特别多,以致沟通困难。横向沟通的作用是:保证公司总目标的实现;弥补重复沟通造成的不足;实现各部门信息共享。

2. 斜向沟通

斜向沟通又称越级沟通、交叉沟通,是指组织内不同层级部门间或个人的沟通,它时常发生在职能部门和直线部门之间。

斜向沟通是一种特殊形式的沟通,包括群体内部非同一组织层次上的单位或个人之间的信息沟通和不同群体的非同一组织层次之间的沟通。斜向沟通对上行沟通、下行沟通和横向沟通有促进作用。斜向沟通的目的是加快信息的传递。

二、高速铁路客运服务人员横向沟通概述

高速铁路客运服务人员横向沟通是指在高速铁路客运服务组织内部各服务人员之间,同样岗位、同样乘务组之间,以及任何不存在直线权力关系的高速铁路客运服务人员之间的沟通。

三、高速铁路客运服务人员横向沟通的类型与形式

高速铁路客运服务人员横向沟通的主要形式有班组会议、工作协调会议、高速铁路客运服务人员面谈、备忘录、主题报告、业务培训等。

高速铁路客运服务人员横向沟通的类型与形式如表 11-1 所示。

表 11-1 高速铁路客运服务人员横向沟通的类型与形式

类型	形式
同一高速铁路客运服务组织内的沟通	● 高速铁路客运服务人员面谈 ● 工作信函 ● 工作备忘录
不同高速铁路客运服务组织间的沟通 ● 不同高速铁路客运服务组织同级管理者之间的沟通 ● 高速铁路客运服务组织管理者和其他乘务组乘务员之间的沟通 ● 不同高速铁路客运服务组织服务人员之间的沟通	● 班组会议:常用的沟通形式,包括决策性的会议、咨询性的会议、通知性的会议等 ● 工作备忘录 ● 工作报告

四、高速铁路客运服务人员横向沟通的优点

1. 优点

横向沟通可以采取正式沟通的形式,也可以采取非正式沟通的形式。通常以后一种形式居多,尤其是在正式的或事先拟定的信息沟通计划难以实现时,非正式沟通往往是一种极为有效的补救方式。横向沟通具有很多优点。

(1)它可以使办事程序、手续简化,节省时间,提高工作效率。

(2)它可以使企业各个部门之间相互了解,有助于培养整体观念和合作精神,克服本位主义倾向。

（3）它可以促进员工之间互谅互让，培养员工之间的友谊，满足员工的社会需要，提高员工的工作兴趣，改善员工的工作态度。

2. 缺点

横向沟通的缺点表现在：头绪过多，信息量大，易造成混乱；此外，水平沟通尤其是个体之间的沟通也可能成为职工发牢骚、传播小道消息的一个途径，造成团体士气涣散的消极影响。

3. 横向沟通和其他沟通方式

与上行沟通和下行沟通相比，越级沟通和横向沟通信息传递环节少、质量高、成本低，具有快速、便捷和高效的优点。越级沟通和横向沟通还为企业减少管理层次，减轻中层管理人员工作负担，提高管理效率起到了积极作用。

五、高速铁路客运服务人员横向沟通的障碍与改进

1. 障碍

高速铁路客运服务组织本位主义是高速铁路客运服务人员横向沟通最大的障碍。例如，认为自己的价值最大，在组织结构认识上存在贵贱或等级偏见；高速铁路客运服务组织之间职责交叉；高速铁路客运服务人员性格差异或知识水平差异；对某些政策的认识存在猜忌、恐惧，感到威胁的存在；对有限资源的争夺，高速铁路客运服务人员之间、高速铁路客运服务组织部门之间针对工作资源、职位的竞争与冲突；空间距离也是障碍之一。

2. 改进

在高速铁路客运服务人员横向沟通中起重要作用的高速铁路客运服务人员被称为边界人员，这类高速铁路客运服务人员与其他部门及外界的人有较多的沟通联系。边界人员获得大量的信息，过滤后再传递给他人。这使他们具有特殊的地位和潜在的权力，所以要很好地发挥他们的作用，以提高高速铁路客运服务人员横向沟通的效果。高速铁路客运服务组织内外都有关系网。关系网是指一群人建立的对共同的兴趣非正式地进行信息交流，其一般是围绕外部利益建立的，如娱乐团体、专业团体等。关系网有助于扩大高速铁路客运服务人员的利益，使他们了解新技术的发展，使他们更易被他人所了解。

改善沟通的另一种方法是安排一名咨询员，设立这一职位是要征询各种质疑、投诉，对高速铁路客运服务组织的政策予以解释，或者听取那些犯了错误但对正常沟通渠道感到不适的高速铁路客运服务人员的辩解，并给予相应的回答。所有的接触都是保密的，以此鼓励坦率直言。咨询员要进行深入全面的调查，必要时要采取干预措施以纠正错误、调整制度，以防止错误再现。

高速铁路客运服务人员改进横向沟通的具体策略如下：倾听而不是叙述；换位思考；选择准确的高速铁路客运服务组织内部沟通形式；建立高速铁路客运服务组织内部沟通管理咨询员等。

任务五 高速铁路客运服务人员会议沟通

小案例

会 议 礼 仪

小刘应邀参加一个研讨会。研讨会邀请了很多商界知名人士及新闻界人士。老总特别安排小刘和

他一道去参加,同时也让小刘见识一下"大场面"。小刘早上睡过了头,等他赶到,会议已经进行了20分钟。他急急忙忙地推开了会议室的门,"吱"的一声脆响,他一下子成了会场上的焦点。刚坐下不到五分钟,肃静的会场上又响起了音乐,原来是小刘的手机响了。这下子,小刘可成了全会场的"明星"……没过多久,就听说小刘"另谋高就"了。

一、会议的含义和类型

在高速铁路客运服务工作过程中,召开各种工作会议可以说是一项频繁的工作。高速铁路客运服务人员会议沟通是一种成本较高的沟通方式,沟通的时间一般比较长,常用于解决较重大、较复杂的问题。虽然高速铁路客运工作会议带来了资源、人力、物力的巨大耗费,但也不得不承认,会议是一种很有效的沟通手段,因为面对面的交流可以传递更多的信息,尤其是很多需要各部门协作的工作,就更需要以会议为纽带来协作。

1. 会议的含义

会议是人们为了解决某个共同的问题而聚集在一起进行讨论、交流的活动。会议的主体主要有主办者、承办者和与会者(许多时候还有演讲人),其主要内容是与会者之间进行思想或信息的交流。

2. 会议的类型

会议按目的分为:谈判型会议、解决问题型会议、信息传达型会议、决策型会议、信息交流型会议、利益调整型会议。

会议按参加人数的规模分为:大型会议、中型会议、小型会议。

会议按时间规律分为:例行会议、非例行会议。

会议按形式分为:室内会议、室外会议,正式会议、非正式会议。

会议按参与者的身份分为:高速铁路客运服务人员会议、高速铁路客运服务组织中层会议、高速铁路客运服务组织高层领导会议。

会议按内容分为:生产或业务会议、乘务工作会议、站务工作会议、专业分享会议、咨询会议、座谈会、讨论会。

二、会议功能

1. 传达企业经营理念并使企业目标协调一致

召开高速铁路客运服务工作会议最主要的目的是传达高速铁路企业的经营理念,统一高速铁路客运服务人员的步调;同时通过会议,集思广益,把大家的意见统一起来使之成为高速铁路企业努力的方向,这样才能众志成城,又快又好地将目标变为现实。

2. 传达决策者的信念

高速铁路客运服务组织决策者的信念也要通过会议来传达。例如,高速铁路客运服务组织决定从今年开始要发些奖金给所有的员工,而且要根据每位高速铁路客运服务人员完成各项指标的情况而有所不同,这是高速铁路客运服务组织领导者的一种激励策略,这样的信息就需要利用会议来隆重推出,以吸引高速铁路客运服务人员的兴趣,激发高速铁路客运服务人员的工作热情。

3. 集思广益共同解决问题与危机

集思广益、共同解决问题与危机是会议的又一个重要功能。当遇到问题,普通员工没有对策,领导者一时也拿不出合理的方案时,就需要大家坐在一起召开会议,提出自己的想法,设法解决问题。

4. 集思广益

集思广益，激发富有创意的工作理念是会议的另一项功能。会议是产生创意的一个良好场所，通过有效的会议，可以进行头脑风暴，不断激发出良好的创意。

5. 检讨、改进不足之处

例如，乘务组收到旅客的投诉越来越多，就要马上召开会议，大家讨论一下投诉增多的原因。通过会议，可以将所有可能的原因列举出来，然后再一一做出分析，通过分析结果来检讨和改进服务。

6. 达成告知功能

会议传达信息要比在布告栏上公布的效果好得多，而且也显得更为郑重。例如，今年的安全目标是要无任何重大安全事故，通过会议，可以将这个目标准确地传达给各相关人员，号召大家共同努力。

三、高速铁路客运服务组织内部沟通的主要方式——有效的高速铁路客运服务工作会议

1. 会议的准备工作

1）选定参加者

对要参加会议的人一一考察，召集确有必要参会的人，不要让不相关的人参加会议。

2）明确会议的目的

（1）解决问题型会议的目的是解决遇到的一个或几个问题。

（2）制定计划型会议的目的是确定由谁去制定计划。

（3）信息传达型会议的目的是把详细信息传达下去。

（4）利益调整型会议的目的是重新分配利益。

3）合理分配会议时间

（1）一定要准时开会。

准时开会不是一件容易的事情；若有一次不准时开会，后面再开会就很难准时。

（2）会议从最重要的事项开始讨论、解决。

为了提高效率，解决主要问题，会议应从最重要的事项开始讨论、解决。

2. 召开会议的注意事项

1）做好前期工作

（1）会议提纲。

（2）会议参加人员。

（3）确定召开会议的目的。

（4）确定会议的主要内容。

（5）确定会议的议程及时间安排。

2）做好会议召开期间的组织工作

（1）给予参会者均等的发言机会。

（2）创造使所有参会者能够自由发言的气氛。

（3）为参会者平等地相互交流创造条件。

（4）对部分参会者的长时间发言、争论或者题外话采取相应措施。

（5）切实遵守会议议程并进行时间控制。
3）做好会议收尾工作
（1）会议结论经全体参会者协商得出。
（2）对会议结论进行概括、说明。
（3）对会议中决定的事项进行明确分工。
（4）结尾时由参会者对会议结果进行评价。
4）做好会议后续工作
客运服务工作会议结束后要不断跟进会议决议的落实情况。

3. 有效客运服务工作会议的注意事项

（1）使会议气氛活跃。如果会议比较乏味、参会者的参与度较低的话，主持者就应当审视一下自己。首先，有必要思考一下"为什么会这样"。可以通过提问来引导大家参与会议。会场不是战场，鼓励思想冲突，禁止感情冲突。

（2）不要有含糊不清的表达。尽量少用或不用以下表述：基本上结束了，基本上行；大致有希望；几乎没有问题，几乎是按计划完成；或许能行，或许能成功；我觉得能行，我觉得能成功；在一定程度上完成了；似乎合适；等等。

（3）认同并尊重对方。许多人在会议中所犯的错误之一就是固执己见。如果总是抓住别人话里的漏洞不放，导致谁也没有兴趣发表意见，造成小心谨慎、保持沉默的气氛。对方有发表自己意见的权利。即使对方发表的意见有欠缺，也要尊重其意见；要鼓励大家发言。

（4）在会议中不时做出反应。听者最好是恰当地对理解了什么、没能理解什么做出相应的表示。要注意听对方谈话的真正用意，体会对方顾忌说的话、对方真正想要说的话等。

（5）用肯定性的语言称赞。

（6）别人说话的时候要看着别人点头。

（7）自己说话时要有自信。

（8）尽量避免冲突，比如语言冲突、动作冲突等。

➡️ **小提示**

召开客运服务工作会议的一些技巧

① 从重要的议题开始讨论。
② 从肯定性的方面先说。
③ 有逻辑地、简单地表达。
④ 一句话表达一种想法。
⑤ 思考发言提纲。
⑥ 使用参会客运服务人员能够理解的方式表达中心思想。
⑦ 使用切合客运服务业务的表达方式。

项目十二 外部沟通

 知识点

- 高速铁路客运服务组织外部沟通的含义
- 高速铁路客运服务组织外部沟通的技巧
- 高速铁路客运服务组织外部沟通中与同行沟通、与投诉人员沟通、营销沟通、应急沟通等理论知识

 技能目标

- 能够识别高速铁路客运服务组织外部沟通的注意事项
- 了解高速铁路客运服务组织外部沟通的对象
- 熟练运用高速铁路客运服务组织外部沟通的相关技巧

▶ 本项目知识结构导图

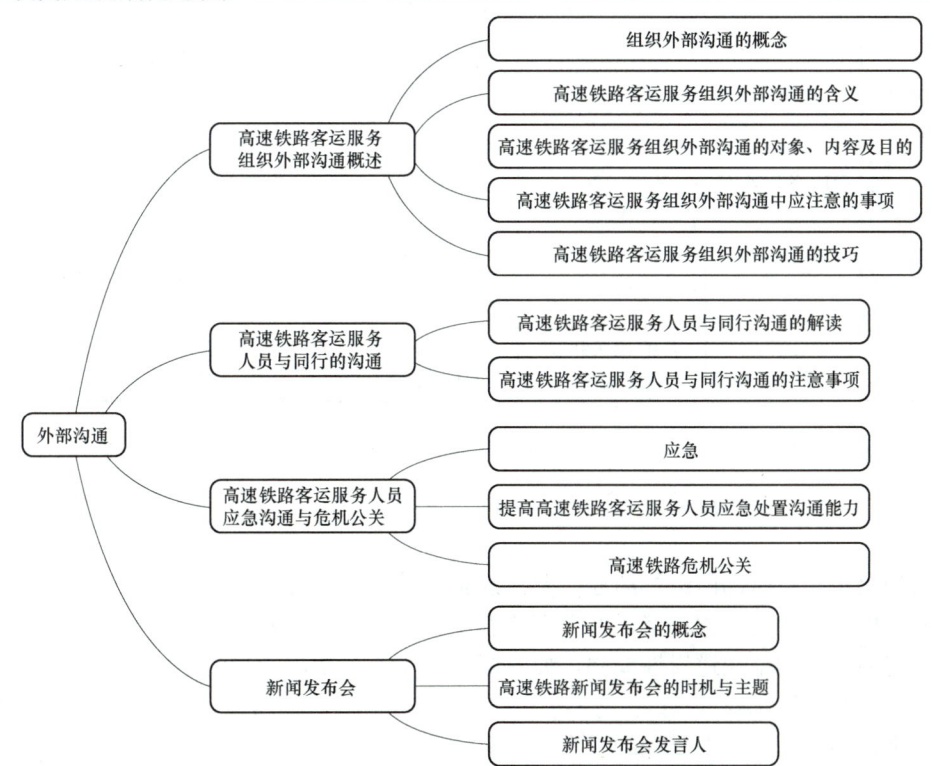

任务一　高速铁路客运服务组织外部沟通概述

一、组织外部沟通的概念

组织外部沟通是指组织为了适应大环境的变化而与周围环境进行的信息传递与交流。企业管理中必须进行外部沟通是由两个基本原因决定的：(1) 企业要及时满足公众的要求；(2) 企业自身管理的需要。

二、高速铁路客运服务组织外部沟通的含义

高速铁路客运服务组织外部沟通是指高速铁路客运服务组织为了适应社会大环境的变化与周围环境进行的信息传递和交流。广义的高速铁路客运服务组织外部沟通是高速铁路客运服务人员等与高速铁路客运服务组织外部的人和部门打交道。狭义的高速铁路客运服务组织外部沟通就是高速铁路客运服务人员与高速铁路客运服务组织以外的合作对象及职能部门的协调和沟通，以及经办事项的处理。

三、高速铁路客运服务组织外部沟通的对象、内容及目的

高速铁路客运服务组织外部沟通的对象、内容及目的如表 12-1 所示。

表 12-1　高速铁路客运服务组织外部沟通的对象、内容及目的

主体	类别	对象	内容	目的
高速铁路客运服务组织（高速铁路客运服务人员）	高速铁路客运服务组织外部沟通	政府机构	法律法规、危机	获取最新政策，配合相关工作
		行业组织	行业规范、咨询、危机	获取行业信息，配合相关工作
		相关机构	相关要求	获取相关信息，配合相关工作
		媒体	与运输业务和高速铁路客运服务组织相关信息	获取相关信息，协调宣传立场
		旅客	对运输产品和服务的要求、投诉和建议	满足旅客要求，增进旅客信任
		其他相关机构和人员	对运输产品和企业有意义的信息	了解发展变化，确保履行义务

四、高速铁路客运服务组织外部沟通中应注意的事项

(1) 相关人员一定要注意自己代表的是高速铁路客运服务组织，穿着要得体，言谈举止要有涵养。

(2) 如果是和政府部门进行沟通，要注意把握政策，不可越界，不能出格。

(3) 和旅客沟通要注意和谐，即使有旅客不对的地方，也要忍小而求大。

(4) 沟通活动的组织逻辑性要强，要有顺序，层次分明，参加沟通活动的人才会觉得舒服，不至于无的放矢。

(5) 事前要计划，事中要控制，事后要总结。

（6）必须制订突发情况预案。

小分享

外部沟通注意的四个方面

对于高速铁路企业来说，闷头做好企业自身内部工作远远不够，还需要不断加大外部沟通的力度，尤其是有序开展各种公关活动，才能使高速铁路企业在社会上不断取得应有的声誉。以下四个方面应引起高速铁路企业的高度重视。

1. 高速铁路在发展中应密切联系社会，关注民生

高速铁路除不断开发、推出优质的运输产品和服务之外，还要尽量多与社会各个方面进行交流，把企业的营销活动搞活、搞好。比如除固定节假日之外，要寻找各种机会，不断推出各种宣传、营销活动。对各种有意义的公益活动应积极参加，采用不同的方式介入各种活动，发出企业的声音，其目的就是抓住一切机会多与社会深入接触，融入其中，在活动中倾听外部单位对企业的意见和建议，将有效沟通融化在与社会的广泛交流中，促进社会公众与企业之间的相互了解和认识，于无形中提升企业自身的形象和高速铁路品牌影响。

另外，企业要积极参与有意义的捐赠活动。比如国家遇到自然灾害时捐款、帮助贫困群体、拜访养老院，等等，高速铁路企业作为国家大型企业要有计划地实施捐赠救助行动，履行企业作为社会公民的责任和义务。目前，公众对企业的社会责任都比较看重。企业对社会的贡献的形式是多种多样的。

对于公众来讲，也应全面客观地看待高速铁路企业，把高速铁路企业放到一个相对较长的时间内就其社会责任和义务做综合性的分析，以判别企业对社会的贡献大小。

2. 高速铁路企业应加大与政府部门的公关力度

高速铁路企业要加大与工商、税务、法院、公安、交通等政府部门的联系，经常与其互动，达成一种默契，通过电子邮件、短信等形式传达企业的有关信息，扩大企业在政府层面的美誉度、知名度。这就要求高速铁路企业平时应多走动、多联系，建立走访制度，加深了解，寻求有效沟通，让政府部门知道企业在守法做事、依法经营、依法纳税等，努力争做好的企业公民，以获得政府部门的有力支持，与其保持良好的关系，这一点在今天看来尤为重要。通过各种公关活动的开展，可以进一步打消有关政府部门对企业认识上的一些偏见或看法，营造有利于企业发展的环境。

3. 高速铁路企业应重视与媒体的交流

要重视媒体的力量。高速铁路企业宣传部门应定期向各类媒体发布多种信息，包括运输产品和服务信息、管理创新信息、企业文化活动信息、企业重大纪念日信息、企业发展中的疑难问题等。这些信息要让媒体了解，不断引起媒体的关注，并配合媒体采访，做好企业的对外舆论宣传工作。同时，高速铁路企业宣传部门要对媒体资源做到妥善管理，及时跟踪。要采用多种形式经常性地和媒体进行交流，寻求媒体对企业的关注、支持和理解，与媒体成为朋友。例如高速铁路企业宣传部门可以安排企业高级管理者与媒体见面，发布信息、做报告，双方互动交流。还可以邀请媒体到企业参观访问，与员工代表座谈交流、畅谈心声。这些都是有效的企业与媒体的互动方式，与媒体良好关系的建立对企业是非常有意义的，媒体的持续关注更有利于企业良性的发展。

4. 有能力的企业要重视展馆建设

高速铁路企业有固定场所或渠道与社会接触是再好不过的事了，企业相关场馆（展览馆、博物馆）的建设，就是一种很好的方式，其可以系统展示企业发展的历史，及时将企业新技术、新业务亮相与演示，观众可以随时来这里参观，了解企业，通过这些新技术、新业务再看企业发展的艰辛历程就会更包容企业，理解企业。这些企业场馆是固定的，带有一定的企业财富色彩，是企业文化拓展的领地，更容易被社会大众所接受。

目前，有的企业已在重视文化场馆的建设。高速铁路企业对文博场馆建设的热情还是比较高的，

许多高速铁路企业都已行动起来,用不同的展示方式展现企业的发展,这都是非常好的现象。事实证明,利用博物馆等场馆来对外宣传、实施沟通、展示企业、融入社会,是可取的,更是有效的做法。

五、高速铁路客运服务组织外部沟通的技巧

(1) 高速铁路客运服务组织与政府部门的沟通,是为更快获取最新、最准确的政策信息,各种与客运工作相关的法律法规信息。高速铁路客运服务组织需要与政府部门保持沟通顺畅,除了合法运行、照章纳税,还应依法接受和服从管理。高速铁路客运服务组织应积极参与政府所开展的社会公益活动;还可利用汇报、共商等方式沟通;也可通过行业协会沟通各方利益;当然还可以利用各种新闻媒体沟通。

(2) 高速铁路客运服务组织与新闻媒体沟通的总的原则就是积极主动,实事求是。遇重大事件可以召开新闻发布会;在新闻媒体上开设专栏;适时发布新闻稿;召开记者招待会。

(3) 与旅客沟通时,要给旅客以良好的印象,让旅客有优越感,善用赞美及询问迅速打开旅客心扉。

(4) 与社会公众组织沟通时,要积极参与和赞助社会公众组织的相关事务;开放高速铁路客运服务组织(高铁企业)的文体福利设施;搞好环保和安全工作;妥善处理和社会公众组织的纠纷。

小分享

有效的外部沟通将给高速铁路企业带来巨大利益

企业经营本身就是在做外部沟通。

(1) 做好与政府的沟通,可以及时了解行业的相关政策,及时改变战略,趋利避害,避免损失。如果能得到政府扶持将更利于企业的发展。

(2) 做好与其他企事业单位和社会团体的沟通,可以扩大企业的社会影响力,增加企业的知名度和美誉度。

(3) 做好与旅行社、代售点、宾馆酒店之间的沟通,可以及时把握市场动向。

(4) 做好与竞争对手的沟通,避免恶性竞争,形成产业联盟。

(5) 做好与消费者的沟通,在消费者心中树立了良好的企业形象,就不用担心产品和服务销不出去。

(6) 做好与员工家属的沟通,员工会更有向心力。

任务二 高速铁路客运服务人员与同行的沟通

一、高速铁路客运服务人员与同行沟通的解读

沟通是人与人之间、人与群体之间思想与感情的传递和反馈的过程,以求思想达成一致和感情的共鸣。高速铁路客运服务人员作为铁路(高铁)行业基层工作人员,时时处处离不开各种沟通,其中与同行的沟通尤为重要。

同行这个概念比较大,从字面上理解为相同行业。本书认为同行即相同行业相同岗位的人。高速铁路客运服务人员与同行沟通要诚信、热情、开朗,要用心去交流,只有将心比心,

才能顺畅沟通。

二、高速铁路客运服务人员与同行沟通的注意事项

高速铁路客运服务人员与其他班组人员的沟通，要承担"灰色地带"的责任，不论班组之间的权限怎样清晰地划分，都可能存在一些被遗漏或是难以界定的地带，各班组可管可不管，这便是所谓的"灰色地带"，这样的情况常常关乎各班组的利益，因此，主动去处理这些事情，一定会利人利己；跟踪到底，在班组配合工作中，当对方接受了你提出的要求后，必须时刻跟踪进展，不要等到最后才发现他们做的不是你想要的，或者是做得太慢。换位思考，这条人际交往的基本做法在与同行的沟通中也同样适用。要真诚合作、互相配合，关心体贴、互相理解，互相监督、建立友谊。

要丰富高速铁路客运服务专业的知识及相关专业的知识，这样才有和同行交流的基础，不然的话，与同行找共同话题都很难。我们经常讲一句话：人脉就是资源！当今社会，是个沟通型的社会。尤其是高速铁路客运服务人员必须学会沟通才能不断地积累自己的人脉资源，在工作中实现有效的沟通。在高速铁路客运服务工作中，沟通的对象不同，他们的学识、修养、经历、地位也不同。每个人都有同行，交往对象不同，我们的位置会随之变化。生活中，我们发现有些人交往是有层次的，他们只愿意结交和自己社会地位相当的人或是感兴趣的人；有些人交往是没有层次的，三教九流各色人等都交往。我们经常讲一句话：与谁同行，将决定你能走多远，走多快！所以，结交比自己优秀的人，我们能力会更快地提升，发展的机会也会更多，平台也会更大！

小分享

结识同行中的优秀人物

一、尊重对方，严谨有致

与同行发展友情，首先要准确把握双方关系，给其以相应位置，充分表现出对同行的尊重。这是对双方关系的确认和定位，也是对对方被尊重愿望的满足。细节决定成败！很多细小的事情可以看出一个人的品行和能力，所以我们要学会在细节上做到规范。

二、切忌奉承，不卑不亢

与同行沟通要有原则。如果不顾原则，另有目的，人格沦丧，不知廉耻，对同行尤其是前辈就会表现出阿谀奉承来。这表面上看似尊重对方，其实它与尊重是有本质区别的。阿谀奉承，虚情假意，夸大其词，别有用心，只能让尊贵者反感、嫌恶、痛恨。本来可以建立友情，但因双方失去真情而无法发展下去。当然，个别人好大喜功，乐于听奉承话，对于这样的同行来说，我们要张弛有度，把握分寸，不卑不亢，既尊重对方又尊重自己。

三、态度自然，不必拘谨

分量重的人无论地位，还是阅历、学识，都高我们一筹。与他们交往，常令我们肃然起敬。作为平常人，尤其是未见过世面的青年人，在这种情况下往往显得动作走形，语无伦次。其实尊贵者也是我们平等的交际对象，我们一方面要尊重对方，另一方面也要立足于自己，守住方寸，保持本色，进行自然而正常的交往，不必拘谨。平等交往能显示自己的交际魅力，会赢得对方的认可和尊重，尊贵者也会乐意与我们发展友情。有些有才华求上进的青年人，遇到一些德高望重的前辈总是显得太拘谨，甚至是一副窝窝囊囊、畏畏缩缩的样子，这样很难获得对方的欣赏。

四、学会配合，不可狂妄

我们要积极支持别人，热情配合同行，这不仅不会损害自己的"身价"，相反会取得同行的信任。如果不能摆正这层关系，常不恰当地显示自己的能耐，抖弄自己的才华，以至背弃、排挤同行，则往

往会适得其反。

五、主动真诚，做出姿态

同行前辈一般不会主动与我们交往，而作为平常人，身份在下，地位比其低，自然要主动积极，充满真诚，先迈出一步，做出友好的姿态，这是尊长敬上的美德，也是交际的惯例。

六、求助求教，接受呵护

同行团结是力量的象征，所以要接受并求得同行呵护。寻求呵护，一要尊重同行，二要适度，不可仰仗、依附。

七、有意识地展示自己独特的才华

在社交场合中，有些分量重的人虽然身份比较高，但是他们也喜欢有才华、有闯劲的人。所以在社交场合，偶尔显示一下自己某方面的特殊才能，也能让别人对你刮目相看，能够记住你的名字，下次再交往时对方往往对你印象特别深刻，交流就更流畅了。当然，展示自己的独特才华一定要注意时机和氛围，要顺势展示，不可张扬。

八、培养和对方一样的兴趣

如果想结交同行，比较好的方法是培养和其一样的兴趣爱好，这样能够找到共同的话题，而且可以聊得更深入些，让对方有"知音"的感觉，这样深入沟通就非常容易了。

九、把自己也想象成成功者

交际是平等的沟通，但是由于紧张恐惧，或是心态没有端正，或是急于表现自己、急于求成，反而造成了不平等的沟通，让自己甘拜下风，结果沟通达不到理想的效果。所以，我们要"假戏真做"，要学会把自己想象成成功者，用成功者的方法和思维指导自己的行为模式，用平常的心态对待分量重的人，从容、自然地沟通，不卑不亢，有理有度，这样沟通才能成功。因为沟通有时会有隔阂，所以我们要有意识地培养成功者的沟通习惯，目光、声音、肢体语言、用词、思路等都要有成功者的感觉；不要在乎现在的位置，要敢于看到未来的自己。

任务三　高速铁路客运服务人员应急沟通与危机公关

一、应急

"应急"：应对突然发生的需要紧急处理的事件。其中包含了两层含义：客观上，事件是突然发生的；主观上，需要紧急处理这种事件。

突然发生的需要紧急处置的事件通常被人们简称为"紧急事件"，或者"突发事件"。

应急实施过程如图12-1所示。

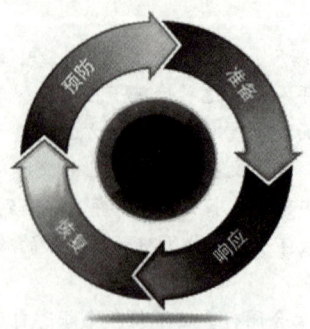

图12-1　应急实施过程

"应急"应回答以下几个问题。
（1）由哪些人来应对？
（2）可能出现哪些种类的突发事件？
（3）突发事件严重程度如何划分？
（4）突发事件过程如何划分？
（5）在突发事件各个过程应如何应对？

二、提高高速铁路客运服务人员应急处置沟通能力

无论是在每年春运期间还是在日常铁路旅客运输过程中，安全都是人们最为关心的永恒主题，这就要求我们对列车突发的应急事件有充分的思想准备和心理准备，并有充分的认识和有效的应对措施，因为对列车应急事件的处置，直接关系到旅客的生命安全和国家财产安全。及时上报，认真反馈是应急处置沟通应遵循的原则。

1. 高速铁路客运服务人员要具备处置紧急情况的业务素质

面对突发的紧急情况和应急事件，高速铁路客运服务人员必须具备处置应急事件的业务素质。这就要求每一名高速铁路客运服务人员熟悉列车车厢内的安全设施，以及安全结构设计，尤其是有关应急设备，必须做到熟练掌握灭火器的使用方法，熟悉各种应急和突发事件的处置预案，一旦列车上发生紧急情况，唯有熟练的操作才会给旅客的安全撤离争取宝贵的时间。此外，高速铁路客运服务人员还要有较强的沟通能力和组织能力，通过口语表述、肢体语言、表情语言等，积极主动地向旅客宣传乘坐高速铁路列车的安全常识和应急处置逃生措施，使旅客明确和了解紧急情况发生后的处置程序。

2. 高速铁路客运服务人员要具备处置紧急情况的心理素质

作为一名高速铁路客运服务人员，首先要具备在紧急情况下保持清醒、镇定、沉着、冷静的心理素质，这是高速铁路客运服务人员能否对紧急情况做出准确判断，以及能否迅速采取果断行动的重要前提。这种心理素质外化出来的沉着冷静的表情和有条不紊的处置手段、口令等，不仅能够让旅客得到安抚，还能够使旅客更好地配合高速铁路客运服务人员做好紧急疏导工作，这一点也是确保在紧急情况下做好人员安全转移的重要前提。

3. 高速铁路客运服务人员要具备处置紧急情况的决断能力

列车上一旦发生紧急情况，高速铁路客运服务人员除要保持沉着冷静的心态之外，还应当很好地结合自身所掌握的常识和业务知识，迅速对突发事件做出判断，并在此基础上确定应当采取的处置措施。因为在最危险的时刻，高速铁路客运服务人员就是事件现场的总指挥，旅客此时的希望很大程度上都寄托在高速铁路客运服务人员身上。高速铁路客运服务人员要为旅客做出表率，这需要其具备果断处置紧急情况的决断能力。

4. 高速铁路客运服务人员要具备处置紧急情况的组织能力

一旦在列车上发生意想不到的紧急情况，很有可能出现车厢内旅客的躁动、混乱、惊恐和不知所措。此时，高速铁路客运服务人员就要及时转换自己的角色，改温和的微笑为镇定的指挥，不但要组织好旅客，使其情绪保持冷静和稳定，还要保持车厢内的秩序井然有序，在紧急情况发生后确保旅客的生命财产安全。

5. 高速铁路客运服务人员要在处置紧急情况时保持团队精神

高速铁路客运服务人员能否在紧急情况发生时，与其他工作人员步调一致、协同作战、有效处置，对应急事件的处置起着至关重要的作用。紧急情况发生后，每一名高速铁路客运服务人员都应清楚自己所处的位置，以及应当履行怎样的职责，大家只有相互配合、相互帮

助、相互协作，才能保证应急处置的高效率；否则，各自为战，互不通气，最终将有可能造成更大的损失。

三、高速铁路危机公关

1. 高速铁路企业危机

高速铁路企业危机是指意想不到的、危及高速铁路企业财产和名誉的重大事件。高速铁路企业运用公关手段，处理高速铁路企业危机的过程被称为高速铁路企业危机公关。高速铁路企业危机的原因与类型很多，常见的有服务瑕疵型危机、事故赔偿纠纷型危机、管理不良型危机、反宣传事件型危机、责任事故（重大伤亡）型危机，等等。

2. 高速铁路企业危机的特点

高速铁路企业危机一般有以下特点。

1）突发性

高速铁路企业危机常常在高速铁路企业毫无准备的情况下瞬间发生，它会带来极大的混乱和恐慌。如2011年的甬温线动车追尾事故，对高速铁路企业、高速铁路客运服务人员和旅客都是完全出乎意料的。

2）严重危害性

危机不仅给高速铁路企业带来巨大损失，而且很可能给公众带来恐慌，造成旅客伤亡，给社会造成直接经济损失。

3）扩散性

危机常常成为社会舆论关注的"热点"和"焦点"，它更是新闻媒体报道的最佳"新闻素材"，有时甚至牵动公众的"神经"。

"好事不出门，坏事传千里"，一个负面消息的传播足以抵消千百篇正面的报道。

正是由于高速铁路企业危机易扩散的特征及受舆论关注的特性，作为企业的新闻官员在整个危机处理的过程中扮演着重要的危机传播控制者的角色。

3. 高速铁路企业危机公关方法

高速铁路企业危机公关，最重要的环节就是新闻发布。

在进行危机公关时，召开新闻发布会或记者招待会是一个很好的方式。第一，它以面对面的方式和公众和传媒进行双向的沟通，是真诚面对公众的形式。第二，在一个集中的时间内向媒体说明情况，可以缓解新闻媒体、公众询问的压力。第三，它有助于媒体将企业真正地视为信息来源的主要渠道，从而以企业可以控制的信息填补信息"真空"，防止失实信息的产生与扩散，使企业掌握传播的主动权。

当然，在危机的处理中，召开新闻发布会或记者招待会，比起企业在平时召开新闻发布会会有所不同，也要难得多。企业要面对媒体和公众的质询，有时甚至是恶意的刁难。

4. 危机期间高速铁路客运服务人员的媒体沟通技巧

危机出现后，借助新闻媒体，高速铁路企业通过发布和危机有关的信息，尽量减少损失，及早防止事件向不利方向发展，稳定受害人员及家属的情绪。

应对新闻媒体是指高速铁路企业接受媒体采访、提问等。应对媒体的目的是统一信息口径，善待新闻界代表，防止不利于高速铁路企业危机处理的报道。与没有危机情况的新闻发布会比较，危机公关新闻发布会侧重于媒体关系的协调沟通及信息的主动控制。

1）危机期间进行媒体沟通的必要性

（1）记者可能已经聚集在事故现场或者高速铁路企业办公地点外，要求获得更多的信息或要求进行采访。

（2）与媒体沟通会为高速铁路企业提供一个很好的机会，可对所发生的事故做出评述，并使媒体真正了解事故的情况及高速铁路企业正在采取何种弥补损失的措施。

（3）高速铁路企业与媒体沟通，向社会传达道歉和遗憾态度。

（4）举行新闻发布会最重要的是可以帮助高速铁路企业把握主动权并直接控制与事故有关的信息的发布。

2）高速铁路企业与媒体沟通的准备工作

危机发生后，一旦确定与媒体沟通的时间，就要尽早通知，同时要迅速做好有关的准备工作。相关的准备工作如下。

（1）确定沟通时长。在危机期间，与媒体沟通的时间应在 20 分钟以上，45 分钟以内。如果时间过短，会令会议的价值受损并使媒体不满。

（2）准备好真实、准确的新闻稿。

（3）准备好与危机事件有关的背景资料。如果来不及准备危机事件的背景资料，可以将高速铁路企业的介绍、历史发展等资料提供给参会记者。

（4）准备好会议中需要展示并介绍的图片、模型、表格等。

（5）准备好记者有可能提出的问题的答案。

（6）准备好会议需要的设备和记者发送信息使用的设备，如扩音设备、传真机、电话、电子计算机、复印机、电源等。

（7）为记者提供相关生活保障。

（8）做好其他准备工作，如熟悉媒体日常工作时间等。

3）对与媒体沟通人员的要求

危机期间，沟通人员是高速铁路企业的信息发布员，是高铁企业的正式代表。由于要面对镜头，应该衣着整洁，精神焕发，冷静沉着，表达得当，稳重端正。危机期间对沟通人员的要求如下。

（1）必须接受过专业培训。

（2）尽可能向媒体提供充分信息。即使不是很了解重大事件的始末，沟通人员也可以向媒体人员提供有用的背景资料，这有助于获得记者好感。

（3）应尽早确定和媒体相处的策略，并通知所有高速铁路企业高层领导。

（4）面对媒体，高速铁路企业应当尽量争取各种可能的帮助，以处理好各种问题和多方面的关系。

（5）掌握整体情况，这样才能答复媒体人员的提问。

（6）充分运用事先准备的资料。面对媒体人员时，应灵活利用地图、照片、表格等辅助资料说明事件发生的始末。

（7）应遵守对媒体做出的承诺。

（8）获得信息后应尽早告知媒体，即使是片段的信息。

4）危机期间与媒体沟通的"八不要"

（1）不要推测危机的结果，特别是伤亡人员的数量。

（2）不要使用行话，以免媒体人员听不懂，而花费很多时间去解释。

（3）不要刻意推卸责任。

（4）不要发布不准确的消息。

（5）不要要求媒体人员一定要刊登什么，一定不要刊登什么。

（6）不要抱怨高速铁路企业领导及同事。
（7）不要指责临阵退缩的同事。
（8）如果高速铁路企业没有什么可以隐瞒的，不要轻易采取低姿态。

5）高速铁路与媒体沟通后的善后工作

（1）报道与事实不一致时，应及时指出并要求更正。
（2）利用危机处理过程中的一些积极因素或结果，创造新闻由头，再次吸引新闻媒体来报道。
（3）危机基本结束之后的新闻报道，主要是给公众形成一个良好的形象，同时高速铁路企业可以采取一系列对社会负责的行为，以增强公众对高速铁路企业的信任。

任务四　新闻发布会

一、新闻发布会的概念

1. 新闻发布会

新闻发布会是现代新闻发布活动的典型形式，新闻发布会是政府或某个社会组织定期、不定期或临时举办的信息和新闻发布活动，直接向新闻界发布政府政策或组织信息，解释政府或组织的重大政策和事件。高速铁路新闻发布会是指高速铁路企业进行信息传播，对外发布重大事件，解释说明相关事件而举行的重大新闻发布活动。高速铁路新闻发布会是高速铁路企业树立企业形象的重要载体。

2. 高速铁路新闻发布会

高速铁路新闻发布会有正规的形式，须符合一定的规程，根据发布会所发布的内容精心选择召开的时间和地点；邀请记者、新闻界（媒体）负责人、行业部门主管、各协作单位代表及政府官员参加；实现了时间集中、人员集中、媒体集中，通过报刊、电视、广播、网站等大众传播手段的集中发布，迅速将信息扩散给公众。高速铁路新闻发布会通常由高速铁路企业确定的新闻发言人自己主持，即新闻发言人承担发布会活动中的新闻发布、邀请记者提问、回答问题等所有环节的工作。高铁新闻发布会的基本程序是先由发言人发布新闻，然后再回答记者提问。

二、高速铁路新闻发布会的时机与主题

（1）恰当的时机：事件前一个月或两个月左右，如春运工作 12 月 5 日召开，10 月中旬召开新闻发布会。
（2）合适的主题：主题应集中、单一，不能同时发布几个不相关的信息。

> **小分享**
>
> 新闻发布会与记者招待会的区别
>
> 　　新闻发布会，也有人把它叫记者招待会，其实这两者是有区别的。新闻发布会侧重于发布新闻，如企业作出了某项重要的决策、研制生产了某种新产品或推出了某项对社会有重要影响的革新项目。企业若想通过大众媒介把这些信息广泛地传播出去，就可以举办新闻发布会。
> 　　记者招待会则有所不同，它不一定是有新闻要发布，它的主要目的是和新闻媒介、公众进行沟通。

任何企业在与社会各界的交往中，都会遇到很多错综复杂的问题，如本单位与外单位发生了法律纠纷、企业受到了公众的批评、受到了社会舆论的谴责、受到了新闻媒介的公开指责、受到了某一其他社会组织的指责等。当这些问题发生之后，企业为了挽回影响并争取舆论界的支持，就有必要召开记者招待会。

三、新闻发布会发言人

代表高速铁路企业形象的高速铁路企业新闻发言人对公众的认知会产生重大影响。如其表现不佳，高速铁路企业的形象无疑也会令人不悦。

高速铁路企业新闻发言人一般应具备以下条件。

（1）高速铁路企业新闻发言人应该在高速铁路企业身居要职，有权代表企业讲话。

（2）高速铁路企业新闻发言人应具有良好的外形和表达能力。高速铁路企业新闻发言人的知识面要丰富，要有优秀的语言表达能力。

（3）高速铁路企业新闻发言人要有执行原定新闻发布计划并加以灵活调整的能力。

（4）高速铁路企业新闻发言人要有现场调控能力，可以充分控制和调动新闻发布会现场的气氛。

➪ 小分享

新闻发布会中的注意事项

（1）新闻发布会在进行过程中，应始终围绕会议主题进行。例如，当记者的提问离主题太远时，发言人要通过回答问题将话题引到会议的主题上来。

（2）对于不愿发表和透露的内容，应委婉地向记者作出解释，记者一般会尊重，不可以"我不清楚"或"这是保密的问题"来简单处理。

（3）遇到回答不了的问题时，应告诉记者获得圆满答案的途径，不可不计后果地随意说"无可奉告"或"没什么好解释的"，这会引起记者的不满和反感。

（4）不要随便打断或阻止记者的发言和提问。即使记者带有很强的偏见或进行挑衅性发言，也不要激动和失态，说话应有涵养，切不可拍案而起，针锋相对地进行反驳。

高速铁路企业新闻发布会工作人员必须注意对待记者的态度，接待质量将直接关系到发布消息的成败。与新闻界合作应以"真诚、主动"为方针，切不可因为高速铁路企业在社会上有了一定的声誉就趾高气扬，认为记者有求于己。对记者的接待，不论以何种方式，相关工作人员都必须时刻牢记记者的双重性。首先，作为人，记者希望接待人员对他尊重、热情，并了解他的姓名，供职的单位甚至他的作品；其次，作为专业人士，记者希望给他提供工作的便利，应尽量满足他们的合理要求。

项目十三

沟 通 技 巧

- 客运服务工作中语言与沟通技巧的运用原则
- 客运服务工作中语言表达方式和技巧
- 客运服务工作一般规范用语
- 客运服务接触点语言与沟通规范

- 了解客运服务工作中语言与沟通技巧的运用原则
- 掌握客运服务工作中语言的表达方式和技巧
- 熟练运用客运服务工作一般规范用语
- 熟练运用客运服务接触点语言与沟通规范

本项目知识结构导图

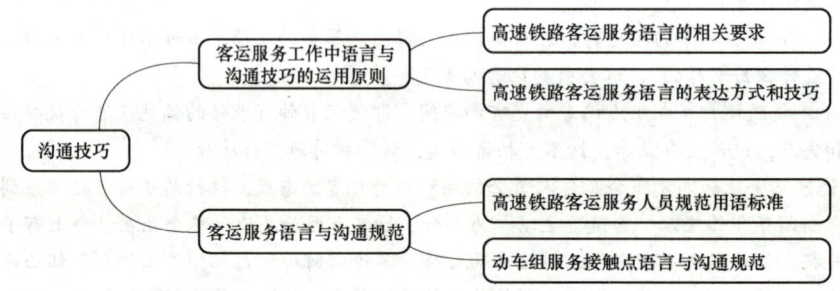

任务一 客运服务工作中语言与沟通技巧的运用原则

一、高速铁路客运服务语言的相关要求

在高速铁路列车运行过程中,高速铁路客运服务人员遵循"无干扰"的服务理念。标准化服务是铁路的特色,"无干扰"服务是旅客的需要。为了保证旅客运输的服务质量,铁路部门长期执行的是标准化作业,"无干扰"服务理念在做到"无需求无打扰"的同时,更要注意做到在旅客有需求时能及时提供相应的服务。高速铁路列车推行"四轻、三动"的无干扰服务法。"四轻"为说话轻、走路轻、动作轻、开关门轻;"三动"为旅客坐我勤动、旅客静我

少动、旅客睡我轻动。

中国是一个地域辽阔面积巨大的国家,"十里不同音,百里不同语",乘车的旅客来自天南海北,为此,在为旅客服务时必须使用标准普通话与旅客进行沟通和交流。在工作中,应遵循以下基本要求。

1. 服务用语要文明规范

高速铁路客运服务人员在讲好标准普通话的基础上,要讲究语言礼仪,重视语言艺术的学习和应用,做到口齿伶俐、吐字清晰、语言简练、自然大方、声音柔和、语调平稳、谈吐文雅,从而为旅客提供优质的服务。熟练运用热情洋溢的迎宾语、提示旅客注意的关切语、调节车厢气氛的幽默语、要求旅客配合的敬请语,才能凸显一名合格高速铁路客运服务人员的服务才能。

(1) 对旅客要做到勤为主、话当先,服务中要有"五声"(见到旅客有"迎声";旅客询问有"答声";旅客协助有"谢声";服务不周有"歉声";旅客离开有"送声")。

(2) 遇到旅客要面带微笑,主动向旅客问好、打招呼。切忌用"喂"来招呼旅客。

(3) 接待旅客时要用礼貌的语言向旅客表示问候和关心,应当"请"字当头,"谢"字不离口,表现出对旅客的尊重。

(4) 与旅客对话时应该保持 1m 左右的距离,讲话时应态度和蔼,语言亲切、自然,表达得体准确,音量适中,以对方听得清楚为宜。回答旅客问题要迅速、准确。

(5) 对于旅客的无理要求,要能沉住气,耐心解释,婉言谢绝。当旅客表示感谢时,应微笑、谦逊地回答:"不用谢,您太客气了!"在行走过程中遇有旅客问话时,应停下脚步,认真回答。

(6) 要恰当地使用礼貌用语,常用礼貌用语如下。

① 十字文明敬语:"请""您好""对不起""谢谢""再见"。

② 称呼语:"先生""女士""夫人""同志""叔叔""阿姨""小朋友""那位先生""这位女士"等。

③ 欢迎语:"欢迎您乘坐本次列车""祝您旅途愉快"等。

④ 问候语:"您好""早上好""中午好""晚上好""晚安"等。

⑤ 告别语:"再见""祝您一路顺风""欢迎您再次乘坐本次列车"等。

⑥ 道歉语:"抱歉""请原谅""失礼了""让您久等了""谢谢您的提醒""真是对不起"等。

⑦ 道谢语:"谢谢""非常感谢"等。

⑧ 应答语:"是的""好的""我明白了""这是我应该做的""不必客气,照顾不周的地方请多多包涵"等。

⑨ 征询语:"请问您有什么需要帮忙的吗?""需要我帮您做些什么吗?""您还有其他需要吗?"等。

⑩ 满足旅客需要时的礼貌用语:"当然可以""我马上送来",等等。

⑪ 不能满足旅客需求时的抱歉语:"很抱歉,没能帮到您""很遗憾,您提出的要求是可以理解的,请让我们考虑一下,我们尽力而为""对不起,我们的××已经用完,请您选用××可以吗?""非常抱歉,我们这里没有××",等等。

⑫ 处理错误、过失时的礼貌用语:"很抱歉,可能出了点问题,实在对不起,我马上去查明情况,给您一个满意的答复",等等。

2. 言语要有礼有节

高速铁路客运服务人员与旅客说话时应做到"十要十不要"。

（1）要生动亲切，不要干涩死板。
（2）要谦虚诚恳，不要傲慢矜持。
（3）要注意对象，不要不讲分寸。
（4）要注意场合，不要随意乱说。
（5）要委婉灵活，不要简单生硬。
（6）要吐字清晰，不要含糊吞吐。
（7）要沉着大方，不要过分拘谨。
（8）要音调柔和，不要过高过低。
（9）要语速平稳，不要过快过慢。
（10）要自信有礼，不要卑躬屈膝。

3. 热情、周到要适度

热情、周到的服务必须把握好尺度。例如：迎接旅客上车时，应该适当帮助旅客提行李或者照顾小孩上车，做到轻拿轻放，力量适度，以免损坏行李、撞伤旅客，引起旅客的不满或投诉。另外在扶老携幼和整理行李时一定要事先征询旅客的意见，不能自作主张，随意挪动，以免引起旅客的不满。

4. 面对旅客投诉要冷静

在客运服务工作中被旅客投诉是难免的。在接待旅客投诉时，高速铁路客运服务人员最需要做的是冷静、耐心，认真倾听，不和旅客争辩，即便是旅客的不对，也要控制自己的情绪，做到"礼让三分"，用心倾听旅客所讲的话，在旅客把话说完之前，不要随意打断旅客。也不要有任何心不在焉、不耐烦的表情。对于没听清楚的地方要礼貌地请旅客重复一遍，以便了解事实真相，恰当处理。

二、高速铁路客运服务语言的表达方式和技巧

有声语言是指服务人员的口头服务用语，在为旅客服务的过程中，高速铁路客运服务人员使用服务语言要恰当，过于生硬的语言会引起旅客的反感或者逆反情绪。所以在进行语言表达时，应当注意表达方式和技巧。

1. 征求式语气

征求式语气是高速铁路客运服务人员在服务工作中最常用到的，常用于需要旅客配合工作等情况。例如"您好，我能帮您把行李安置到行李架上吗？"在向旅客提出要求时，高速铁路客运服务人员用征求旅客意见的口气去询问，询问时要灵活机动，语气温柔和蔼，让旅客感觉自己得到了应有的尊重，旅客自然会配合高速铁路客运服务人员开展工作。

2. 商讨式语气

商讨式语气是高速铁路客运服务人员在进行沟通协调时经常用到的一种交谈方式。如"如果您方便的话，能不能与后排的一位旅客换一下座位？"。商量的语气让旅客得到了充分的尊重，并乐于配合或协助完成一项工作。在使用商讨式语气交谈时，一定要注意意思的表达，避免让旅客理解为"他重要，我就不重要"，应先肯定商讨的对象，然后再提出需要商讨的问题，并要让旅客受到尊重的同时觉得自己也做了件助人为乐的好事。

3. 委婉式语气

高速铁路客运服务人员在服务过程中，常会遇见一些不能直面解答的问题，对于此类问题，可用委婉式语气与旅客交谈。如"请您原谅，安全锤是在紧急情况下才能使用的，所以请您不要随意玩耍"。对于无理取闹的旅客，高速铁路客运服务人员要有足够的耐心，用委婉

的语气对其进行劝导。

4. 恳求式语气

恳求式语气一般用于高速铁路客运服务人员处于弱势时,通过恳求的语言"以情动人",瓦解对方攻势,缓和对方的情绪。

作为一名高速铁路客运服务人员,要有会正确处理人际关系的能力和讲究语言艺术的能力,除了注意表达方式之外,还必须讲究语言服务技巧。

旅客经常会问许多问题,有时高速铁路客运服务人员也需要向旅客进行说服工作,例如铁路规章的解释、铁路旅行常识的介绍、旅客不文明行为的纠正,等等。说服,是以求得对方的理解和行动转化为目的的对话活动。首先要有真诚、尊重的态度,表明自己所述是真实可信的,并引出话题,让对方多发表意见,自己少讲,随时利用语调和手势表示赞同,配合对方所流露出的情绪,做出符合对方的适当反应,使谈话能顺利展开。针对听者的基本素质状况、所处的地位、当时的心态,接受能力来进行沟通,这样就能做到说话得体,容易产生共鸣,令人接受,使人理解。在工作当中,向旅客发问要注意发问的目的和内容,要考虑对方是否能够回答你提出的问题和愿意回答你提出的问题,因此要观察旅客的表情、反应、确定发问的内容和方式。

旅客由于不熟悉铁路规章或者不小心,或者缺乏自觉性,产生某些过失行为,是难免的,如果当着大家的面批评他,很容易伤害旅客的自尊心使其难堪,产生不愉快进而发生纠纷。所以,不论是回答旅客的提问还是纠正旅客的不雅行为,都要有礼貌,讲道理,巧用婉转、含蓄的语言进行回答,避免因直言快语引起失敬和失和。解释铁路规章的出发点还是要为旅客服务,而不是用铁路规章来束缚旅客。反驳不用粗话,自卫不带谩骂,要出言机智,有礼有节,使旅客心悦诚服。

 小案例

一次特殊的乘车体验

4月2日,重庆开往广州的列车由于待避其他列车,在中途停车等待。由于天气闷热,列车上的气氛立即变得非常憋闷,有些旅客按捺不住着急的心情,开始抱怨起来,甚至有的旅客骂骂咧咧。如果遇到这种情况,应该怎样处理?

经验丰富的列车长小王预计等待的时间不会很短,如果让旅客单调无聊地等下去可能会引发矛盾。这时她灵机一动,立即召集所有列车员开会,希望通过和旅客良好的沟通化解矛盾,列车员们积极响应号召,开始出谋划策。随后,小王带领组员们尝试着用更人性化、更互动的方式与旅客们进行沟通,真诚主动地关注旅客的感受和需求。首先,列车组真诚面对旅客,如实地告知旅客列车临时停车的原因及等待时间,回答每位旅客的问题。小王特意打破常规,没有用严谨格式的语言广播信息,而是用平实、通俗的语言如拉家常一样地向旅客及时地通报最新的信息,解释延误原因,此举立刻拉近了乘务组和旅客之间的距离,赢得了旅客的理解。而后乘务组即兴在列车上开展了一个小活动,请旅客品尝列车员调制的"自助饮料",并猜出是由哪几种果汁混合而成的。旅客表现出极大的兴趣和参与的热情,枯燥无聊的等待立刻变得精彩纷呈,有单独品尝的,也有和朋友、家人一起喝一起猜的,获得奖品的旅客还兴致勃勃地表演了小节目。漫长的等待时间就在一片欢声笑语中悄悄溜走了。列车长通知还有5分钟列车就要重新开动时,旅客才意识到他们在列车上等了近3个小时了。当乘务组向旅客们表达真诚的谢意时,列车里早已是掌声一片!

任务二　客运服务语言与沟通规范

一、高速铁路客运服务人员规范用语标准

1. 查验车票用语
需要查验车票时可以对旅客说:"您好,请出示您的车票。"
对持有效票证的旅客,查验后应说:"谢谢!请收好。"

2. 温馨提示用语
开、关车门时说:"列车就要开车了,站在车门附近的旅客,请到车厢里边按席位就座,车门即将关闭,请不要倚靠车门,注意安全。"
向旅客进行防盗提示时说:"各位旅客,请看管好随身携带的贵重物品,防止丢失。"

3. 车门立岗时标准用语
在车门立岗迎接旅客上车时说:"您好,欢迎乘车。"
遇雨、雪天气时说:"您好,欢迎乘车,请注意脚下。"
旅客携带行李较大时说:"您好,为了方便您下车,大件行李请放置在车厢两端大件行李存放处,谢谢配合。"
在车门立岗送别旅客时说:"再见,欢迎您再次乘坐本次列车(感谢您选乘动车组列车旅行,期待与您再次相逢)。"

4. 途中作业时标准用语
制止旅客吸烟时说:"您好,请不要在动车组列车任何区域吸烟,感谢您的合作!"
整理行李架时说:"您好,为了确保安全,避免行李掉落,砸伤周围旅客,我帮您调整一下行李。"
制止衣帽钩挂包(小茶桌放重物)时说:"您好,衣帽钩(小茶桌)承重有限,为了避免发生意外,请您将物品放在行李架上。"
制止儿童在车厢内跑动时说:"请您照顾好您的孩子,不要让孩子在车厢内跑动,以免发生意外。"
为旅客更换清洁袋时说:"您好,为您更换一下清洁袋。"
收取杂物时说:"您好,请问这个您还需要吗?我帮您清理一下吧。"
提示旅客正确使用电茶炉时说:"您好,如果您要取用开水,请等待绿灯亮起。""您好,取用开水时请不要接太满,以免烫伤。"
为商务座、一等座旅客送食品时说:"您好,这是为您准备的餐点(食品),请慢用!"

5. 列车广播用语
1)始发前通告
动车组列车始发前通告用语如下。
(1)女士们、先生们:欢迎选乘动车组列车。本次列车由××开往××方向。请不要携带危险物品乘车。大件行李请放置在车厢两端的大件行李存放处,动车组列车全程对号入座。
(2)女士们、先生们:严禁在动车组列车任何区域吸烟,根据《铁路安全管理条例》等

法律法规，在动车组列车上吸烟需承担法律责任。

（3）女士们、先生们：列车就要开车了，站在车门附近的旅客请到车厢里边按席位就座。

（4）女士们、先生们：车门即将关闭，请不要倚靠车门。

2）始发介绍

（1）女士们、先生们：欢迎乘坐动车组列车旅行，祝愿各位旅客旅行愉快，一路平安！

（2）女士们、先生们：列车工作人员将进行席位核对，请您出示车票及有效身份证件，感谢您的配合。

（3）女士们、先生们：请您爱护列车设备设施，列车上带有红色标记的开关、电器按钮、灭火器、紧急破窗锤、紧急制动阀等设备设施，请不要随意触碰，感谢配合！

3）途中及终到报站通告

（1）女士们、先生们：列车下一站到达××站。请下车的旅客提前做好准备，动车组列车全程任何区域均禁止吸烟。

（2）女士们、先生们：××站就要到了，下车的旅客请整理好行李物品做好下车准备。下车时要注意列车与站台间隙。

（3）女士们、先生们：列车已经到达××站，下车的旅客请您在列车运行方向的左边车门处按顺序下车。由于停车时间短，继续旅行的旅客，请不要下车散步和吸烟。

（4）女士们、先生们：下一站是终点站××站，请提前做好下车准备，动车组列车全程任何区域均禁止吸烟。

（5）女士们、先生们：列车已经到达终点站××站，请按顺序依次下车。下车时，请注意列车与站台间隙。

4）终到通告

女士们、先生们：列车即将到达终点站，请您提前整理好携带的物品。请收起小桌板，调整座椅靠背和脚踏板。下车时请注意列车与站台间隙，防止踏空摔伤。感谢您选乘动车组列车旅行，期待与您再次相逢！

二、动车组服务接触点语言与沟通规范

1. 高速铁路客运服务人员通用语言与沟通规范

高速铁路客运服务人员通用语言与沟通规范如表 13-1 所示。

表 13-1 高速铁路客运服务人员通用语言与沟通规范

顺号	服务接触点	服务内容	服务标准	沟通规范用语
1	立岗	迎送旅客	在规定位置立岗，迎接旅客上车，保持微笑，使用手势以引导方向	您好，欢迎乘车，请注意脚下安全，小心站台空隙（落差）。××号车厢在左（右）手边
2			两列车同站台，立岗时提示车次，防止旅客上错车	您好，欢迎您乘坐××次动车组列车，本次列车由××站开往××站，请注意车票车次，不要上错列车
3			在规定位置立岗，送别旅客，微笑、鞠躬	请慢走，注意脚下安全，小心站台空隙，欢迎您下次乘车

续表

顺号	服务接触点	服务内容	服务标准	沟通规范用语
4	引导旅客	引导就座	察觉旅客寻找席位困难时，主动帮助，指引位置，并帮助其安置行李	（1）您好，（看票）您的座位在这边，请跟我来。 （2）您好，您的位置在××排××号，我带您过去吧
5		席位错误调整	发现旅客乘坐位置错误，须立即妥善解决，指出正确位置，必要时帮助其拿行李	先生（女士）您好，我能看一下您的车票吗？抱歉，这里是××车××排××座，您的座位是××车××排××座，您的座位在那边，需要我帮忙吗？
6	车厢整容	摆放行李	发现旅客摆放行李位置不当，或存在安全隐患时，主动上前帮助安置。确保行李架摆放整齐，平稳牢固，大不压小、重不压轻，较重的大件物品和铁器等放入大件行李存放处	（1）您好，为了避免行李掉落下来，砸伤周围旅客，我帮您调整一下行李吧。 （2）女士/先生，您好，这里是行李架的接缝处，中间有两根支架，请不要在支架上摆放行李，以免行李滑落，谢谢您的配合。 （3）女士/先生，您好，请稳妥摆放行李，不要放在行李架连接处凸起的地方，以免物品掉落砸伤您或周围旅客，感谢您的配合
7		摆放行李	发现旅客行李过大，阻碍通道时，主动劝说旅客将行李放置在大件行李存放处，并指引方向，帮助安置，同时提示旅客妥善看管	（1）女士/先生，您好，行李放在这里影响通行，请将行李放入大件行李存放处。 （2）女士/先生，您好，请问这个行李是您的吗？这个行李超出行李架太多，为了您和其他旅客的安全，请您将行李放在车厢最后一排座席后面或者车门口的大件行李存放处，途中到站时请留意，以防其他旅客错拿行李，下车时不要将行李遗忘在列车上，感谢您的配合。 （3）请问，这是哪位旅客的婴儿车？……您好，女士，婴儿车是不可以放到行李架上的，很容易掉落，砸伤旅客，车厢两端设有大件行李存放处，您可以把车放到那里，感谢您的配合
8		提示安全使用小桌板	发现旅客将较重的行李或将儿童（婴儿）放置在小桌板上时，要主动劝阻、提示，并说明原因	（1）女士/先生，您好，小桌板（茶桌）承重有限，为了避免发生意外，请您将物品放在行李架上，好吗？ （2）女士/先生，您好，打扰了，请您爱惜车上的设施设备，感谢您的配合。 （3）女士/先生，您好，小桌板的承受能力有限，请不要让小朋友坐在小桌板上，以免发生意外。如需对婴儿进行护理，请到××号车厢的无障碍卫生间，那里设有婴儿护理台
9		提示安全使用衣帽钩	发现旅客将重物挂放在衣帽钩上，要主动劝阻、提示，并说明原因	您好，衣帽钩承重有限，仅限于挂衣服和帽子，请将您的包放在行李架上，感谢您的配合

续表

顺号	服务接触点	服务内容	服务标准	沟通规范用语
10	巡回服务	给旅客让路	服务中与旅客相遇应主动侧身面向旅客礼让，并附带礼让手势	（1）您先请。 （2）请您先过。 （3）您好，这边请
11		越行旅客	停步，等旅客示意或配合后越行	对不起（劳驾），借过一下，谢谢
12		干扰声明	巡回服务不得已干扰到旅客时，要主动致歉，态度和蔼	（1）您好，不好意思，打扰到您了。 （2）抱歉，打扰一下
13		征询用语	察觉旅客有困难，主动询问	（1）女士/先生，您好，我能为您做些什么吗？ （2）女士/先生，需要我帮忙吗？
14		安全提示	发现旅客有倚靠车门、手扶门框等不安全行为或卫生间地面积水（存在摔伤隐患），要主动提示，态度和蔼，音量适中	（1）女士/先生，您好，为了您的安全，请不要倚靠车门。 （2）女士/先生/小朋友，您好，为了避免挤伤手指，请不要手扶门框。 （3）女士/先生，您好，请照看好您的孩子，防止滑倒摔伤
15		危险品检查	发现旅客携带品可疑时，引导旅客到乘务室（独立空间）开包检查，保护旅客隐私，注意语气	您好，为了列车安全，请配合我们到乘务室开包安检，谢谢您的配合
16		防盗提示	发现旅客贵重物品外露，或没有安置好随身物品时，及时提醒，防止物品丢失被盗	您好，请您妥善保管随身携带的贵重物品，防止丢失被盗，谢谢配合
17		超员提示	发生列车超员时，均衡疏导旅客，帮助旅客提拿行李，说明请旅客配合的原因，防止动车组受重集中，影响列车运行	（1）对不起，本车厢已处于超员状态，请大家配合一下，前往××号车厢，以免当前车厢超员过多，列车无法正常运行，耽误您的旅行，感谢您的合作！ （2）列车现在已经超员，请大家往车厢里面走，保持车门通道畅通，感谢您的配合
18		重点服务	（1）加强对重点旅客的关注，委托同行人和周围旅客帮忙照看，语言要简练、清晰。 （2）重点旅客如厕前，主动帮助，进行安全提示，告知紧急呼叫按钮的位置，确保安全。 （3）为行动不便的重点旅客送开水。倒水不宜过满，主动帮助旅客打开小桌板，防止烫伤	（1）您好，您现在是不是感觉比刚才好多了？还需要我为您做点什么吗？如果有需要，请随时通知我们！（对旁边旅客）您好，如果这位旅客身体不适，麻烦您立即通知我们，谢谢！ （2）请您抓好扶手，注意安全。遇有特殊情况，请按下紧急呼叫按钮（SOS），我们将及时给予帮助。 （3）您好，请用开水，小心烫。 （4）您好，需要续杯吗？
19		到站提醒	遇广播机故障或超员时，向大多数旅客进行集中通告，吐字清晰。终到站前，做好宣传，为快速恢复车容创造条件	各位旅客，××站快要到了，请下车旅客提前做好准备，到车厢两端车门口等候下车。 您好，列车就要到达终点站了，请您调直座椅靠背、收起小桌板、脚踏板，感谢您的配合

续表

顺号	服务接触点	服务内容	服务标准	沟通规范用语
20	巡回服务	设备故障提醒	卫生间、电茶炉故障不能修复时，及时悬挂故障提示牌，引导旅客到邻近车厢使用相关设备并致歉	女士/先生，抱歉，这个卫生间（电茶炉）发生故障，暂时无法使用，请您到××车使用卫生间（电茶炉），给您带来的不便，请谅解
21	查验车票	验票通告	在广播宣传后，进行口头通告，声音不宜过高，以两格座椅旅客能听见为准。按列车长指示同步相对（相背）方向进行查验车票工作	各位旅客，列车现在开始验票，请您出示车票及身份证件，感谢您的配合。（验票完毕）请收好
22		验票应答、禁烟提示	验票前先使用交互系统，根据车内客流情况确认就座旅客或座席剩余情况。查验车票时需双手接票，并及时解答旅客问询，告知前方站下车旅客到站时间。同时，对旅客进行禁烟安全宣传	请收好您的车票。到达××站的时间是××时××分。请不要在车内任何区域吸烟，包括卫生间，感谢您的配合，祝您旅途愉快
23		补票（费）提示	对票证、减价不符、携带品超重及旅客有补票、延长乘坐区间等业务办理需求的，要解释清楚，及时通知列车长处理。遇到不理睬、不配合的旅客，不能计较，可略微提高音量，态度应和蔼	（1）女士/先生，抱歉，根据铁路规章，您需要补交票款/差价/携带品运费，感谢您的配合。 （2）女士/先生，请出示您的车票，如果您还没有来得及买票，可以办理补票手续
24		儿童超高	发现并确认儿童超高时，告知监护人补票，必要时到身高测量处进行测量，态度和蔼。如儿童鞋底较厚，应减去鞋底厚度	（1）女士/先生，恭喜您，您的孩子又长高了，根据规定，身高1.2～1.5米的儿童需要购买儿童票。 （2）女士/先生，您的孩子身高已经超过1.5米了，请您为孩子补票
25		应对旅客对验票的不良反应	妥善处理旅客对验票的不良反应，安抚旅客情绪，坚守原则，耐心解答	（1）旅客：为什么总查票？ 乘务人员：女士/先生，您好，实名制查验车票主要是核对您的车次和到站，避免您误乘列车或坐错席位，请您支持并配合我们的工作，谢谢！ （2）旅客：为什么不查别人的票，查我的？ 乘务人员：为了减少对旅客的干扰，我们仅核验交互系统显示空余座位上的旅客的车票，您现在坐的座位显示无人，所以我们需要核对一下您的车票，谢谢您的配合
26	设备使用提示	供水服务	遇旅客取用开水时，告知电茶炉的操作方法和安全注意事项，必要时帮助旅客接水，做好演示	（1）女士/先生！您好，列车连接处有电茶炉，按红色按钮取水，请注意安全，不要接得过满，请盖好杯盖，避免烫伤。 （2）女士/先生！您好，接开水的时候不要接太满以免烫伤自己或他人，注意不要让小孩触碰开水。 （3）您好！如果您要泡面（茶），请多等待一会儿，水温就会升高

续表

顺号	服务接触点	服务内容	服务标准	沟通规范用语
27	设备使用提示		发现旅客不会使用感应水龙头时，告知方法并手动演示	女士/先生，您好，洗手池采用的是感应水龙头，您将手接近水龙头，就会自动出水
28	设备使用提示	充电提醒	旅客用电、充电时，主动介绍电源插座位置（结合实际车型），告知旅客不要使用大功率电器，并看管好物品，防止物品丢失和被盗	（1）女士/先生，您好！车厢两端的墙壁和洗脸间壁板上设有插座，充电时请您看管好物品，以免丢失。 （2）女士/先生，非常抱歉，我们每节车厢有×个充电插座，分别设置在车厢两端和洗脸间壁板上，离开座位使用插座时，请您随身携带贵重物品，以免丢失。 （3）女士/先生，车厢电源载荷有限，请您不要使用大功率电器，感谢您的配合。 （4）女士/先生，您好！充电插座在座席下方，充电时请您看管好贵重物品，充电完成后不要遗忘个人物品，感谢您的配合
29		调节座椅	旅客准备调节座椅靠背时，主动告知并演示使用方法，提醒旅客调节座椅靠背前应事先提醒身后旅客，避免发生纠纷	女士/先生，您好！您的座椅靠背可以调节，调节时请按座椅扶手上的按钮，向后倚靠。操作时，请事先提醒后排旅客。在您前方座椅靠背口袋里设有清洁袋，供您放置杂物使用
30		座椅转向	列车到达图定转向站后，乘务人员配合广播进行口头宣传，并为有旋转座椅意向的旅客做好演示和提示工作，防止旅客物品丢失或损坏	女士们、先生们，列车运行前方即将到达××站（转向站），列车到站后将转换方向运行。届时，您可踩下座椅外侧下部的旋转脚踏，轻轻推动座椅靠背旋转180°。旋转座椅前，请注意将自己的行李物品安放稳妥，防止损坏
31		集便器提示	主动提示如厕或倒垃圾旅客不要向集便器丢弃杂物，防止真空集便器堵塞，影响厕所使用	女士/先生，您好！动车组列车卫生间采用的是真空集便器，您在使用时，请不要将废弃物扔进便器内，以免造成堵塞，影响使用
32	解答问询	接受问询	旅客询问时或询问前，态度应诚恳、热心	您好，请问需要帮助吗？有什么可以帮您的？
33		首问首诉	本岗位无法解答时，要先致歉，指引旅客至相应胜任岗位解答，并做好问题交接	抱歉，女士/先生，这个问题我不太清楚，您稍等，我去问一下列车长或×××，再给您答复可以吗？
34		换乘疑问	旅客询问不出站便捷换乘事宜时，使用规范用语，耐心解答，确保旅客快速、准确换乘	女士/先生，您好！如果您已购买了换乘车票，可以从换乘通道直接换乘，离××站换乘通道最近的车厢是×号车厢，您可以先在×号车厢门口等候下车，按照便捷换乘标识和车站工作人员的引导在站内换乘

续表

顺号	服务接触点	服务内容	服务标准	沟通规范用语
35	解答问询	处理旅客意见	旅客提出车内温度（广播音量）不合适时，要积极响应，迅速解决问题	请稍等，我马上通知机械师或×××处理，把温度（音量）调节一下
36		满足需求	态度诚恳	好的，我们马上帮您解决
37		接受提议或建议	虚心接受，认真倾听或记录	（1）感谢您为我们提出的宝贵意见，我会如实反馈的。 （2）非常感谢您对我们工作的关注，我会立即将这些宝贵意见向列车长反映，谢谢您！ （3）您好，感谢您的建议，我们会积极跟上级部门反馈，解决问题
38		面对表扬	虚心致谢，可鞠躬致意	（1）感谢您对我们工作的认可。 （2）这是我们应该做的，谢谢您！
39		不能满足需求	诚恳致歉，耐心解释，态度积极	女士/先生，您好！很抱歉列车条件有限不能满足您的需求，我们会将您反映的问题及时向上级部门反馈，感谢您的理解！
40	接受投诉	服务中遇有旅客投诉、质疑时	服务中遇旅客投诉（因设备故障、突发事件、服务质量等原因），要诚恳致歉，先解决问题，再解释	（1）您好！对于发生的问题我们感到非常抱歉，我们现在正在积极处理，尽快给您一个满意的答复。 （2）抱歉，我们的工作还存在不足之处，我们一定努力完善，感谢您提出的建议。 （3）女士/先生，抱歉，给您添麻烦了，请您谅解。 （4）女士/先生，对于刚刚发生的事情，我们感到非常抱歉，我们会尽力帮助您解决，给您带来不便希望您能谅解，感谢您对我们工作的支持！
41	劝阻旅客的不当行为	禁烟宣传	重点对饮酒旅客、如厕旅客、停站时准备到站台吸烟旅客进行提示。告知旅客不要使用自喷式压力容器（香水喷雾等），以免卫生间烟感报警器报警	（1）您好！请不要在卫生间内使用喷雾香水或防晒喷雾，否则可能会造成烟感报警。 （2）您好！动车组列车全列禁烟，为了您和他人的安全，请不要在列车上任何区域内吸烟，感谢您的配合！ （3）您好！动车组列车禁止吸烟，吸烟会导致列车减速、停车，请您不要在动车组列车上吸烟，谢谢您的配合。 （4）您好！××站停车×分，时间很短，请您抓紧时间熄灭香烟，尽快上车
42		劝阻越席行为	不卑不亢，提示旅客乘坐一等座（特等座、商务座）需要补差价或返回原席位	您好！请出示您的车票。……女士/先生，您持的票是二等座的车票，乘坐一等座（特等座、商务座）需要补收差价，我们可以联网帮您看一下还有没有空余席位！抱歉，女士/先生，联网帮您看过了，一等座（特等座、商务座）已经全部售完了，请您回到二等座就座。这边请，感谢您的配合！

续表

顺号	服务接触点	服务内容	服务标准	沟通规范用语
43	劝阻旅客的不当行为	劝阻公免越席	劝导持通勤、公免票旅客返回原席位	您好！请您到二等座就座，感谢您的配合
44			持票人仍坚持越席乘车时，表明态度，说清楚下一步的处理方案	您好！如您真想在本席位就座，我们将按规定补收票价并对您的票证进行登记，同时向上级部门反馈，感谢您的配合
45		提示旅客打电话或说话时注意控制音量	单独提示旅客音量不宜过高	女士/先生，打扰一下，请您说话声音稍微小一点好吗，以免打扰其他旅客休息，感谢您的配合
46		劝阻摆弄车辆设备的旅客	对摆弄安全锤、紧急制动阀（按钮）等车辆设备的旅客要立即用手势制止，必要时将旅客请到僻静处所	先生（女士，小朋友），请不要触碰车上的安全设备，发生意外是要追究相关责任的，谢谢
47		劝阻旅客浪费用水的行为	发现旅客洗手时用水过多，应委婉地劝阻，及时引导旅客使用擦手纸，当发现洗脸间地面水迹较多时，应及时使用卫生间专用抹布擦净	女士/先生，您好！列车存水有限，请您节约用水，感谢您的配合
48		劝阻儿童在车厢内跑动	对乘车儿童应重点关注，主动提示家长或同行成年人有关儿童乘车的注意事项。发现儿童在车厢过道单独走、打水、上厕所等时，应主动询问并提供必要的帮助	女士/先生，请照顾好您的孩子，不要让孩子在车厢内单独跑动，攀爬座椅，手扶门缝，触碰电茶炉等，以免发生意外，感谢您的配合
49		劝阻儿童哭闹	儿童哭闹时，提醒监护人处理	女士/先生，请您将孩子带到车厢连接处抚慰，感谢您的配合，祝您旅途愉快
50		劝阻儿童干扰司机行为	加强邻近值乘司机室车厢和区域的巡视，及时要求家长或同行成年人劝阻儿童吵闹、奔跑嬉耍等行为	女士/先生，您好！这里邻近司机室，为了不影响司机驾驶，让我们保持安静好吗？（遇有小孩哭闹不止的，可提示：麻烦您将孩子带到车厢连接处抚慰），以免干扰司机工作。谢谢您的配合
51		对于违反铁路乘车管理规定的严重不当行为，要对旅客进行正式交涉，告知后果	对于以下行为，应告知后果，严肃处理：遇强占他人座位；无票乘车、越站（席）乘车且拒不补票或下车；因不文明行为不听劝阻或其他原因与其他旅客发生冲突；故意用身体或者物品阻挡列车车门关闭；在非紧急情况下，故意损毁列车设施设备或擅自开启列车车门和操纵列车紧急制动设备；殴打、辱骂列车工作人员；依据相关法律法规应予以行政处罚的；在动车组列车上吸烟或在其他列车的禁烟区域吸烟	女士/先生，您现在的行为可能会（或已经）造成列车晚点（影响列车安全运行、影响其他旅客乘车、给国家财产带来损失等，可根据具体事件说明），请配合我们的工作，停止××行为，如果继续侵害铁路或其他旅客的合法权益，我们将报警处理，由公安部门依据相关法律法规对您采取必要的措施，并纳入征信系统，请您考虑一下可能产生的后果，停止现在这种行为

续表

顺号	服务接触点	服务内容	服务标准	沟通规范用语
52	征信管理	将失信旅客纳入征信系统前告知旅客	语言表述准确，面对面告知旅客，全程留有影像记录	××旅客，您的××行为违反了国家发改委等八部门联合发布的《关于在一定期限内适当限制特定严重失信人乘坐火车 推动社会信用体系建设的意见》的规定，我们将记录您的身份信息，在一定期限内限制您购票，并按规定向国家、地方政府相关部门和有关征信机构提供铁路旅客信用信息。 为避免对您个人信用造成影响，请您自觉遵守国家法律规定和铁路有关规定，自觉维护铁路旅客运输秩序。谢谢配合
53	应急处置	处置误乘旅客	应保持耐心，语气缓和。安抚误乘旅客情绪，告知解决方案	您好，我们很理解您的心情，请不要着急，我们会安排您在前方站下车。请您带好行李。到站后，车站客运工作人员会给您安排后续行程，请出示您的车票和证件，方便我们开具交接凭证
54		晚点解释	列车晚点时，应安抚旅客并致歉（与列车长统一口径）。旅客询问列车晚点情况时，铁路工作人员要耐心细致回答，维护旅客知情权，不得使用"不知道""没点"等不负责任用语或有不耐烦表现	（1）很抱歉，由于天气或××原因，我们的列车晚点了，我们会及时为您提供最新消息。 （2）列车由于设备故障晚点运行（开车），预计晚点××分，工作人员正在积极抢修，请耐心等候，由此给您带来的不便，我们深表歉意，敬请谅解，谢谢
55		晚点处置	列车晚点时，应掌握中转旅客信息，做好记录，积极协调，为中转旅客联系换乘，提供最优化的旅行变更方案	请问您需要在哪里中转下车？……好的，我们会积极为你联系换乘列车，请放心
56		晚点送餐	因列车晚点，接收到调配食品后，应按照"先重点、后普通"的原则，由客运、餐服人员向旅客有序发放	旅客们，由于列车晚点延误了您的旅行，我们深表歉意！现在列车为大家准备了应急食品，我们将按顺序送餐，老人、儿童优先，请您稍候
57		停电提示	列车运行中停电，逐车做好宣传工作，告知旅客不要使用明火照明，以确保列车安全	为保证大家的安全，请在原位就座，不要使用明火照明，请照顾好身边的老人和儿童，看管好您的随身物品
58		应急指挥	列车出现险情，需要疏散时，面向大多数旅客进行指挥工作，声音洪亮，并指引方向	（1）旅客们，请不要惊慌，不要拥挤，请在列车工作人员引导下有序撤离。请大家协助老人、儿童和行动不便的旅客。（火情疏散时增加：请用湿毛巾或衣物捂住口鼻，低头行走。） （2）为了大家的安全，请听从我的指挥，从这边走，到×号车厢下车

3. 动车组餐饮服务人员语言与沟通规范

动车组餐饮服务人员语言与沟通规范如表 13-3 所示。

表 13-3　动车组餐饮服务人员语言与沟通规范

顺号	服务接触点	服务内容	服务标准	沟通规范用语
1	供餐服务	点餐服务	询问旅客用餐需求，记录席位号和用餐时间	女士/先生，您好，本次列车供应××套餐和××套餐，请问您需要哪一种？……好的，我马上为您加热
2		送餐提醒（有送餐条件时）	协助旅客打开小桌板，放置餐食。安置妥当后，微笑示意，并退步离开	（1）您好，这是您的××套餐和例汤，请小心，汤有点烫，祝您用餐愉快。（2）女士/先生，您好，这是您刚刚点的一份××套餐，请您慢用，祝您用餐愉快
3			套餐中有带刺鱼肉时，提醒旅客，防止意外	女士/先生：请慢用，小心鱼骨。祝您用餐愉快
4			为旅客提供热饮时进行适当提示	（1）请小心饮用。（2）小心烫
5	餐吧车服务	用餐高峰提示	劝阻用餐完毕旅客离开，并让出餐位，供他人使用，维护用餐秩序	女士/先生，您好！现在是用餐高峰，如您已经用餐完毕，请让出餐位给其他需要用餐的旅客，感谢您的配合
6	售货服务	提供发票	旅客索要发票，须按照消费额度提供，并提示旅客清点	女士/先生，您好，这是您的购物发票，面额×××。请您确认
7		推车提醒	遇有旅客或其携带品在售货车必经路线时，提示旅客让行，得到允许后通过	（1）您好，借过一下，谢谢。（2）您好，方便挪动一下行李吗？
8	解答询问	首问首诉	服务中回答旅客相关询问、提议、疑惑时，表明身份和业务范围，指引至胜任岗位处理，并做好问题交接	抱歉（对不起），女士/先生，我是餐饮服务人员，对您的问题不太清楚，请您稍等，我问一下相关人员，再给您答复可以吗？
9	网络订餐（特产）配送	配送作业（有席位号）	餐饮服务人员根据车站递交的派送单的顺序逐一向旅客分发商品，以免遗漏，需通过车票或手机号核验旅客身份	您好，请问您是××先生么，这是您在网络上订购的餐食/特产，请您慢用/请您查收
10		配送作业（无席位号）	餐饮服务人员要求旅客凭手机号码后 5 位领取特产	您好，为了确认您的订单，我们需要核对您手机号的后 5 位，请您配合
11		异常处理	旅客没有收到订餐或特产的原因是商家没有配货时，须向旅客说明原因	女士/先生，您好，经查询，您没有收到订餐或特产的原因是商家未配货，请您直接与商家联系
12			旅客收到了订餐或预订的特产，但与订单不符（为商家原因导致）	您好，经查询，订单不符问题为商家责任，请您直接跟商家取得联系
13			旅客未收到订餐或预订的特产的原因不明时，做好安抚工作，查明原因	请稍等，我们马上查明原因，然后为您处理
14			订餐或特产包装破损、缺失，告知旅客后续处理方案	您好，我们将拍照上传，稍后系统会自动退款到您的账户

参 考 文 献

[1] 宫波. 公共关系策划[M]. 天津：天津大学出版社，2008.
[2] 余芳. 公共关系原理与实务[M]. 长春：吉林大学出版社，2010.
[3] 谭昆智，汤敏慧，劳彦儿. 公共关系策划[M]. 北京：清华大学出版社，2009.
[4] 李荣，曹丽萍. 公共关系学[M]. 武汉：华中师范大学出版社，2017.
[5] 唐春根. 公共关系原理与实务[M]. 北京：中国轻工业出版社，2016.
[6] 李晓芳. 高铁客运公共关系实务[M] 成都：西南交通大学出版社，2016.
[7] 贾俊芳. 高速铁路客运服务[M] 北京：中国铁道出版社，2009.
[8] 陈先红. 现代公共关系学[M] 2版. 北京：高等教育出版社，2017.